改革开放 / 基础教育界唯一的"改革先锋"
40周年 / 称号获得者于漪

我做了一辈子教师，
一辈子学做教师。

——于漪

·教育家成长丛书·

于漪
与教育教学求索

YUYI YU JIAOYU JIAOXUE QIUSUO

中国教育报刊社·人民教育家研究院 组编

于漪 著

北京师范大学出版集团
BEIJING NORMAL UNIVERSITY PUBLISHING GROUP
北京师范大学出版社

图书在版编目（CIP）数据

于漪与教育教学求索/于漪著；中国教育报刊社人民教育家研究院组编 .—北京：北京师范大学出版社，2015.10（2025.4 重印）

（教育家成长丛书）

ISBN 978-7-303-19125-3

Ⅰ.①于…　Ⅱ.①于… ②中…　Ⅲ.①中学语文课－教学研究

Ⅳ.①G633.302

中国版本图书馆 CIP 数据核字（2015）第 134893 号

出版发行：北京师范大学出版社 https：//www.bnupg.com

　　　　　北京市西城区新街口外大街 12-3 号

　　　　　邮政编码：100088

印　　刷：天津中印联印务有限公司

经　　销：全国新华书店

开　　本：787 mm×1092 mm　1/16

印　　张：18.5

字　　数：291 千字

版　　次：2015 年 10 月第 1 版

印　　次：2025 年 4 月第 8 次印刷

定　　价：65.00 元

策划编辑：伊师孟　　　　责任编辑：齐　琳　韩　妍

美术编辑：焦　丽　　　　装帧设计：焦　丽

责任校对：陈　民　　　　责任印制：马　洁

教育家成长丛书

编委会名单

总 序

　　教育是国家发展的基石，教师是基石的奠基者。古人云："国将兴，必贵师而重傅。"兴国必先强教，强教必先重师。党中央、国务院高度重视教师队伍建设。2013 年教师节，习近平总书记在给全国广大教师的慰问信中指出："百年大计，教育为本。教师是立教之本、兴教之源，承担着让每个孩子健康成长、办好人民满意教育的重任。"2014 年，在第 30 个教师节前夕，习总书记到北京师范大学视察并发表重要讲话，指出："一个人遇到好老师是人生的幸运，一个学校拥有好老师是学校的光荣，一个民族源源不断涌现出一批又一批好老师则是民族的希望。"《国家中长期教育改革和发展规划纲要（2010—2020 年）》也明确提出，"有好的教师，才有好的教育"，要"努力造就一支师德高尚、业务精湛、结构合理、充满活力的高素质专业化教师队伍"。"倡导教育家办学"，要创造有利条件，鼓励教师和校长在实践中大胆探索，创新教育思想、教育模式和教育方法，形成教学特色和办学风格，造就一批教育家。"两个一百年"奋斗目标的实现、中华民族伟大复兴中国梦的实现，归根结底要靠人才、靠教育，而支撑起教育光荣梦想的，是千百万的教师。

　　时代呼唤好老师。有一流的教师，才有一流的教育；有一流的教育，才有一流的国家。出名师、育英才、成伟业，是时代赋予我们教育战线的神圣使命。"所谓大学者，非谓有大楼之谓也，有大师之谓也。"好学校、好教育的最重要标准，就是要有好老师。一所学校、一个地区，乃至一个国家，如果教师有理想、有爱心、有学识、有高超的教育艺术，那么即使硬件设施有些简陋，家长、学生也会心向往之。教师是中国梦的奠基者。教师的重要使命，就是为每个孩子播种梦想、点燃梦想，并帮助他们实现梦想。每一间平凡的教室，每一节朴实的课，都不仅是知识的传递，而且是人类文明精神的接续、人生梦想的起航。正是有亿万个孩子梦想的放飞、绽放，中国梦才更加光彩夺目。如果说中国梦最坚实的土壤是学校，那么教师就是最伟大的"筑梦师"，他们用默默无闻、孜孜不倦的智慧劳动，让每一颗年轻的心灵都与中国梦激情相拥。

倡导教育家办学，造就一批好老师，首先要尊重、珍惜我们的本土智慧、本土创造。教育家不是凭空产生的，而是扎根于自己的民族文化土壤，同时吸收人类文明成果，从而创造出独特而生动的教育实践、教育智慧和教育文明。五千年源远流长的中华文明，不但形成了有我们民族特色的教育理论体系，而且涌现出了千千万万优秀的教育家，有被推崇为"大成至圣先师""万世师表"的孔子，有"匹夫而为百世师，一言而为天下法"的韩愈，有"捧着一颗心来，不带半根草去"的人民教育家陶行知，等等。改革开放40年来，随着教育改革的不断深入，教育战线涌现出了一大批杰出教师。他们痴情于教育事业，坚守理想信念和教育良知，在三尺讲台上默默耕耘、刻苦钻研，同时以敢为天下先的精神大胆创新，不断进取、不断超越，形成了各具特色的教育思想和教学风格。正是他们的成功探索和实践，创造了具有中国风格的教育经验，丰富了具有中国特色的教育理论宝库。原由教育部师范教育司组织编写，现由中国教育报刊社人民教育家研究院组织编写的"教育家成长丛书"，就是要向这些宝贵的本土创造性的教育经验致敬。

当前，教育领域综合改革正在深入推进，考试招生制度改革的大幕已经拉开，立德树人、培育和践行社会主义核心价值观成为大中小学教育的头等任务。可以预见，中国教育将发生深刻的变革，将从"中国制造"向"中国创造"转变。"没有革命的理论，就没有革命的运动。"没有适合中国土壤、具有中国智慧的教育理论，就不可能为未来的中国教育改革提供有效的指导。我们的教育要向"中国创造"飞跃，必然要首先创造属于我们自己的教育理论，而不是"言必称希腊"或者老是贩卖欧美的教育理论。170多年前，美国思想家、诗人爱默生发表了著名演说《美国学者》，号召美国知识界："我们依赖旁人的日子，我们师从他国的长期学徒期时代即将结束。在我们周围，有成百上千万的青年正在走向生活，他们不能老是依赖外国学识的残余来获得营养。"由此，美国迈入精神立国阶段。

如今，我们也面临与爱默生同样的情形。随着我国GDP已从世界第二向第一迈进，我们要自觉养成强烈的"中国意识"，独立的中国文化品格，并由此去环视世界，去改造本土实践，去创造属于我们自己的精神养料——这在教育界显得尤为紧迫。"教育家成长丛书"，旨在把我们本土教育实践中蕴含的中国智慧提炼出来，从而形成具有时代意义的中国特色的教育话语体系，再以此去观照、引领、改造中国的教育实践，为伟大的教育改革提供经验、理论支持，也为未来的教育家提供丰富、可资借鉴的精神养料。

让我们为中国教育的伟大未来一起努力吧！

2018年3月9日

前　言

　　见证着中国基础教育半个世纪的春华秋实，代表着中国基础教育教学成果的最高成就——"首届基础教育国家级教学成果奖"，闪耀着李吉林、窦桂梅、吴正宪、张思明、洪宗礼、唐江澎、邱学华、于永正、孙双金、薄俊生、龚春燕等一大批优秀教师的名字。而上述这些教师杰出代表恰恰都是《人民教育》"名师人生"栏目中最受读者喜爱的名师，都是"教育家成长丛书"的作者。

　　"教育家成长丛书"（以下简称"丛书"），是在第 20 个教师节前夕，为了研究、总结、宣传和推广我国众多优秀中小学教师的先进教育思想和鲜活宝贵的教育教学经验，培养造就一大批德才兼备的优秀教师和杰出的教育家，促进教师队伍整体素质的提高，根据教育部党组安排，由师范教育司组织编写的一套凝聚着一大批教育家成长智慧的大型教育丛书。

　　"丛书"自 2006 年问世以来，不但得到国务院和教育部领导同志的高度重视，而且先后印刷多次尚不能满足广大读者的需求。这其中的奥秘何在？

　　当你翻开"丛书"，每一部著作都讲述着一位教育家成长的故事。这些著作主要从"成长历程""思想概述""课堂实录"和"社会反响"等方面全景式反映其教育思想、教育智慧、专业精神和专业人格的形成过程与教学实践过程。这是教育家成长的基本素质所在。

　　当你沿着教育家成长的足迹走近他们的时候，你会融入这些带有"草根色彩"、扎根中华教育实践大地、充满田野芳香的真实感人的教育故事中。

当你从"丛书"中，从这些当年和自己一样的普通教师，成长为今天受人尊敬的教育家的成长过程中受到启迪，当你触摸着自己的心，把学生的成长和祖国的未来紧紧连在一起的时候，你会真切地感受到教育家离我们并不遥远。

当你用整个身心蘸着自己的生活积累去品味"丛书"中的每一部著作的"成长历程"时，在一位位名师不断学习、不断超越自我、不断超越学科教学的求索足迹中，你会读懂"教育是事业，其意义在于奉献"的丰富内涵。

当你研读"丛书"中的每一部著作的"思想概述"，和每一位名师展开心灵对话的时候，都会深深地感受到，一名教师对教育独立的理解与执着的追求有多么重要。从一名普通的教师成长为受人尊敬的教育家的过程中，你会读懂"教育是科学，其价值在于求真"的深刻含义。透过"丛书"，你会看到一代代教师用爱与智慧塑造民族未来的教育理想。

随着我们从"知识核心时代"走向"核心素养时代"，教师教育教学活动的视野已拓展到人的生存与发展的方方面面。教师要结合自己的教学实践去感悟"教育理念是指导教育行为的思想观念和精神追求"，应该把爱化为自己的教育行为，让爱充盈课堂，触摸到一个个灵动的生命，让爱产生智慧，让爱与智慧在学生心中留下岁月抹不去的美好回忆，让教育者和受教育者都感受到教育的幸福。这是"丛书"给我们的启示，也是每位教师应有的胸怀和视野。

时代呼唤教育家。为了进一步把我们本土教育实践中蕴含的中国智慧提炼出来，从而形成具有时代意义的中国特色的教育话语体系，以此去观照、引领、创新中国的教育实践并在更大范围加以推广，"丛书"将由中国教育报刊社人民教育家研究院继续组织编写，希望能够在更广大教师的心田中播种教育家成长的智慧，从而出更多的名师，育更多的英才，成就中华民族复兴的伟业。这是时代赋予广大教育工作者的神圣使命。如果广大教师能在每位教育家成长、探索教育智慧的过程中受到启迪，形成自己的教育智慧，则实现了我们编辑这套"丛书"的初衷。

"教育家成长丛书"
编 委 会
2018 年 3 月

目 录
CONTENTS
于漪与教育教学求索

[说不尽的于漪]

[附　录]

成长的脚步

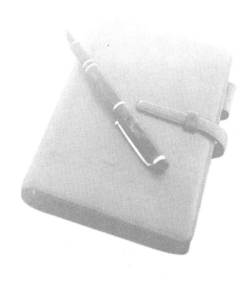

　　1929 年，我出生于历史名城江苏镇江。长江水哺育我成长，金焦二山秀丽的景色给我以良好的熏陶，满眼风光的北固楼在我心中播下了忧国忧民的种子，中华文化的熏陶使我在少年时代就有了美好的憧憬：做一个对国家真正有用的人。

　　我在中小学时读书是认真而努力的。十分幸运我碰到了好老师，数学老师讲述概念之清晰，推理之严密，有效地训练了我的逻辑思维能力；语文老师声情并茂的讲解，对中外著名文学作品的着迷，给我以深深的感染。"做一名深受学生尊敬和欢迎的好老师"，在许多优秀教师言传身教的影响下，我立下了这样的志向。

　　1951 年夏，我毕业于复旦大学教育系，从此，在基础教育这块园地里辛勤耕耘，至今已 64 个春秋。我曾经教过历史，中华民族艰苦奋斗的精神和深厚灿烂的文化使我激动不已，我常为自己是中华民族的一员而感到自豪和骄傲，更始终意识到自己重任在肩，要终身进取，做一名"合格"的教师。

一、使命意识：我生命的原动力

　　"红烛呀！
　　流吧！你怎能不流呢？
　　请将你的脂膏，
　　不息地流向人间，
　　培出慰藉的花儿，
　　结成快乐的果子。"

　　这是闻一多先生《红烛·序诗》中的诗句，我十分喜爱，更经常以此激励自己的思想言行。因为这些诗句深刻地道出了人生的意义和价值，道出了红烛精神的精髓，在于始终不渝地为他人的成长与欢乐作奉献。我深深懂得，这首诗所体现的，不是闻一多先生个人的思想结晶，这里渗透着的，是我们民族优秀的文化积淀与精神特质，也是千百年来无数华夏仁人志士的生命坐标。

　　自古以来，中华民族多灿烂，中华民族也多艰辛，多苦难。过去，正是我们民族的奋斗精神与无数先贤的奉献牺牲，才有中国人民站起来的新中国；今天，祖国的繁荣和民族的振兴依然需要我们每一个人全身心地投入与付出。作为中华儿女，

少年时代

我深感自己肩负的历史责任，天下兴亡，匹夫有责。身为基础教育的一名普通教师，这种忧患意识与使命意识使我深深地认识到，奉献是教师的天职，也是一名炎黄子孙无可推卸的责任，因此，"让生命和使命结伴同行"——成了我人生的座右铭。我体会到，教师，既是一种职业，更是一种人生理想，是需要以整个生命去拥抱的伟大事业，教师应该拥有这样的人生标杆和生命境界。

因此，树中华教师魂，立民族教育根，成为我终生奋斗的目标，成为我始终不变的精神追求。60多年来，我梦寐以求的就是使这美好的理想，通过艰辛的劳动变为现实。在漫长的教育生涯中，由于党的教育和同志们的帮助，我不断克服无知，勇战困难，振奋精神，锤炼感情，努力成为合格的人民教师，不辜负这一职业的神圣性，不辜负人民的嘱托和祖国的期望。

这种使命意识使我认识到，教师，须激情似火。有人说激情只是文学家艺术家头上的光环，我不这么认为，激情也是教师必不可少的素质。教育青少年成为祖国建设的有用之才，是极其伟大的事业。不热爱教育这多情的土地，没有工作的激情，就不能完成这世界上的伟业。教师只有倾注满腔热忱，才能对学生有感染力和辐射力；教师也只有燃烧自己，才能在学生心中点燃理想之火，塑造学生美好的心灵，才能完成肩负的神圣使命。我的这种激情正是来自对社会主义忠贞不贰的信念，来自对无数先烈和英雄人物由衷的爱戴与崇敬。有了这种激情，就会鼓足生命的风帆，孜孜不倦地追求，顺境不自傲，受挫更刚强，有使不完的劲。直至今天，我依然不知老之已至，不能也不愿放下我心中的事业，这一使命将伴随我生命的始终，为了我们的下一代，为了我们民族的未来，我无怨无悔。

这种使命意识使我懂得，教师，须师爱荡漾。教育的事业是爱的事业，师爱应该超越亲子之爱、友人之爱，因为它包蕴了崇高的使命和责任。学生在学校的学习虽只短短几年，在人生的长河中仅仅是一阵子，但这短短几年、一阵子往往影响他们一辈子的生活道路。万丈高楼平地起，楼能不能盖得高，关键在基础打得牢不牢。基础工作做得好，根子扎得正，扎得牢固，不歪歪斜斜，学生就会一辈子受用不尽。再说，一个人没有第二个青春，国家把青春年少、风华正茂的学生交给我们培养，这意味着对我们的极大信任。我们如果不尽心尽力，岂不是浪费学生的青春，对国家、对人民、对学生的大不敬？为此，我经常警诫自己，鞭策自己，要兢兢业业，考虑任何工作都不能忘记培养学生的大目标。

这种使命意识使我深深懂得，教师要真正完成自己的使命，必须终身进步。教育的事业是着眼于未来的事业，教育工作的性质与特点要求教师具有相当程度的职业敏感度，要跟随着时代奋力前进，不断更新教育观念，使自己始终站在时代的前沿来思考问题，发展自我。教师做久了，常易犯"三多三少"的毛病：眼前学生看得多，将来建设者的形象考虑得少；知识与能力要求看得多，情感、态度和价值观教育考虑得少；考试分数看得多，综合素养考虑得少。这种育人的观念与当今培养目标的要求相距甚远。许多活生生的事实给我以深刻的教育，使我懂得：育人，不能一般地理解为培养学生，而是应把它放置在特定的历史条件和社会环境中认识。要教在今天，想到明天，以明日建设者的素质要求、德才标准来指导今日的教育教学工作。世界是复杂的，对外开放后，先进的科学技术进来了，这是好事，但随之也带来形形色色的以金钱至上、私欲膨胀的价值追求和其他负面影响的东西。因此，如果要增强学生的识别能力、抵制精神污染的能力，教师就要深入思考，寻求有效的教育途径与方法。

也正是这种使命意识，使我始终坚持改革，不断开拓创新。就拿教学方法来说，传统的做法对工作多年的教师来说，无疑是驾轻就熟，即使对年轻教师来说，也有相当的影响。传统教法中合理的精华不可丢，但重知识轻能力、烦琐的讲解、灌输各种各样现成的结论等做法，显然不适应时代潮流，不能有效地对学生进行培养。因此，我花大气力进行变革，变革的核心是真正树立"以人为本""以学生的发展为本"的根本理念，优化课堂结构，提高课堂教学效率，让学生真正做学习的主人，使课堂真正成为学生在教师指导下获取知识、训练能力、发展智力以及培养良好思想情操的场所。

同时，改革创新要具有中国的特色，走我们自己的路。既要博采众长，吸取精神养料，又要有主心骨，独立思考，不人云亦云。在我们教育的这块沃土上，千万名教师在耕耘，亿万名学生在成长，好思想、好经验十分丰富。为了提高教学质量，为了使学校工作上台阶，我经常以其他教师为师，以其他学校为师，从他们成功的经验中受启发，受教育。他山之石，可以攻玉。但借鉴一定要"以我为主"。学习外国，开阔视野，十分有益，但要着力在"洋为中用"。吃牛肉、喝牛奶目的在滋养身体、健壮体魄，而不是变成牛。因此，即使是好学说、好经验，也不可照搬照抄，要拿来为我所用，要和我们自己的实际结合起来，创中国特色的东西。这样，才有生命力，才能有效地提高质量。因此，我特别在"化"上下功夫，融百家之长，创造自己的教学特色和在新的时代条件下办学的新路子。

一个人的生命是有限的，而我们的事业是常青的。一名真正的教师，是用生命在实践，用生命在歌唱，为了我们辉煌的社会主义教育事业，为了我们可爱的学生。生命和肩负的历史使命结伴同行。

二、语文教育：为伊消得人憔悴

我学的是教育学专业，曾经教过历史。由于工作需要，我改行教了语文。困难是大的，我毕竟不是中文系科班出身。但我明白，祖国的需要就是我的职责，我既然站到了这一岗位上，就必须不辱使命，因为教师肩负的是民族的未来。

当时我有个奢望，就是能听教研组长一节课。这位老师功底厚实，书法、绘画都行，说话要言不烦，大家都有点畏惧他。在 20 世纪 50 年代，要听老教师的课，很不容易，不得到授课人的允许，不能贸然进他的课堂。为了获得学习机会，在语文教研组有立足之地，能听到老组长一节课，我清晨就到学校，打扫办公室的卫生，扫地、擦桌子、拖地板、倒痰盂，为大家服务，做一名青年教师应做的事。一个春秋又一个春秋，但奢望始终只是梦想而已，终究没有变成现实。

倒是我一教课，老组长就来听我的课，心里真有点胆怯。我清晰地记得是教高中二年级的课文《普通劳动者》。预备铃响了，他踱方步似的走进教室，在后排一个空位置上坐下，一脸严肃。课前我不知道，少不得条件反射似的紧张起来，然后，自我控制，才慢慢放松。下课了，我如释重负，长长地叹了一口气。课后，他找我谈，说了语言、板书、条理等几个优点后，郑重其事地说了一句："语文教学的大门在哪儿你还不知道，人物形象分析是这样贴标签的吗？"如五雷轰顶，我一下子蒙了。定了定神，我向他请教该怎么教，他金口难开，又不吭声了。自那以后，再没有对我说过一句如何教语文的话，真怪！

语文教学的大门究竟在哪儿？我要寻觅，即使路漫漫其修远兮，我也不仅要找到大门，而且要登堂入室，深味其中的奥妙。老组长这句"金石之言"成为我教学生涯中不懈追求的动力。我常常反躬自省："你入门了没有？'堂'在哪儿，'室'在哪儿？一名对学科教学不入大门不辨堂室的教师怎能称职，怎能对得起学生？"外力在教育历程中化为内驱力，使我夙兴夜寐一灯明，耗尽心力，寻寻觅觅。

挑灯夜战——备课

在相当长的时间内，我处于两个方面的斗争之中。一是与疾病的斗争，胃溃疡、肝炎、腹部动大手术、脑缺氧、血尿等，疾病一直在考验着我。但对生活的热爱、乐观和坦然，使我不仅挺了过来，意志还得到了锻炼。二是学识浅薄，教学经验欠缺，总觉底蕴不够，功力不深，教学时常有捉襟见肘之感。于是挑灯夜战，病榻苦读，力求把基础打得厚实一点，知识面宽一点。

我从回忆中寻找，向过去教我的老师请教。他们是怎样教的，哪些课感人，那声情并茂的朗读与讲解，那旁征博引的议论和评析，眼神、手势、神往的表情，一幕幕在脑海里浮现，使我经久不忘，历历在目。我常顿然有所悟：这就是语文！

我到传统语文教育论述中寻觅。张志公先生的专著《传统语文教育初探》，朱自清、叶圣陶、吕叔湘等先生对语文教学的众多论述，我认真学习，逐一推敲，从中寻觅有效的途径。

我从比较中寻觅可资借鉴的做法。许多国家都有自己的母语教育，怎样通过母语教育哺育后代成长，必有自己的丰富的经验。可惜当时封闭，能看到的资料凤毛麟角，只得从外语教学中体悟一二。我对选文进行比较，对语法教学进行比较，对读写训练进行比较，利弊得失，朦朦胧胧有了点自己的看法。

我努力探究教学原则和教学方法，阅读教育学、心理学著述。尽管有些学术著作做大学生时也读过，但那时不懂得联系实际，自己也无多少实际可供联系，"空对空"，学得浮光掠影。现在带着问题学，效果大不一样。为什么要制定这些教学原则，为什么教学可采用这样或那样的方法等，不仅要知其然，而且要知其所以然。教材要研究，学生更要研究。

我认真学习报章杂志上有关教学的鲜活经验。那时杂志少，文章少，我只要看到，就如饥似渴地读与想。不仅语文方面的，其他学科的我也同样兴味盎然。他山之石，可以攻玉，采取拿来主义态度，以弥补自己的贫乏。

改行教语文伊始，我先从8个字上下功夫："胸中有书，目中有人。""胸中有书"，是要认真钻研教材，查阅有关材料，在"真懂"上下功夫。对教材做到烂熟于心，要如出自己之口，如出自己之心，自己"昏昏"，是不可能使学生"昭昭"的。为了求得真懂，深入钻研教材，弄清来龙去脉，从语言表达到思想内容，从思想内容到语言表达，反复咀嚼，推敲，在理解的深度、广度上探究，先做学生，后做先生。与此同时，有系统地一门学科一门学科地学习。晚九点以前工作，晚九点以后学习，明灯伴我过半夜是常事。一个学期，两个学期，两三年，把中学语文教师该具备的语法、修辞、逻辑等知识，该具备的文、史、哲，该了解的中外名家名著都摸了一遍。没有任何诀窍和捷径，就是老老实实，以勤补拙，笨鸟先飞，才勉强把课教下来，在学生面前，有了初步的发言权。"目中有人"是指教语文，不能只见书不见人，要做一名合格的教师，必须研究学生，对学生满腔热情满腔爱。在教学实践中，我深深体会到，"教过"不等于"教会"。"教过"比较容易做到，每天总要上课下课，45 分钟是不会停留的。1 天、2 天，3 个月、5 个月，8 年、10 年，就这样"教过"了。然而，要真正"教会"就非常难。两个班级，教会几个学生、一二十个学生不难，要大面积提高，教会每一个学生，不花一番心血是不可能的。学生的基础不一样，智力、性格、思想、兴趣爱好，以至家庭情况、语言环境都不一样，每一个学生都是生动活泼的艺术品。要了解研究，先做朋友，再做老师，亦师亦友，教学才有针对性，才会提高实效。对祖国的语言文字、对学生满怀炽热的感情，我开始尝到育人的艰辛与甘甜。

20 世纪 60 年代初，我迈出了语文教学改革的步伐。在教学实践中，我深深体会到语文教学之所以效率不高，突出的问题是教学往往从教材出发，而不是从学生出发。凡课文涉及的语文知识，就巨细不分一股脑儿灌输，脱离了学生的学习实际，不必要的重复比比皆是。教学方法烦琐，不少做法程式化。如词语解释，大可指导学生使用工具书查检，何必一一写在黑板上，搞词义解释搬家？又如分段，是否每篇课文都得分段，概括段落大意？有的课文是大手笔，大概念，"思考与练习"却内容空泛，无法答对。语文教学究竟要实现怎样的目标？我常困惑不解。就在此时，"教育要革命"的春风吹拂，上海育才中学教育改革的经验给了我很大的启发。我想，作为青年教师，对课程和教材改革无多少发言权，但我可以从教学方法的改进上入手，探索其中的规律。我在了解学生实际的基础上，明确教学目的，纠正主观设想的错误，摒弃烦琐的讲解，克服平均使用力量的弊病。课堂上注意启发引导，不越俎代庖，不迷信自己的讲解，不独占课堂教学时间，放手让学生实践。这样，在目中有人、尊重学生的学习权利方面迈出了新的一步。教学方法的改革，使学生学习语文的积极性大大提高，课堂上出现了生动活泼竞相发表意见的求知情景，课外阅读兴趣也大大浓厚了。

一次偶然的机会，我的改革尝试被市教育局教研室杨质彬老师知道了。那是在一次高中语文教师讨论教学改革的座谈会上，我谈了语文教改的认识与做法。会议结束时，杨老师走到我面前说："以后我常来听你的课，事前我不通知，你就像平时一样教就行。"当时我不认识她，更不知道她的身份和职务。一天上课时，她真的来

指导阅读

了。听完课，问了我不少问题，从教学目的到课文理解，到作业批改。一听就不可收，每周都来听几次。不仅听，还谈；不仅谈，还翻阅学生作文，一本本看，看我是怎样批怎样改的。我被这位老同志的敬业精神深深感动了。她话虽不多，但总能启发我思考，她在指导、培养我这名青年教师。于是，教育局有更多的同志来听课；于是，教育局一位局领导来听课；于是，我在全校上公开课，在全区上公开课，面向全市 10 个区 10 个县上公开课。我投身于教育改革的洪流之中，对语文教学的价值、意义和肩负的使命有了新的认识和体会。

正当我兴冲冲地进行改革试验的时候，"文化大革命"的灾难来临了。"什么三八红旗手？是修正主义教育路线吹鼓手，黑旗手！""什么改革？是反动学术权威！知识越多越反动！"要我交代和上面的关系。我愕然了，我这个平民教师是被听课听出来的，确实无任何关系，无法交代。由于"态度不好"，备受谩骂、侮辱、毒打的折磨。但对教育事业的责任，对学生的热爱，使我挺了过来。我从劳改队出来后，恢复了教师工作，仍积极投入，不舍昼夜。对语文教学，我仍痴心不改。学生只有一个青春，耽误不起啊！在那个年代，我冒着风险带领学生学文化，学语文，打好做人的基础。

1976 年粉碎"四人帮"，教育迎来了第二次解放。拨乱反正使教师重新获得了

粉碎"四人帮"后，20世纪60年代学生来访，高兴地谈论教学往事

做人的尊严，当我站在上海市文化广场讲台上与同行一起批判"四人帮"对教育事业摧残的罪行时，内心的喜悦难以言表，此后令我兴奋不已的事接踵而至。

1977年10月19日，金色的秋天。上海电视台教育演播分室第一次向全市直播中学教师向学生授语文课的实况，任务落在我的肩上。当时上电视是极稀罕的事，我虽经历过几百人听课的大场面，但面对那么多观众，还是破天荒第一遭，着实有些紧张。我从学校图书馆被捆绑起来的所谓"封、资、修"作品中，找出了高尔基的《海燕》作为教材。也许是心灵相通的缘故吧，钻研教材时，刻画海燕的一个个词语，一个个句子都活起来，跳动起来。海燕就是应该这样叫喊，就是应该这样飞舞，没用多少时间我就记得烂熟，因为它活在了我的心中。课上得群情振奋，学生的朗读与表达，发自肺腑，而我自己呢？那种冲出暴风雨精神上获得解放的喜悦似乎渗透到每个细胞。三尺讲台无限爱，我爱学生，爱未来，爱寓含着灿烂中华文化的语文。教课只有用生命编就，从心底里流出来的歌，才动听，才感人，才会如清澈明净的泉水流入学生的心田。当时能看到电视的人几乎都看了这场直播，甚至公共汽车上人们都在谈论《海燕》，江苏、浙江等附近地区有些老师看了直播，虽和我素昧平生，也写信给我。人们对教育的关注，对语文教学的关注，增添了我继续前进的动力。

　　1978年，首批特级教师评选，我怎么也没想到自己会被评上，深感惶恐。我从事的是极普通极平凡的教育教学工作，只是尽心尽力，离"优秀""卓越"甚远。而且评上的8位中学教师中，7位是市重点中学的，而我只是区重点学校的，生源差距也很大。比一比，心理压力很大。面对差距，我只有咬紧牙关，下定决心追赶。我以特级教师标准——师德表率、育人模范、教学专家为标尺，严格要求自己，勤奋学习，努力登攀，不断缩短差距，改变盛名之下其实难副的状况，不辜负组织的厚爱，学生的期望。

赴北京参观邓小平大型图片展览

　　我勤于学习，博采众长。重要的理论反复学，在世界发展与中国建设的大背景下，来认识教育的地位、价值、功能与走势。特别是邓小平同志"教育要面向现代化、面向世界、面向未来"的指示使我眼界大开。我认识到，就学科论学科，往往会陷入鸡虫得失的纠缠，跳出圈子看问题，站在时代的高度，战略的高度，视野就开阔得多，思考就深入得多。由此，我坚定不移地确立了教文育人的信念。教育说到底就是培养人，"教文"是为"育人"大目标服务的，千万不能只见"文"不见"人"。教育事业是理想的事业，教育要引导人的精神走向高处，是人生境界的提升，也就是要彰明教育对象内心的德行，使人自新，进入最美最善的道德境界。教育的本质是增强人的精神力量，知识、技能是帮助精神攀升的阶梯，千万不能做仅仅传授语文知识与技能的匠人，要着力培养学生良好的综合素质，充分发挥母语哺育后代的重要作用。

千金之珠，在九重之渊骊龙颔下。我越学越觉得自己无知与浅薄，越学越体会到语文教师字典里没有"够"这个字。只有清醒地认识自己的缺陷与不足，乃至错误，才会不停息地向前。此时，我体会到教师"一桶水"和学生"一杯水"的比喻是多么不恰当。教师的这桶"水"是否陈腐，是否有污染呢？知识要老化，知识结构须更新啊！教师的"教"与学生的"学"难道仅仅是"给予"的关系？学生是活泼的生命体，不是简单的"容器"啊！课堂里没有时代活水流淌，能与学生心灵碰撞，能使学生感奋吗？学习，是一条艰苦的荆棘路。为了学生的成长，语文教学必须义无反顾地跋涉，学习长流水，努力做到于谦在《观书》一诗中说的："活水源流随处满，东风花柳逐时新。"

如果说，"勤于学习"是我做语文教师的一根支柱，那么，另一根支柱就是"勇于实践"。实践出真知，认识与想法正确与否，效果怎样，要拿到实践中检验。实践中获得经验教训，再不断补充和修正自己的认识，自己的判断。我所说的实践，主要指认真上好每一堂课。课前从学生和教材的实际出发，刻苦钻研，精心设计；课上充分发挥两个积极性，即教的积极性和学的积极性，师生互动；课后拓展，延伸，带领学生阅读与写作，开展一系列贴近生活实际的语文活动，把语文教活学活，培养学生热爱祖国语言文字、热爱生活的感情。自从评上特级教师后，我几乎公开每节课，少则几十位，多则几百位来自全国各地的教师来听。当时，我社会兼职多，担任中华全国总工会执行委员、全国中学语文教学研究会副会长、上海市人大常委会委员，经常开会，挤了搞业务的时间。而且，我还要培养青年骨干教师，要听课、评课，要举办语文系列讲座……担子重，压力大，我只有在教学第一线跌打滚爬，在教学实践中修炼和完善。粗粗估量一下，上了近 2 000 节的公开课，在全国语文教师和师范大学中文系学生中产生了较大影响。

在专家的指导下，在同行敬业精神的感染下，我把"勤于学习""勇于实践"这两根支柱聚焦在"反思"上。一步一陟一回顾，回顾自己迈的步子正不正，留下的脚印深不深，是不是符合语文教学固有的规律，是不是有利于学生今日的健康成长，明日的长足发展。于是，我坚持写"教后"，记下自己教学中的不足，记下学生语文

20世纪80年代初赴武汉参加全国
语言学会成立大会，在长江轮上

学习过程中的闪光点。针对教学实践中碰到的种种问题，思考如何进一步深入改革，全面提高学生语文素养，全面提高语文教学质量。

课堂教学是实施素质教育的主阵地。构建科学的课堂教学结构，让学生充分发挥学习主人公作用，是我语文教改与实践的又一重点。我努力从单向型的直线往复的课堂结构转换成辐射式网络型的结构。传统教学往往是教师讲，学生听，或者学生问，教师答，是单向型的直线交流。这样，往往是一部分学生学习积极，其他就做陪客。其实，教师的"教"应作用于所有的学生，应把所有的学生都组织到课堂环境之中，而所有的学生的"学"都应反馈到教师这里。这样，"教"作用于"学"，"学"反作用于"教"，加上学生之间的相互作用，形成学习网络。在这里，师生是指导与被指导的关系，也是共同探求真理，共同寻找解决方法与途径的伙伴关系。一般地说，教师在总体上是超过学生的，但学生进入兴奋状态，全神贯注，就会超水平发挥，闪现出智慧的火花，给教师、给其他学生以启发。课堂上不是教师一个人发光，"能者为师"，每个学生都是发光体，把光照射到别人身上，教学相长，学生会以自己拥有独特的看法与体验而自豪。

从20世纪70年代末到90年代，我致力于语文学科性质观、功能观、兴趣观、教法观、质量观等方面的研究，聚焦在教文育人的总目标，主攻课堂教学主阵地。在课堂内以语言文字的智育为核心，紧扣课文的特点与个性，渗透德育与美育，把知识的传授、能力的培养与情感、态度、价值观的熏陶融为一体，课堂教学立体化、多功能，在发挥语言文字的魅力的同时，收到育人的综合效应。再以课堂教学为原点，向课外延伸，向学校生活延伸，向社会生活延伸。一抓课外阅读，二抓课外活动，参观，访问，研究，让学生感受到语文无处不在，语文到处有用，在徜徉于语

20世纪80年代初，中央电视台与《语文报》合作，第一次播放语文邀请赛，全国16个城市参加，层层选拔，我被邀请为主持人

言文字的欣赏与应用的氛围中学习语文，提高悟性。

　　教育学生首先要研究学生，要树立正确的学生观。语文教学要做到尊重学生学习的权利，以他们的发展为本，教师必须放下"唯我独尊"的架子和"越俎代庖"的恶习，不仅是在理性上认识，更重要的是身体力行，在实践上努力做。因而，我花气力进行课堂教学结构改革，让学生在课堂学习中充分发挥潜力，发挥聪明才智，体味成为学习主人的快乐。在这期间，我发表了许多文章，录了好些课，与同行交流，得到了大家的认可。

　　90年代末，教育部第八次课程、教材和教法改革工程启动。立足时代的高度、战略的高度，审视现有课程、教材和教法的长处与不足，借鉴国外先进理念和经验，制订了振奋人心的改革方案。读了语文学科新课程标准，我有如沐春风之乐。多少年来自己想说又表达不完整、不清晰的认识与想法，被新课程标准从理论和实践结合的高度，阐述得简明、深刻、周到，我深受教育与鼓舞。当然，这些认识与想法随着时代的进步、实践的检验，还会逐步改进与完善。

　　我做了一辈子的教师，我所孜孜以求的是：语言是生命之声，语言的活动就是生命的活动。我教学生学母语就要激情燃烧，用生命来歌唱，不仅培养学生语言文字的技能技巧，更要传承民族精神和人类优秀文化，激发他们智力和潜能的发展，培养他们良好的思想情操和正确的价值观。对教师而言，学生是第一可宝贵的。通过学科教学，培育他们成长、成人和成才，是我义不容辞的天职。语文新课程标准摆脱以学科知识系统为中心的局限，以学生的发展为本，不仅使语文教学育人的本质功能得到回归，而且随着时代的前进有了新的发展。因而，对新课程标准，我有知音、知己之感，它的许多语言都能在我的心弦上弹奏，产生共鸣。致力于具体实施，集中大家智慧，定能出现语文教学的新局面。因而，我将继续努力，继续为我们母语教育的振兴而贡献微薄之力。

三、学校建设：站在制高点上的求索

20 世纪 80 年代中期，我被任命为上海市第二师范学校的校长。由于十年动乱派性的作祟，学校一直不太平，质量上不去。再加上杨浦中学转为师范，更是矛盾重重。从内心说，我长期从事教学业务，十分喜爱业务，不愿做行政工作。刚粉碎"四人帮"时，组织上就要我做校长，我一再婉言拒绝。这一次以党性的要求衡量，我只能欣然接受。困难确实很大。校园荒芜，杂草丛生；人员四分五裂；没有一份文书档案，没有一本财产账，经费匮乏；校舍破旧，课桌椅不少是缺胳膊断腿。但既然领受了任务，作为一名党员，党的需要就是我的志愿，一定要迎难而上，艰苦奋斗，团结全校教职员工，切实贯彻党的教育方针，努力创造良好的学校小气候，以实际成果来显示社会主义学校教育的功能与威力。

作为语文教师，我教过各个层面的学生，教过基础好的学生，也教过基础一般的学生，更带过好几个乱班、乱年级。我也做过教研组长、班主任、年级组长、教务副主任等。角色的不断转换，使我有机会从不同角度审视学校的育人功能，思考教育浅层次价值观的短视性与深层次价值观的长效性。这也为我担任校长职务、进行学校管理提供了条件。

作为校长，我首先考虑的是办学制高点，居高才能临下，高瞻才能远瞩。在改革开放的条件下，要把学校办得生机勃勃，质量优异，须站在相当的高度来思考问题，在宏观上有较为科学的总体设想。

一是站在时代的制高点上，瞄准未来社会的小学教育，努力把今日的师范生培养成为面向未来、终身发展的新时期小学教育的核心力量。我认识到，当代师范生与过去相比，既有相同的年龄特征，相似的心理特征，又有当今时代独有的特点。未来的教育要求一名合格的小学教师应该有理想、有道德、有文化、有纪律，有一定的教育教学专业知识和技能；有较好的文化判断力，有正确的情感、态度和价值观；还要热爱教育事业，有崇高的生命追求。而要求学生站在时代的制高点，首先要求学校拥有这样的制高点。因此，学校必须以现代教育理念为导向，创设宽广的发展空间，让学生的个性得到发展，让学生的潜能得到发挥，让学生的理想和生命追求有所实现。

二是站在战略的制高点上，从严治校，奋发图强，办出水平，形成自己的基础教育的人才高地。师范生的素质不仅关系到一代小学教师的素质，而且关系到国家未来数以亿计少年儿童的心灵成长与人格塑造。因为，在每一个师范生的背后，都有一支庞大的少年儿童队伍，他们是国家的未来和民族的希望。因此，师范教育关系到祖国儿童的健康成长，关系到民族素质的有效提高，可以说，今日的师范生，就是明日的公民素质，就是后日的综合国力。因此，学校必须以形成一种具有前瞻性的教育理念与教学策略，营造一种良好的成长氛围，培养学生良好的职业理想，让学生去主动求取，自主发展，用人类创造的知识来武装自己的头脑，从能力、素养、情感、态度、价值观等各方面全面提升自己。

三是站在与基础教育发达国家竞争的制高点上，瞄准国外、国内和市内兄弟学校的先进教育思想与办学经验，博采众长，办出特色，提高自身的国际竞争力。今天办学校必须树立国际竞争意识，这不是争一所学校的意气，而是争民族的志气，民族的自尊，争综合国力的提升。因而师范学校应该努力培养这样的教师：他们将不再是年复一年地不断重复自己的"工匠"，而是拥有科学精神和创新意识的学习型教师；他们应该拥有良好的国际视野，良好的竞争能力、合作能力与终身发展能力，不断探索，不断创造，不断把最新的人类文化成果交给学生，真正成为人类灵魂的"工程师"；教师也不再仅仅在学生身上实现自己生命的价值，而是在发展学生的同时发展自己，在发展教育的同时使自身同步发展。办学校，既要继承我国基础教育的优良传统，又要有所突破，有所发展，有所创新。

组织课外活动，鼓励同学开展80年代畅想

　　确立了制高点，接下来着力抓弘扬正气，创造育人的良好氛围。教育质量是学校的生命，质量低下，就等于浪费学生的青春，浪费教育资源。要把质量抓上去，首先要找关键点，其次要抓突破口。

　　关键点是牢固树立育人大目标。教育，就是培养人，提高人的素质，通过悉心培养，使青少年获得发展，成长为祖国的栋梁。要实现这一目标就得研究学生，研究今日的学生，研究明日的建设者的形象。育人不是泛泛而谈，而应放在特定的历史条件和社会环境中去认识，有针对性，有时代的特征。要教在今天，想到明天，以明日建设者所需要的素质与能力，促进今日的教育实践和教育改革。

　　总览学校教育的准绳，不是别的，也正是培养目标。在对培养目标的认识上常有两种干扰。一是在共性与个性的问题上，比较重视共性的要求，甚至在许多方面"一刀切"，而忽视个性的发展。10个手指都不可能一样齐，更何况人的培养？学校教育要重视学生的个性差异，要多角度、多层次、多模式地因势利导，长善而救失，促进学生的成长。二是教育全面质量观与教育片面质量观的矛盾。评价教育质量的尺度应是是否对学生进行了全面性的素质教育，而不是以"智"取代"德""体""美"，更不能把"育人"变形为"育分"。考试的砝码越来越重，学生就不可能得到全面培养。要切实树立育人大目标，须真正"按教育要面向现代化、面向世界、面向未来"的指导方针办事，在教育观念上进行革命。"面向现代化"揭示了教育发展的立足点；"面向世界"提供了一种开放视野和新的参照系；"面向未来"强调了教育的长周期和必须具有的超前意识。"3个面向"的核心是面向现代化。全校教工树立育人的大目标，逐步克服见分不见人、见局部不见整体、见眼前不见长远的弊病，深入并研究学生成长的3个世界——生活世界、知识世界和心灵世界，从而提高育人的质量。

　　我们选择校风建设为突破口，切实加强师生思想政治工作与专业思想教育，推动教学业务的进展，以全面提高教育质量。办学要有精神支柱，精神支柱能起灵魂作用，有强大的凝聚力。在社会急剧转型时期，多元经济并存，多样文化碰撞，价值观发生变化，泥沙俱下、鱼龙混杂本不足为怪，关键在办学的人要有火眼金睛，有很好的文化判断力。学校不是真空地带，金钱拜物、个人第一、崇尚私利等不利于学生健康成长的思想言行都会通过各种渠道浸染学生的心灵，因而学校必须树立正气，弘扬正气，抵制社会上不良风气对学校的侵袭。既要开门办学，又要建设学校良好的小气候。学校风气有其独特的育人要求，不能降低到社会上的一般水平，它代表正气，代表主流，代表精神文明的威力。社会上允许的，学校不能都允许；社会上流行的，学校不一定都提倡。学校提倡的是健康的、积极向上的东西。因此，校长要有改革的视野，开放的胸怀，善于纵向继承，横向开拓，营造学校的独

教师应该有的胸怀和视野

特文化。

"一身正气，为人师表"是我们校风的核心支柱。我们坚持思想疏导，理解师范生的心态，在"善于"上下功夫。组织"当代师范生应该具有怎样的形象""师范生应该追求什么"等一系列专题讨论，动员学校资源和社会资源多角度多层面地对学生进行教育，反复强调培养目标，在学生心中撒播做人的良种。制定一系列的校规校纪，强化行为规范的训练。良好行为习惯的培养不可能一蹴而就，靠的是思想先行，说清道理；靠的是管理到位，坚持不懈地训练；靠的是自我教育，督促检查。我们制定了一系列的规则，学有学规，食有食规，宿有宿规，考有考规，劳动有劳动的规则，会议有会议规则。各项制度均强调落到实处，教导处、年级组、团委、学生会，多渠道督促检查，定期评比。有一段时间，学生浪费粮食现象严重，我就从泔水缸里把馒头等食物捞到脸盆里，一个班一个班讲述我国是人口大国，讲述贫穷人们的生活情况，讲述盘中餐粒粒皆辛苦的道理。对学生动之以情，晓之以理，然后分桌管理，加强督促，杜绝浪费粮食的现象。我们在没有一分钱绿化经费的情况下，师生齐动手，种草栽树育花，整顿校园，美化校园。我们强调环境育人，更强调在创造优美校园环境的过程中，培养学生艰苦创业、艰苦奋斗的精神。在社会上还不够重视绿化和环保的情况下，我校先行了一步，连续多次被评为上海市花园单位，全国绿化先进单位。

良好的气候绝非靠一两个人就能形成，需要全校师生员工统一认识，统一步调。如大家认识不一致，再严的要求，再好的规章制度也是停在口头，成为一纸空文。我们反复讨论学校的培养目标，研究社会主义的师范学校应具有怎样的形象，对自由与纪律、保守与开放、改革与放任等问题进行严格的区别，强调把教职工的精力聚拢到教育学生的事业中。全校教职工对学生的思想道德教育形成"三线一面"的格局，即政治课、年级组（班主任）、团委学生会三线有机结合，各学科根据学科特点渗透思想道德教育，提高育人效果。全校切实做到了教书育人、管理育人、环境育人、服务育人。尽管当时学校没有一个清洁工，但校园美景如画，教学楼、实验楼窗明几净，图书馆寂静无声，宿舍里井然有序，音乐楼琴声缭绕，体育场龙腾虎跃。教务、总务、财产、文书等学校所有部门建立明细档案，校风正，教风正，学风正，学校一切工作进入良好循环。学校所有工作强调公开、公正，在大家的监督之下，随时接受上级领导和兄弟学校的检查，讲求真实，杜绝虚假。由于全校师生员工的共同努力，学校先后被评为上海市文明单位、全国师范教育先进单位。毕业生素质好，责任心强，基本功扎实，受到社会认可和用人单位的赞扬。

学校有如此大的变化，十分重要的是抓好学校班子建设和校长的自身建设。学校班子的精神状态、管理水平对学校工作起决定作用。我们首先抓团结，一切以学校大局为重，以事业发展为重，坦率、真诚，互相尊重，互相谦让，重要的事情反复商量，"弹琴"要弹到发展事业、提高学校教育质量的基点上。其次是干部要干在前，身先士卒，勤恳刻苦，爱校如家。还要真心实意为每个教职工着想，上下协调，廉洁奉公，不谋私利，主动接受全校教职工的监督。当然，校长自身建设尤为重要。我深切体会到，学校是育人的场所，校长的一言一行对师生都起着作用，而行动更是无声的命令。故而，校长必须高标准要求自己，使自己具备优良的素质，向教育家的目标努力奋进。为此，我在"一身正气、为人师表"上下功夫，要求师生做到的，自己率先垂范，处处以身作则，言行一致，表里如一。我要求自己具有相当程度的职业敏感，跟随着时代奋力前进，要敢于把自己从思考问题的习惯轨道上解放出来，看得远，想得深，不目光短浅，不近视。我要求自己具备正确的教育思想，努力探索乃至通晓基础教育的规律，戒浮躁，戒急于求成，埋头苦干，扎扎实实，使学生的素质、智力、能力在教育过程中获得有效的培养。我要求自己具备管理的才能，善于发扬民主，博采众长，不陷入事务堆里，腾出时间多思考，腾出手来抓关键，抓典型，抓经验，抓创造。我力求做到有丰富的智力生活，学而不厌，不断增进自己的知识，更新知识结构，加强教育教学研究，提高学术水平。过去，我曾把一个个班级和年级，包括乱班、乱年级，带成先进的班级、先进的年级，我以为自己的精力与智慧已经耗尽，没想到实际的岗位就是能锻炼人，铸造人，我还有潜力，实践出真知。感谢组织对我的信任，我在校长岗位上跌打滚爬，我又成长了，又前进了。

四、培养青年教师：化作春泥更护花

教育事业不是一个人或几个人的事业，而是千百万人的事业，教育的成功也不可能仅仅依靠领导班子几个人的努力与奉献，而需要广大教师的共同浇灌。基于这样的认识，我首先严格要求自己，力求做一名合格的优秀的教师，不辜负祖国的期望和人民的嘱托。为此，从教几十年来，不敢有丝毫的懈怠，在"师风可学""学风可师"上下功夫，把心贴在学生身上，努力为学生今日的健康成长、明日的长足发展奉献心血和智慧。与此同时，我抓紧教师队伍建设，着力培养青年教师。

和青年教师切磋

作为一名教育工作者，我十分清醒地认识到：教育质量是学校的生命，而学校的质量说到底就是教师的质量，教师的师风、师德、师表、师魂，无时无刻不对学生起潜移默化的作用。教师的德、才、识、能，尤其是事业心、责任感，应成为学生的榜样。因此，在某种意义上说，教师决定教育的成败。从长远看，就是青年教师的质量。青年教师是学校的未来，也是教育的未来，他们的政治思想、业务素质如何，将直接影响下一代的健康成长，影响教育事业的发展。因此，加强对青年教师的培养和教育，不仅具有重要的现实意义，而且对教育事业的发展具有长远的战略意义。因为人不能自然成才，总要靠培养。我抓青年教师培养，大体可分3个阶段：20世纪70年代末，带教一批批年轻的语文教师；任校长后，抓好教师队伍建设；从校长岗位退下来后，重心转移到教师专业化发展的理论建设与基地骨干教师的培养上。

　　俗话说：浇花要浇根，帮人要帮心。培养青年教师首先要抓根本，要在思想政治上关心他们健康成长，塑造他们的师魂。教师的思想政治方向，决定了教育教学的思想政治方向。我要求青年教师把"一身正气，为人师表"作为座右铭。我还经常深入到青年教师中间，找他们谈心，并以自己从教数十年的体会激发青年教师的热情，鼓励他们热爱教师职业，热爱学生，对事业有高度的责任感，为教育事业贡献自己的青春与才华。对于青年教师的点滴进步，我都感到由衷的喜悦，对于青年教师的缺点和错误，也从不姑息。

　　带教语文教师，则聚焦在理论和实践结合点上，师徒互动，共同进步。我一方面开办语文系列讲座，讲述语文教学中的种种现象以及必须探究的规律；另一方面随堂听课，听后讨论分析，辨别利弊得失。从课内到课外，广泛涉猎，引领青年教师入门，明确肩负的教文育人的重任。即使是作业处理，考试命题，也悉心指导，不就事论事，而是提升到教育原则、教学方法的高度去认识和探讨。

席地谈心

　　为了从根本上提高青年教师的业务水平，我还为青年教师开专题理论讲座，从如何研究教学对象到教师应具有的素质，从如何运用教学方法到课堂教学的节奏和容量……带领青年教师以理论来指导具体的教学实践。有些青年教师至今珍藏着当年的讲座记录，并把它当作解决实践工作中疑难问题的"秘方"。与此同时，我还从备课、上课到批改作业对青年教师言传身教，手把手地悉心指导。我强调课前必须深入备课，对教材的来龙去脉、编写意图，梳理得一清二楚，对教材的重点、难点了如指掌。同时还要备人，要了解掌握学生情况，要针对学生实际。我不断鼓励青年教师写文章，特别要求青年语文教师要锤炼自己的笔头功夫，有不少青年教师写的文章经修改后发表在各类报刊上。

为了培养青年教师，我尽心尽力，无怨无悔。只要有利于培养青年教师，事无巨细，我都乐意去做。从1977年起，除了本校的青年教师外，陆续有外校和外省市的青年语文教师来从师学习。从1982年开始，杨浦区教育局连续几年组织了以青年教师为主要对象的语文骨干教师培训班，委托我带教，我都欣然接受。仅10年，我就义务带教了青年语文教师150余名。

1985年夏，我当了校长，工作担子更重了，但丝毫也没有放松对青年教师的教育和培养。第二师范学校自1984年复校以后，不少大学毕业生陆续分配进来，青年教师在全校教师中所占比例逐年上升。但他们缺乏经验，对教育教学业务不熟悉，往往眼高手低。面对这样的现实，我在学校明确提出，要花大力气对青年教师进行教育和培养，以缩短他们的成熟期。我提议组成学校培养青年教师的三级网络，倡导开展青年教师教育教学评优活动，学校组成教育教学评审委员会，通过评优活动，让青年教师在教育教学实践中锻炼提高。我还针对青年教师在教育教学活动中暴露出来的缺陷，积极创造条件，多渠道地组织他们业务进修。除了利用学校自身的力量，为青年教师开设"外语""书法""教学用语""电脑"等进修班外，还从外校为个别学科的青年教师聘请兼职指导教师。为了能让青年教师施展自己的才能，我尽可能地为他们创造机会，提供条件，对他们充分信任，大胆使用，鼓励他们攀登教育教学高峰。第二师范学校承担的市级重点教育科研项目，也尽可能吸收青年教师参加研究，这不只是信任，这样做有利于他们提高。

担任校长期间，抓教师队伍建设，治标与治本并重。任何人不可能把自己没有的东西奉献给别人。教师要撒播阳光到学生心中，自己心中就要有阳光。师德是根本，激励教师加强责任心和使命感，增强自我发展的动力，与学生一起成长。素质教育的主渠道是学科教学，主阵地是课堂，课堂本身就是培养教师成长的基地，一名上不好课的教师奢谈师德高尚是空的。因而，我们必须牢牢抓住课堂教学的质量不放，开发学科教学、课堂教学的多功能，从实践与理论结合的高度评价、指导与研究，促进教师教育理念的转变，实现育人功能的落实与教学水平的提高，一步一个脚印往前迈。主要抓 3 个方面工作。

一是抓紧教师个体自身素质培养。素质修养离不开 3 个字，那就是：爱、钻、学。教育事业是爱的事业，师爱超越亲子之爱，它没有血缘关系，却胜似血缘，因为它寄托着祖国的殷切期望，人民的深情嘱托。教师的事业是爱的事业，只有真心实意地爱学生，才能收到春风化雨的实效。因而，要求教师慧眼独具，发现学生身上的积极因素，体会他们学习的难处，因材施教，因材培养。爱学生，就要精心上好每一堂课，教到学生身上，教到学生心中，把自己的教育教学建立在科学的基础之上，使每名学生在原有的基础上获得充分发展。因而，教师必须有钻研的精神。要把课上好，功夫在课外。钻研教材要有不明底里不罢休的那股劲儿，求准，求深，求有自己独特的发现。准确，是教的前提，没有差错，不含糊其词；求深，不是难倒学生，而是居高临下，游刃有余，不人云亦云，有自己独特的理解与感悟；要研究学生，怎样教，怎样指导，学生才能掌握，才能学会，才能会学。孜孜矻矻，不断进取，教学就能渐入佳境。教师要能胜任育人的重任，必须认真学习。教师要有拼命吸取营养的素质与本领，犹如树木，把根须伸到泥土中，吸取氮、磷、钾，乃至微量元素。学理论，学业务，学科学，学文化，只有知识富有，言传身教，才能不断激发学生求知的欲望。教师爱得深，钻得精，学得勤，德、识、能、绩必能全面长进。

二抓教师群体的团队精神。教育工作的特点之一是：教师的个体劳动要创造教师的群体效益。要教好学生，取得教育高质量，不仅教师个体的劳动质量要高，主动性积极性要强，而且群体要拧成一股绳，团结协作精神好。因而，抓好备课组、教研组、年级组的建设，学科之间互相照应，有机渗透，工作中相互支持，主动协作。弘扬敬业精神，弘扬尊重别人、乐于助人的风气，克服背后叽叽喳喳的小家子气。一个班级能实现理想

和喜欢艺术的同学共同谈画，进行交流

的目标，除了有一名好的班主任外，各任课教师必须个个师德好，技能强，团结协作精神好。一个班级如此，一所学校更是如此。紧密团结，互谦互让，一切以学校大局为重，以事业得到发展为重，以千方百计教好学生为重，教师集体就能逐步形成，就能创造教育效益。

三是重点抓青年教师的培养。青年教师是学校发展的后劲与希望，对他们要满腔热忱，精心培养，创造机会让他们显露聪明才智。当今，青年教师的学历水平比较高，但岗位上的综合能力要靠实践中锻炼，要靠有计划地培养。人不可能自然成才，青年教师也不可能自然成为优秀教师，当校长的要让他们在事业心、责任感方面加强锻炼，在业务上，教学能力方面精心培养。要鼓励他们勤奋刻苦，追求卓越，追求在教育这块热土上出类拔萃。校长首先要与他们在感情上沟通，对他们坦诚相待，设身处地想想他们身上的几个"变"：从受教育的学生变为教育学生的教师，身份不一样了；从比较"放任"的大学生变为须自我约束的师范教师，反差很大；从只讲或偏重书本知识变为须具备实际能力，一下子适应不了在所难免。教师是学校最大的财富，学校是岗位培养教师最实际最有效的基地，校长理应站在理论与实践结合的高度培养教师，成为指导青年教师成长的组织者、指导者和引路人。要对教师在使用中培养，在培养中使用，互相促进，一步一攀登，教师才有期盼，学校天地才广阔。对教育上的新兵要真心实意地百倍爱护，政治上关心，生活上帮助，组织他们岗位练本领。既充分肯定他们的长处，也真诚地指出他们的不足，严格要求。我们要求岗位练本领做到五定：定目标、定内容、定项目、定时间、定测评。充分发挥中老年骨干教师的重要作用，促使青年教师切实增强责任感，切实养成良好的工作作风与工作习惯，增长教育本领，提高教学水平，科研水平。我们还与美国密歇根州立大学教育学院、美国牛津大学教育学院开展中、英、美师带徒职初培训模式的比较研究，探究理论支撑、师徒帮带内容，如何加强管理。通过三国资料的汇总与研究，看到了各自的优势与不足。在这个基础理论上，我们调整了校本岗位培训的措施，更新带教观念，改进带教方式，优化带教的机制，提高培养的质量。其他学校活动，如校园美化等，都组织青年教师参加，雕塑、壁画、油画等艺术品均自己动手设计和制作，既让他们艰苦创业，又培养爱校的精神。经过十余年坚持不懈地帮、带、领、评，我校青年教师获得迅速成长：他们有的入了党，有的成为劳动模范，有的获得市、区园丁奖，有的被提升担任各级行政职务，当年的青年教师成为学校各部门教育和教学的骨干。

　　在学校教师队伍建设中我认识到有几点须牢牢掌握：一是认清教师个体脑力劳动的特点，教师上课基本上是单兵作战；二是学历水平不等于岗位水平，学历只说明接受教育的程度，能不能成才，能不能成长为一名优秀的教师，要看在岗位上怎样培养，怎样锻造；三是培养与使用的关系，要正确处理，重使用轻培养，路就会越走越窄；四是要知人善任，洞悉每位教师的"长"与

作品一览

"短"，扬长避短，把人放在最合适的岗位上发挥光和热；五是讲求群体效益，要研究个体的高质量劳动如何汇聚成群体的教育高效益。

　　在培养青年教师的过程中，我努力摆脱琐事的羁绊，深入到教学第一线，深入到课堂里，参与备课、听课，从对教材的理解，教法的把握到对学生的研究进行活的教育学的阐发，说课，评课，让青年教师获得切切实实的提高。我用心地发现每位教师的特点和长处，充分调动他们的主动性和积极性，解决了不少人事上的老大难问题，让大家深感受到了尊重，劲有地方使，心情舒畅。多年的努力获得丰硕的成果，形成了一支富有朝气、热爱教育事业、作风认真严谨的教师队伍，成为促进学校发展，实现学校育人目标的可靠保证。

　　从校长岗位上退下来后，除了担当为国家级骨干教师、不少省市骨干教师授课的任务，主要进行教师专业化发展的理论建设，先后主编了《现代教师学概论》（全国中小学教师继续教育公共课教材）和《现代教师自我发展丛书》（18册，如《教师的人格魅力》《教师的审美情趣》《教师的爱生情结》《教师的思维品质》《教师的教育机智》《教师的语言修养》等），并应邀在《上海教师》杂志上举办了系列座谈"于漪茶座"："教师的困惑与无奈""把课上好""教师的文化底蕴""教师的追求""突破'重围'，还学生以健康'生命'""为师职责：树根立魂""勤于学习，善于育人"等，意图通过座谈和讨论，激励教师不断完善人格，提升境界，锤炼感情。退休后，我还先后担任语文名师基地、语文学科德育实训基地

主持人，参加农村种子教师培训基地工作，倾力培养中青年教师。在工作中努力学习，不断进步。

　　总之，我做了一辈子教师，一辈子学做教师。几十年如一日，在基础教育园地辛勤耕耘，无怨无悔。组织上给了我许多荣誉，享受国务院特殊津贴，是4所大学的兼职教授，我深感惭愧。我这名普通而平凡的教师，钟情于太阳底下永恒的事业——教育事业，钟情于与全民族素质提高血肉相连的母语教育。我衷心希望我们的教育事业后继有人，教师队伍人才辈出。几十年来，我激情燃烧，为之倾注了全部心血，为之奉献了全部的青春与生命。

我的教育教学观

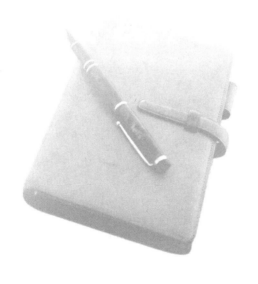

一、我心中的教育

教育是一项理想的事业，没有理想的教育是不存在的；教育是一项神圣的追求，它充满着伟大与圣洁，不容任何玷污与亵渎；教育是一个崇高的使命，它需要我们全身心地投入与完全的奉献；教育是民族发展的奠基者，它决定着民族的命运与未来。这就是我心中的教育，正是基于对教育的这一认识，决定了我的价值意识与人生选择，决定了我终生的职业走向。

（一）全面育人观：我的基础教育观

育人是基础教育的基本任务与根本目的，也是我们所有工作的终极追求，不管是从事教学还是管理。通过自己的成长过程，我深深懂得，高尚教育境界的追求不是玄虚的，无依据的，而是源于对教育的深刻理解，对自己肩负使命的执着追求，源于教师内心的深度觉醒。从我作为语文教师坚持"胸中有书，目中有人"开始，到追求"教文育人"，再到担任校长进一步深入思考和确立学校的教育目标，对教育的对象是人、教育的根本目的是培养人的认识越来越清晰。我们一切的教育教学工作，都应该切切实实围绕着这样一个中心。

随着人类步入知识经济时代，所有财富的核心都是"知识"。而知识经济时代，知识的寿命越来越短，知识的更新越来越快。人的一次性受教育已经满足不了这个时代的需求，这就向教育提出了挑战：教育能否满足人可持续发展的需要，并且满足人类社会的可持续发展需要？实际上，社会的可持续发展，在很大程度上取决于人的素质的提高，取决于人本身的可持续发展。而人的素质的提高，正是教育发挥其本体功能——育人功能的结果。故今天的教育，必须使人——包括受教育者和教育者自身——具有可持续发展的潜力，具有可持续发展的丰富的内在品质。因此，今天教育的所有标志性目标，都将指向同一个核心内容：人的可持续发展。并通过人的可持续发展，来实现学校的可持续发展，进而为推进社会的可持续发展这一教育的终极目标做出自己的贡献。

作为一个活生生的人，学生的德、智、体、美各项素养不是简单并列，更不是机械割裂，而是有机融合不可分割的，其融合的最终指向就是人格，是人的综合素养。从某种意义上说，一个人人格的高下优劣往往直接决定了他作为一个人的基本素质的高低。要培养全面发展的人，也就是要培养人格健全的人。正是在这个意义上，江泽民同志特别重视学生的人格培养。他强调指出，如果不重视人格培养，就会产生很大的片面性，而这种片面性会影响人一生的轨迹。因此，学校教育必须培养拥有健全人格的全面发展的人。

现代教育理念和社会发展还要求我们不放弃任何一个学生，要求我们的教育注重培养和调动学生在学习过程中的自主意识，充分发挥每个学生在发展上的潜能和优势，以形成各个学生的最佳素质结构。现代教育要努力实现让每一个学生成为大写的人，一个有着自我目标、自主追求、能够实现自身人生价值的人，一个适应时代需要、与社会和谐进步和发展的人。因此，以育人作为教育基本的也是最终的目的。在我们的教育中真正体现以人为本、以学生的发展为本的原则，为实现全体学生的全面发展与终身发展奠定基础，就成为我的基础教育观，成为我此生不变的永恒追求。其实，这一全面育人观的建立，是教育的本质所决定的，是时代发展的要求，也是当代教育实现可持续发展的必然选择。

1. 全面育人观体现了教育本质的呼唤

我国古代经典著作《大学》中开宗明义这样说："大学之道，在明明德，在亲民，在止于至善。"即学习的目的，在于彰明内心美善的德行，在于使人自新，在于使人处在最高的至善的道德境界。古希腊哲学家柏拉图在《理想国》中借苏格拉底之口，用"洞穴中的囚徒"这一隐喻，说出了教育的真正含义，即教育是要把人的灵魂、精神用力往上拉，引向真实世界；而知识、技能是帮助灵魂攀升的阶梯。因此，"真正的教育"是引导人的灵魂达到高处的真实之境，是人生境界的提升。我们的前辈陶行知先生的"千教万教，教人求真""千学万学，学做真人"，也就是追求人的精神世界的高尚。当今时代，这种意识更加明确，英国史学家汤因比和日本的池田大作关于21世纪的对话中谈到当代教育时，认为教育的本质不应该以谋实利为动机，而更应寻求存在于宇宙背后的"精神存在"之间的心灵交流，开启人的心灵与富有的大脑。（《展望21世纪——汤因比与池田大作对话录》第三章）古今中外研究教育的大家都认为教育的本质是增强人的精神世界，提升人的思想境界。可见，教育的本质就是培养人，增强人的精神力量。这一教育本质，呼唤着我们的教育必须把学生放在教育的核心位置，以学生为本，对学生的成长负责，从而追求崇高的教育境界。绝不能以育分为本，以应试为本，伤害学生。

教育的本质聚焦在人的培养、人的发展、人的精神提升上，聚焦在学生的全面发展和终身发展上。几十年来，我始终认为，学生在学校接受教育，学习各门功课，无论从学生个体的成长来说，还是从社会的实际需要来说，都要着力于他们的发展。"发展"是学生的基本权利。把每个学生蕴藏的潜能变成发展的现实，使他们终身受益，这是教育的职责，更是我们每一个教育工作者的使命。深刻领会这一点，我们的目中就会真正有"人"，脑中就会有一个个学生鲜活的形象，就会处处为着学生今日的健康成长和明日的长足发展着想。心中有学生，我们在教育教学中就能产生热情，产生智慧，充满活力，浑身就会有使不完的劲，就会去不懈地追求。认识了教育的这一本质，我们就会大局在胸，就会始终站在教育发展的前沿，牢牢把握课程改革的核心，就能够促使自己成为真正的教育工作者，而不是仅仅将教师这一职业作为养家糊口手段的"教书匠"。

使每个学生都得到全面的发展，同时也是我国全面发展的社会主义教育方针的体现，是今天实施素质教育最本质的要求。教育是培养人才和造就民族创新能力的基础，它在现代化建设中居于全局性的战略地位。在科学技术向现实生产力迅速转化的过程中，教育是十分重要的中介环节。人的生命体本身蕴含着多方面的发展潜能，教育的任务就是把学生的潜能变成发展的现实。每一个学生都得到发展，不仅是现代民主的基本理念，而且是每个学生的基本权利，我们要保护并尊重这种权利，创造条件实现这个权利。

教育历来有着不同层次的价值观。教育的浅层次价值观是教育的个体发展中过分注重对谋生、谋取物质利益、博取功名的追求，忽视或轻视个性充分发展及高尚精神境界形成的深层次价值。我们教育工作者的教育追求不能停留在浅层次的教育价值观上，千万不能把教育仅仅看作是教给学生未来谋生的手段。我们要树立深层次的教育价值观，要培养民族未来的栋梁。当前，重智育轻德育、体育、美育的观念及做法对学校教育有很大的干扰。这种片面的教育质量观影响教育的发展，影响学生的健康成长。要办真正的教育，要造就新一代高素质的劳动者、建设者、管理者和领导者，就必须全面贯彻教育方针，真正实现全面育人。

2. 全面育人观是时代发展的现实要求

当今世界竞争的焦点是人才的竞争，是全民素质的竞争，我们所谓综合国力的竞争，实质上也就是人才的竞争，国民素质的竞争。今天，人力资源在国家综合国力的增强方面，发挥着越来越重要的作用，而人力资源的状况归根结底取决于教育发展的水平。人的现代化是时代发展的迫切要求，是社会现代化的根本保证。一个国家可以从国外引进作为现代化最显著标志的科学技术，可以移植卓有成效的管理方式、教育制度以及课程内容等，但这些毕竟是一些躯壳，关键在于执行和运用这些制度的人。要使这些制度有生命力，并在自己土地上发展、开花、结果，那么，作为操作者的人自身的心理、思想、行为方式都须经历一个向现代化的转变，只有提高人的综合素质，有创新能力，有人才优势，才能保证社会主义现代化的实现。因此，社会要求学校向学生提供优质教育，使学生全面发展，而只有全面发展，学生才能够在未来社会不断求知和创新，实现与他人合作，学会保持身体和心理的健康，成为现代化的人。

众所周知，今日的教育，就是明日的科技，就是后天的经济，今日教育的走向影响着甚至决定着明日的国民素质。与许多发达国家和有些发展中国家比，我国国民素质所处位置较低，不尽如人意，因此我们的教育更是肩负重任。几十年来，我国教育取得了巨大成就，但就教育理念、教育体制、教育结构和培养模式，乃至教育内容、教育方法等而言，我们仍然有着相对滞后的一面，这影响了青少年的发展，不能适应提高国民素质的要求。因此，以学生为本，促进学生的全面发展，正是当今社会对我们教育的急切呼唤。知识经济时代的到来，对教育提出了严峻的挑战，未来社会不是以某种技能技术的运用为基础，而是以整个知识进步为基础。对人才知识水平的评价标准，主要不是看某一方面的技能运用，而是看人才的整个知识的结构、容量、水平和知识积聚与更新的能力。显然，人的培养不能再以传统的获取相对固定的知识体系为唯一目的，而是要求以提高综合素质为目的，实现学生全面发展。

几十年教育教学的实践与探索，使我清晰地认识到，由于我们的基础教育观念与教育模式的制约，多年来，我国中小学生在学校接受教育，得益最多的是知识与能力，这方面我们是成功的。但学生的自主获取知识的能力、批判性思考能力、责任感、价值判断与文化判断能力，他们的创新意识和主体精神等，则相对较弱，人文精神缺失现象相对突出。学生在学校学习，获取了知识，培养了能力，这是好事，也是教育应承担的责任，但获取知识与能力不是教育教学的全部，其他方面残缺不全，必然影响学生的健康成长。局部不能代替整体，教育更不能局限于此，片面的教育质量观对学生的全面发展是极大的障碍，更何况由于长期机械操练式教育的影响，学生能力的缺陷也甚多。因而，培养思想道德素质、科学文化素质、身心素质良好的现代文明人，是我们建设中国特色的社会主义的战略需要，因此我们必须改变传统教育观念，牢固树立全面育人的教育理念。只有这样，我们的教育才可能真正走向现代。

基础教育是普及教育，它的指导思想如何，质量如何，关系全民族素质能否提高。因此它不只是一地、一校局部的事，而是影响国家发展的全局。它是一种战略的需要，关系到我们国家与民族的未来。改革开放至今，时日虽不算长，但广大教育工作者已经充分意识到我们传统教育观存在的不足乃至缺陷，不少专家与教师在探索新的教育理念与教育模式。究竟应该树立怎样的教育理念，我们现在也已有了较为明确的认识。然而，如何确立育人为先的教育理念，如何使这一理念转化为教育教学的现实，当今时代的教育对象——学生具有怎样的特点，教育究竟怎样才能走进学生的世界，特别是学生的心灵世界，我们了解得还不深入，研究得还不透彻。故而，多在方法上、窍门上兜圈子，有时还是从主观愿望、主观设想出发，没有达到应有的成效。这一状况如不加以根本改变，我们将辜负这伟大的时代，辜负肩负的使命。因而，确立正确的基础教育观，以高质量的基础教育迎接未来的挑战，是时代发展的要求，是中华民族的伟大振兴赋予我们教育的一份沉甸甸的责任。

3. 全面育人观是教育自身实现可持续发展的必然选择

人类及其生存的社会环境的可持续发展愿望，必然地要求教育的可持续发展。作为整个社会系统的重要组成部分之一，作为推动社会进步的主要原动力之一，教育的可持续性发展，表现为人、教育与环境的有机结合。作为整个社会的一个子系统，教育的可持续发展保持教育这个子系统与社会其他各子系统之间平衡发展，是保持教育自身生存与发展的重要前提之一，也是教育作为社会发展的革命性力量，能有效地推动社会不断进步的力量之所在。

从宏观层面来认识，理想的可持续发展的教育，一方面表现为教育的持续性特点，另一方面表现为教育的全面性特点。教育的全面性，一是指受教育对象的全面性，也就是说，教育要成为面向全体社会成员的教育，通过教育要使得全体社会成员的素质都得到全面的提高和发展；二是指个体素质的全面性，即对于每个社会个体而言，教育所提供的是促进所有个体在德、智、体、美以及劳动技能和心理健康等方面的全面发展。这样，教育的全面性特点决定了教育的全面育人特点，教育通过促使人的可持续发展，来促使自身的可持续发展，并通过人的可持续发展，进而促进整个人类和社会的可持续发展。而这一切，决定了教育的核心是人，一切以人为出发点，一切为了人的发展需要。

从另一角度说，在我们漫长的历史演进过程中，人类的生存方式和需求层次随着社会的不断发展而体现着不同的阶段性特点。今天，人的需求已经由维持基本生存、保障物质生活条件，转到以追求个性发展、提升人的生活品质、丰富人的精神享受为主。这既体现了不同发展阶段经济对人的需求的制约过程，也体现了人对自身发展阶段性需要的自我认识的过程。因而，今天的教育，已由单纯的经济发展的工具和手段，成为以追求和实现人的幸福生活为目的，并成为实现人的全面发展的重要途径。时代对人才培养的要求，也逐渐由工业化时代的整齐划一，转入到更加注重人的个性发展与创造精神的培养。因此，我们必须清醒地认识到，在今天，人已经成为教育的中心，也是教育的根本目的。人是一切教育的出发点，也是所有教育的归宿。教育在人的交往与活动中展开，人在教育的交往与活动中成长和发展。人是教育的基础，也是教育的根本。所以，一切教育都必须以人为本，以学生的发展为本，这是现代教育的基本价值观念。

我们的基础教育从应试教育走向素质教育，这是一个非常大的甚至是革命性的进步。应试教育的最大弊端，就在于它压制人的主动性，将受教育者物化而使之仅仅成为一种客体存在，教育也就成为一种外在塑造的过程，这显然不能适应当代社会发展对人的素质的要求。以人为本、全面发展的育人观，是对以往教育的纠偏，是向现代教育发展的必然结果。以人为本，全面发展，就是把人看作人，以人的样子构建人与人的关系。具体到教育上，就是把学生和教师看作教育过程中的主体，他们有着共同的发展与成长需要。教育要培养他们的自主意识，给他们以充分的发展空间，使他们充分意识并且明确认识到自己主体性存在的价值和意义。引导他们健康成长，使学生的观念从"要我学习，要我成才"，转变为"我要学习，我要成才"，使教师的观念从"要我教书，要我奉献"，转变为"我要教书，我要奉献"，使他们真正成为学与教的主人，成为自身成长和发展的主人。

这种全面育人观，在充分体现学生和教师两个积极性的基础上，构筑新型的师生关系，真正使学生和教师做到教学相长，共同成长，从而形成人的可持续发展与教育的可持续发展模式。

4. 全面育人观更是学生终身发展的需要

学生的世界丰富多彩，他们的生活世界、知识世界、心灵世界充满了奇幻，又充满了现实的追求；他们成才的愿望特别强烈，不大甘于做平常人；他们见识比较广，接受外界信息的灵敏度比较高，有时看问题尖锐和深刻的程度大大超过了他们的年龄；他们敏于思索，善于质疑，不轻信，对社会对人生常有自己的看法；他们的兴趣十分广泛，对古今中外的人和事往往带着猎奇的心理去了解与询问，对现代化科技、媒体、网络、时尚产品、歌星球星，更是津津乐道以至神往。对生活时尚的知识，教师常常远远不如学生。这样具有鲜明时代特征的学生群体，他们能否承担起肩负的使命，关键在于教育。因而，教育必须着眼于学生的终身发展，这不仅是国家与民族发展的需要，更是学生自我发展、实现其生命意义与价值的需要。这同样要求我们真正确立全面育人的教育大目标，充分发挥学生的能动性，激发他们的成长欲望，发掘他们的成长潜能，实现他们的终身发展。

全面育人观要求教育给学生更为全面也更加个性化的教育，以塑造他们的整个身心世界，这就要求教师更好地了解今日学生，了解今日学生的群体特点与个性特征。众所周知，认清材料的质地是雕塑工艺师的基本功。对所雕塑的材料进行仔细的研究，摸清它们的纹理、曲直、坚硬程度，以及能承受的压力大小，因材雕刻塑造，就能制作出巧夺天工令人赞叹不已的工艺品；如果忽视这项基本功，拿到象牙、玉石、水晶、黄杨等宝贵材料，不识材势，不辨脉理，鲁莽地下刀、使锯、运凿，其结果不是卡了丝，就是损了块，材料遭到糟蹋。

教师不是工艺师，但同样有识质的问题。教师培养的对象是青春年少充满活力的学生，不言而喻，培养他们成长这个工作比制作工艺品复杂千百倍，精细千百倍。我们的教育工作要想取得成效，一定要重视和锻炼识质的本领。教师要花相当的力气了解学生，研究学生，洞悉他们的内心世界，把握他们成长过程中的发展与变化，使自己的教育工作建立在科学的基础之上。否则，从主观臆想出发，就会盲人瞎马，事倍功半，使我们无法完成时代赋予教育的重任。

当今学生思维活跃，科技知识起点高，生活知识丰富，对未来有美好的憧憬。但与此同时，他们又存在明显的不足，如国家意识淡薄，道德观念、集体主义观念淡薄，又由于优秀民族文化传承的薄弱，有的学生对西方文化不辨良莠，不识美丑，缺乏正确的文化判断力，而照单全收。在科技飞速发展、经济与社会发展日新月异的现代社会，多元经济并存，多元文化碰撞，信息传媒普及，都会对他们产生正面的或者负面的影响。他们的思想、道德、情操、价值观，他们的兴趣、爱好、追求，他们的行为举止无不渗透着时代的气息。时代的特点既给教育带来有利的条件，又给教育带来严峻的挑战。如何让我们的教育进入学生的心灵世界，发扬他们的长处，激发他们树立信心，使他们的综合能力与综合素养获得较好的发展，为他们的终身发展奠定坚实的基础，是我们必须重视并值得付出心血研究的问题，这也必然地成为今日教育的中心问题。因此，全面育人观的提出也正是今天的学生实现健康成长与终身发展的需要。

总之，一辈子的教育教学征程，一辈子的教育教学求索，使我逐渐牢固地树立起教育的全面育人观，这是我整个教育观念的核心。在这个基础上，形成了自己的职业观、教学观、学生观和学校发展观等一系列教育教学理念。有了这样一些理念的导引，我才能一步一个脚印地走到今天。我深深体会到，教育是一种理想的事业，但只有拥有先进理论的指导，才能避免走弯路，才能使理想成为现实，教育也才能真正"托起明天的太阳"。

（二）放飞理想的事业：我的教师职业观

我的全面育人观决定了我对教师这一职业的基本认识。教师是一种特殊的职业，是一种需要强烈责任意识和奉献精神的职业。教师做的是育人的工作，特别是基础教育领域的教师，他们面对的是心智与价值观念尚不十分成熟的青少年。在这样的年龄阶段，教师的影响在某种程度上将决定学生的终身发展方向。因此，教师肩上挑着的是祖国的未来。

教育的目的之一是教书，教师的重要职责之一，也是教给学生知识，培养学生能力，但教育的本质是育人，是培养终身发展的人。因此，教师既要培养学生良好的知识与能力，又要实现学生品格与心理的全面健康，使他们既拥有丰富的学识，又拥有良好的道德情操与积极的人生追求，成为德才兼备的一代新人。特别是在当今这样的多元时代，教师的导引作用就显得特别重要。教师只有以正确的思想去教育人，以积极的心态去熏陶人，才能培养学生积极的人生态度与良好的情感、态度、价值观，去正确地认识社会与融入社会。塑造大写的人，这是我们的学校教育所面临的一个重要使命，也是教师之所以被称为"人类灵魂的工程师"的原因之所在，教师职业充满了神圣感和崇高感。由此，我始终将教师这种职业看成是一种放飞理想的事业，它需要的是一种自觉的人生追求。

1. 理想的追求构成教师生命的内驱力

教师固然需要实践自身的职业道德，但教师不能仅仅局限于职业道德的外在规范性，它更是一种生命的内在需求，也正是这种职业理想，成为我永不停步、执着追求、一生奉献的内在驱动力。我曾多次引用汉朝韩婴《韩诗外传》里的那句话："智如泉涌，行可以为表仪者，人师也。"我深深感到，做老师应该是智慧像泉水一样喷涌而出，思想言行都可以做学生的榜样。我牢牢记住这句话，努力身体力行。也正是在这种职业理想的激励下，我感觉到，教育事业永远没有终点，我所完成的工作永远没有最好，作为教师一定要不断地自我发展。一个不会自我发展的教师，他的生存空间会越来越小。因此，我做一辈子教师，一辈子学做教师，一辈子在提升自我，完善自我。一个教师的人格是思想、道德、行为、举止、气质、风度、知识、能力、心理的、生理的众多因素的综合。要而言之，应在德、才、识、能方面自觉锻造，才能无愧于教师这一理想追求者的称号。也正是有着对这种职业理想的高度认同，即便在整个社会都陷入了浩劫之中的 20 世纪 60 年代末 70 年代初期，在不断遭受批斗的日子里，我仍然能够坚守职责，始终不渝。因为这是我人生最重要的一部分，是我须臾不能舍弃的生命需求。

教师的职业理想告诉我，教师必须给学生以琼浆、醍醐，引导他们树立理想与信念。教师要教会学生发现时代与社会的亮色，去寻找生活中的真、善、美，帮助学生树立积极的人生价值取向与世界观，因为学生没有第二个青春。我立志做一名"合格"的教师。这"格"的要求很高，它不是用量化来衡量的，而是国家的要求、人民的嘱托。国家把自己的希望交给我们，人民把自己的子女交给我们，对我们寄予无限的期望。教师肩负着育人的重任，必须对学生的终身成长负责，必须教会学生终身发展。这种职业理想与生命追求，鞭策我孜孜以求，不断进取，执着实践。为了做一名合格的教师，做一名合格的语文教师，对学生今日的成长与明日的发展起积极作用，我数十载不敢有丝毫的懈怠。道路艰辛，欢乐洋溢，意义非凡。所以我一辈子不断地自我否定、自我超越。

我曾多次对青年教师说，要教育学生具备良好的思想道德素质，教师首先要自我教育，完善人格。教师心里要装国运、装教育、装学生、装责任、装追求。要做到4个"学会"：一是学会热爱，教师要热爱党、热爱祖国、热爱教育、热爱学生，情真、情浓、情深，就会有不懈的内驱动力；二是学会敬业，教师身上挑着千钧重担，一头挑的是学生的现在，一头挑的是祖国的未来，这就是教师工作的整个世界；三是学会正确的价值判断，未成年人识别能力不强，教师具有正确的价值判断，树立社会主义核心价值观，学生就深受其益；四是学会教育教学的真本领，现在学生思维活跃，见识广，教师具有真才实学，教的课，说的话，学生才能入耳入心。这其实就是我所追求的理想境界。

2. 理想的追求给予教师不断完善自我的动力

做一名合格教师的理想追求，促使我不断加强自我教育，努力做到德才兼备，往道德高尚、学识宽厚、业务精湛的方向奔驰。我在德、才、识、能4个方面努力要求自己，力求在教育教学实践中做到理论联系实际的学习，做到思想升华，感情净化，长善救失，多一点真才实学。比如，为了提高课堂教学效果，在正确理解与运用语言文字方面对学生起良好的示范作用，我下功夫锤炼自己的教学语言，我的奋斗目标是"出口成章，下笔成文"。我认真剖析自己教学语言的毛病，首先做到清楚明白，通俗易懂，不含糊其词，不佶屈聱牙；再进而锤炼，力求优美生动，不枯燥干瘪。我的教案写得极为详细，把所教之课的每句话都写下来，然后认真修改，用比较规范的书面语言改造不规范的口头语言，把多余的字、词、句，不符合逻辑的地方一一删改，纠正，然后背诵出来，再口语化。这样坚持了两年，语言水平提高了，我做到了讲话、交流，乃至做报告，只打腹稿，不打草稿；写文章，也着力于下笔成文。我之所以这样做，因为我是一名语文教师，因为教师是一种理想的追求。

这种职业理想还促使着我不断地充实自己和提高自己。作为语文老师，除了教师的基本素质之外，我认为有3点特别重要。第一，要有一颗爱国心，要有炽热的心肠。因为你所教的这些佳作美文是人类智慧的结晶，是人类最高尚的情操和感情，是最深邃和精辟的思想。而这些精神财富都是热爱自己的民族和祖国的产物。世界上最有名的作家都是悲天悯人的，如雨果、巴尔扎克、托尔斯泰，我们中国的优秀传统文化，忧国忧民，以天下为己任，是最宝贵的财富。我觉得作为一名语文教师，须有赤子情怀，对国家和人民要有满腔热情，这样才会有激情，永远有一团燃烧的火焰在心中。第二，作为语文教师需要有文化积淀。语文作为文化的载体，本身就体现文化。语文老师就是在跟文化打交道。要让学生沉浸在良好的文化氛围中，教师当然要有一个比较开阔的视野和相关的知识背景。我原来总是想改行不好，后来我觉得改行也很好，因为学科是相通的。比如，我教过历史，我就绝对不会在教先秦文学中出现"皇帝"这样的错误。比如，在"文革"期间，人们捧李白，贬杜甫，我就不会这么干，因为具备了文化判断力。再比如，我读《跨越百年的美丽》，就一定要了解居里夫人，为什么爱因斯坦会有这样的判断，再联系到中国的"居里夫人"吴健雄等。所以，作为语文教师，文化的积累很重要。第三，语文教师的教学语言要有文化含量。语言是思想的影子，各行各业语言要求不同。我们是语文老师，语言要能反映你的文化素养，反映你的思想情操，如果语言有吸引力，学生就愿意听。语文教师的词汇要很丰富，你既要教学生规范的书面语言，又要让学生在特定场景下学习活的语言。所以我在课上有意识地扩大词汇量，多用成语，学生受到熏陶，在作文中常有反映。

　　在这种职业理想的激励下，几十年来，我坚持不懈的严格要求自己。人生活在社会中，总是要比的，可是比什么，和谁比，我觉得其中非常有讲究。我这一辈子有两把尺子，一把尺子量别人的长处，一把尺子量自己的不足。在这种"比"和"量"的过程中，我总能找到自己的不足，总能学到别人的长处。我横比竖比，量别人量自己，越比越觉得自己有向前奔跑的动力。在长期的教学实践中，我深深体会到教师的字典里永远不能有一个"满"字。因此，不断追求，自我超越，与时俱进，不断达到一个又一个新的境界。这种职业理想给了我不断前进的原动力，因为教师职业是崇高的理想事业。

3. 理想的追求要求教师不断进步与超越

　　做老师一定要有时代的活水。教育界有一个比喻"给学生一杯水，教师要有一桶水"，我不太同意。因为你这桶水是不是陈旧了，是否有污染，恐怕很值得研究。我们学过的东西随着时代的发展有些已经束之高阁，大量新的信息、新的知识要掌握，因此教师学习必须如长流水，教师一定要有丰富的智力生活，不断学习。我很喜欢朱熹的诗："问渠哪得清如许，为有源头活水来。"自己不天天学习、月月学习，哪里来的源头活水？我教了一辈子，一辈子在反思。正如罗曼·罗兰所讲"这累累的创伤就标志着你生命前进的一步"，我确实是伤痕累累，随便打开自己的文章、教案，可以讲出很多不足和缺陷，但正是这些缺陷、不足，激励我向前奔跑。因为，在我心目中始终有一些人格高尚的榜样在鞭策着我，鲁迅、闻一多、陶行知、叶圣陶、苏步青、谢希德……他们学识渊博、人格高尚，是多少年来勤奋努力、自我修养的结果。我虽是一名普通教师，一个凡人，但我要一步一步穷毕生精力努力登攀……正是职业理想赋予了我强烈的进取意识，不断地完善自己。

这种职业理想促使着我不断地前进与创造，让我站在时代和民族发展的高视点上，树立了崇高的职业目标：教文育人。教师必须教会学生追求真、善、美，教师必须提升学生的精神境界。因为，今天的学生质量，就是明天的国民素质，更是后天的民族竞争力。我深深热爱着我们的祖国，因而必然深爱我的事业和学生。我教学生学习，更教学生做人。培养祖国的有用之才、栋梁之材，是我毕生的追求。

这种职业理想，使我在教学以外也勤于耕耘，我亲手撰写的 500 万字著述是奉献给广大教师和中华教育事业的一份心意。近几年来，我年龄大了，身体状况不好，但对教育事业、对语文教学、对未成年人成长仍然高度关爱，对国家民族仍然怀着强烈的责任感和使命感。前不久，上海市教育工作会议召开，我呼吁我们的教育要"突围"，要"减负"，要"育人而不是育分""育人要树魂立根"，得到市领导的充分肯定。我一生无求，只想成为一名"合格"的中学教师，因为我追求的是理想，我从事的是太阳底下最光辉的事业。乌申斯基讲得好："在教育工作中一切都应以教师的人格为依据，因为，教育力量只能从人格的活的源泉中产生出来，任何规章制度，任何人为的机关，无论设想得如何巧妙，都不能代替教育事业中教师人格的作用。"我正是用毕生的时间，在不断的自我否定与自我超越中，建立起自己的教师人格。

4. 理想的追求使教师充满对学生的爱

教师必须充满爱心。漫长的半个多世纪，几十年的春风化雨，我教过的学生数以千计。尽管这些学生来自不同的年代，有过不同的社会背景，然而，我对他们的爱是始终如一的，我对每一个学生的尊重也都是同样真诚的。在我眼中，教育事业是爱的事业，师爱超越亲子之爱，友人之爱。作为教师，教育对象没有选择性，每个学生都是"变数"，成长有先后，教师不能用一成不变的眼光看待学生。对他们要有满腔热情满腔爱。正是在这种目中有学生、一个心眼为学生的思想指引下，我带过不少乱班、乱年级。再乱，对教育学生的痴情不改。1973 年，我带了全校一个最乱的年级，经过与年级组全体老师的共同努力，到 1977 年，年级组被评为上海市先进集体，参加"文化大革命"后首届高考的两个快班学生，全都考进了大学。20 世纪 70 年代初期，我带学生下农村劳动，一位女同学半夜里突然发高烧。由于医疗条件差，交通不便，我和另一位女同学顶着寒风，背着生病的同学步行十多里地到镇上医院治病。当时，我已人到中年，腹部刚动完手术不久，到医院时已汗透全身，两眼发黑。我发现，人有很大的忍受力，也有很大的潜能，只要真正把学生放在心上，就会超越自己，释放出巨大能量来。这"巨大能量"正是来源于我的职业理想，来源于我对学生无私的爱。

对学生的爱不是说在嘴上，写在纸上，而是要身体力行，用行动检验。我只有一个独生子，由于我先后患胃溃疡、肝炎等重病，孩子身体极坏，多次病危。我夜里陪床，白天照常上班。谁没有亲子之爱？看到孩子被病魔折磨得痛苦万分，我多次想请假，但我教的学生面临高三毕业，怎能耽误他们呢？我不是医生，不会治病，我的岗位在学校。于是，我咬咬牙，坚持上班，不动声色。几十年来，我没有为家庭私事（包括母亲病故，婆母逝世），脱过一节课，脱过一天班。这样做，我觉得心里很踏实，对得起学生。

从教 60 多年，正是在这种职业理想的导引下，我基本做到了一名中学教师、一名师范校长、一名不言退休的教育工作者应该做的一切。为此，党和国家给了我高度的评价与崇高的荣誉。2001 年 9 月举行了"于漪老师从教 50 周年学术研讨会"。在研讨会上，来自各方面的领导、专家、同行及后学，对我 50 年的从教生涯作了一个总结。原国家总督学柳斌同志代表国家教委说："50 年来，由于于漪老师人格的力量、智慧的力量、忠诚于祖国教育事业的理想的力量，使她在人生道路上获得巨大成功，成就了一番光彩夺目事业。"并赞我"育人是一代师表，教改是一面旗帜"。上海市政协副主席、前市教育委员会党委书记王荣华同志在研讨会上还提到这样一件事：两年前，上海市曾开展过"今天怎样做教师"的大讨论，在讨论的基础上，又举行了"我心目中的老师"征文活动。在评比中，在"我心目中的好教师"这一位置上，"于漪"的名字出现次数是最多也是评价最高的。专家和同行给了我许多的赞誉和褒扬，称赞我既善为"经师"，更善做"人师"。2011 年 11 月在上海市社联第五届学术活动月中举办了"薪火相传话师魂"论坛，庆贺我从教 60 周年，对我终生从教给予充分肯定。所有这些评价与赞誉我当之有愧，我只能说，如果我为我们的教育事业做了一些力所能及的事，应该归功于党的教育，组织的培养，归功于同行和同学对我的鼓励，归功于职业理想和使命意识给我的生命的内驱动力。

人的生命是有限的，作为一名教师，能够把自己有限的生命融入常青的、伟大的、辉煌的教育事业之中，我觉得此生有幸。

（三）学习的主人：我的学生观

学生在教学过程中处于怎样的地位？与教师是什么样的关系？这是我始终在思考的问题，也是中外教育史上一直争论不休的问题。远的且不说，就以近代而言，德国教育家赫尔巴特（1776—1841）认为"学生必须对教师保持绝对的服从状态"，他主张的是"教师中心论"，学生成了教师的"奴仆"，成为学习中的被动接受者，一切都得听教师的。20 世纪初的美国教育家杜威（1859—1952）针锋相对地主张"儿童是太阳，教师必须围绕着学生转"，这是"儿童中心主义"，教师仅仅是学生的"辅导员"。20 世纪 30 年代，以苏联教育家凯洛夫为代表的教育思想又全面强调教师的主导作用，对学生的能动性、自主性和创造性比较忽视，没有摆准学生在教学过程中的位置，没有彻底解决教师和学生的关系问题。

新中国成立后，先是受凯洛夫教育思想的影响，突出教师的主导作用；在"大跃进"和"文化大革命"中又反其道而行之，以学生来否定教师，否定课堂教学和书本知识。粉碎"四人帮"以后，在"解放思想、实事求是"原则的指引下，才逐步明确教师的主导作用和学生主体精神相结合的指导思想。在改革开放的大潮中，又围绕"学生是否是教学过程中的主体"展开热烈的讨论。

1. 学生是学习的主人

我的全面育人观决定了我的学生观。我始终认为，学生是学习的主人，早在1981 年出版的《中学语文教学探索》中我就明确提出："广大青少年学生是能思善想、具有主观能动作用的人，而我们有时却把他们当作'容器'，放在被动的承受'我讲'的位置，堂堂课从头包办到底，剥夺了他们课内练习、思考的权利。把学生当作被动的人，实质上还是目中无人。"1984 年我又在《语文教苑耕耘录》中提出："改革课堂教学，提高课堂教学的效果，让学生做学习的主人。""只要心中有学生，胸中有全局，锲而不舍，持之以恒，课是一定可以教好的。"我认为，"教"不是统治"学"，代替"学"，而是启发学生"学"，引导学生"学"，教学应该把立足点"从教出发转换到从学出发"。在学习过程中，学生是主人，教师的教是通过学生自身的学习积极性而发挥作用的。

　　但我并不主张"学生中心主义"，而认为在教育教学过程中应该是两个积极性，而不是教师或者学生的一个积极性。在教育和教学过程中，教师和学生都应该充分发挥主观能动性，应该各得其所，相互促进，而不是突出强调一个，削弱或否定另一个。过去我们片面强调教师的主导作用，削弱和压抑学生的积极性固然不对；今天突出强调"学生主体"，使"教师主导"等而下之，又何尝可取？所以，我主张"教师主导作用和学生主动积极性相结合"。这构成了我的学生观，其基本内容是：学生是学习的主人，是能思善想具有主观能动作用的人，而不是"容器"；教师要把从教出发的立足点转换到从学出发，要目中有人；教师的"教"是通过学生的"学"而发挥作用的，因此教师要不断研究学生的新情况和新特点，要"和学生的心弦对准音调"，要启发学生学，引导学生学，珍惜并激发他们的潜能，培养他们的创新意识和创新精神；只要心中有学生，胸中有全局，锲而不舍，持之以恒，我们一定能够实现我们的教育教学目标。因此，既要重视学生在教学过程中的作用和价值，又要做到教师和学生很好地结合，充分发挥"教"和"学"的两个积极性。

2. 平等对待，理解学生

　　这样一种学生观要求我们首先站在平等的基础上，去真正理解学生，与学生进行心灵的沟通。苏联教育家苏霍姆林斯基曾说过这样一段精彩的话："在每个孩子心中最隐秘的一角，都有一根独特的琴弦，拨动它就会发出特有的音响，要使孩子的心同我讲的话发生共鸣，我自身就需要同孩子的心弦对准音调。"确实如此，教师不和学生的心弦对准音调，你说的话就不可能在学生心中引起共鸣。振幅极小，或者没有振幅，师生的思想感情得不到很好的沟通与交流，教师话语的感染力也就要大受影响，我们的教育就难以达到理想的境界。

　　要和学生"对准音调"，首先要发现每个学生心中那根"独特的琴弦"。有些学生性格开放，容易发现他们内心的活动，更多的学生是心里的某一角藏着奥秘，教师没有精细的目光很难找到那根琴弦。"对准音调"的基础是师生有共同语言。对学生的喜爱、心情、愿望、语言、行为等，教师不能简单地以成年人的想法来框，认为是粗糙的、幼稚的、鲁莽的，甚至是可笑的。教师要多站在学生的位置上设身处地想想，就能增加理解，减少浮躁，少下"禁止令"，少设"阻挡拦"，而是积极引导，为他们"出谋划策"。

因此，教师要走近学生，进而走进学生，教师不能只站在学生世界的外面观察，还要站到学生世界之中用心去眼看耳听，摸准他们的脉搏。教师要有眼力，要巨细不漏，越是细微之处，越不让他在眼皮底下溜走。就拿课堂上来说，某个同学撇一撇嘴，某个同学脸上掠过一丝笑意，某个同学目光中突然出现某种异彩等，全是心弦弹奏的信号。尽管那些细微的表情或动作瞬息即逝，教师如果迅速捉住，和彼时彼地彼事联系起来思考分析，就可窥见学生心中的那"一角"，可以窥见他们对某些问题的所思所想，大至社会、人生，小到一句话语。教师要深入学生的心灵世界。学生兴趣广泛，对影视、歌曲、球赛方方面面如数家珍，教师少不得也要关心、熟悉，乃至培养兴趣。知心才能教心，师生之间共同语言多，那根"独特的琴弦"就会发出特有的音响。遗憾的是在教育教学中我们往往只注重实现预定的目标，而丢失了进入学生心灵世界的良机，从而，教育教学的针对性、有效性大打折扣。

学生的"音调"不是固定不变的，它始终处于动态之中。青少年学生在成长时期，知识日益增长，能力不断提高，智力不断开发，思想、性格、兴趣、爱好等都处于变化之中。有的顺着原来的方向发展，加深，并逐趋成熟；有的进步缓慢，似乎裹足不前；有的则变化较大，不是在原来的轨道上运行，而是拐了弯，形成了角度。比如，好动的变成好静的，学习态度马虎的认真起来，对事物、对人生、对社会的认识出现了飞跃，等等。因此，教师"识音"和"对音"的工作，了解和研究学生的工作不应是静止的，停留在某一点或某一阶段，而要有连贯性，作点简要记录，比较分析，从而摸索有效的教育教学的好方法。

3. 尊重学生与对话意识

这样一种学生观要求我们在教育教学过程中做到尊重学生。学生虽然年龄不大，尚未成年，但他们是有着独立人格的个体，他们需要理解，需要尊重，也只有当他们感觉到了自己人格的尊严，感觉到自己受到了应有的尊重，才能充分激发起他们的自主成长意识，使他们产生积极向上的愿望并付之于行动。

这样一种学生观要求我们具有对话意识。我们传统灌输教育的主要特征是把教育对象当作"物"，教育实施的是居高临下的单向影响，师生之间是权威与服从的关系。因此，灌输也就违反了人的本性，违反了教育的本来要求。现代教育要求充分尊重学生人格，满足其内在成长需要，使学生充分认识自我的人生意义和生存价值。因此，教育要由单向灌输走向双向对话，也就是由单向影响转向双向互动。对话体现了相互平等、相互尊重、相互关爱的新型师生关系，有助于做到师生心灵沟通。这样，教育者在尊重、理解、爱护被教育者的基础上，用自己的学识、言行、境界、风范来启发、引导、帮助受教育者，使美好的道德与情操在受教育者身上得到内化，而不是代替他们的思考、理解、体验、选择与行动。这样，从灌输走向对话，由教育与被教育关系转向相互教育关系，由单向影响转向双向交流，教师与学生就能在教育中真正实现教学相长，共同提高。

　　理解和尊重学生的观念使我真正做到把学生放在平等的位置上。我鼓励学生对教师的"传道授业"提出怀疑和异议。学生的思维定式是信奉老师，师云亦云，容易重弹老师的老调，成为老师思考的代言人。这样不可能培养学生的自主意识，使他们具有创造精神。我在教学中注意鼓励他们解放思想，独立思考，敢于否定老师。例如，有一次教《卖油翁》，当讲到课文第二节时，我随口说："下面有段精彩的对话。"不料，马上就有一个学生不以为然地笑了一声。我从这一笑中，立刻察觉到自己可能有不妥之处，于是便和蔼地问道："你为什么笑啊？"学生回答："下面的话不精彩。"我欣然接受，说："你提得对，用'精彩'不妥，应改为'发人深思'的对话。"课堂上尊重学生的结果是师生的共同进步。

4. 关注差异，因材施教

　　这样一种学生观要求我们关注每一个学生，因为，教育对象是没有选择性的，成长有先后，进步也有快慢，我们只有真诚地关心每一位学生，满腔热情地对待每一位学生，才能有效促使每一位学生健康成长。学生都是我们的后代，都要千方百计地把他们培育成才。我曾经教过不少调皮捣蛋的学生，其中有一个曾天真地对我说："我妈妈说，我这个捣蛋鬼能考取你们学校，是额头戳破天花板，说我是学不好的，要被老师赶出来的。"说真的，这位学生文化基础确实差，习惯也不好。可是，就是这样的学生身上同样会有很多优点。教师不可能代替学生成长，但必须有一双敏锐的眼睛，善于发现学生身上闪光的东西，长善而救失。经过观察，我发现这位同学思维活跃，点子多，在有针对性的教育下，他成长了，通过努力学习，考取了大学。以后他来看我，说起成长中的一件件往事，师生同乐的情境难以言表。无数事实教育了我，使我深深懂得做教师的千万不能用一成不变的目光来看待学生，每个学生都是"变数"，在发展，在变化，教师加温到一定程度，他们会开窍，会飞快进步，茁壮成长。

教师要注意审视学生之间的差异，保护和调动各类学生的积极性。教育要面向全体学生，教师就不仅要认清学生的共性，认清他们对学习的认识、感情、兴趣、追求以及评价，还要审视学生之间的差异。教师每天面对着上百个学生，尽管同在一所学校，但由于遗传基因、家庭情况、周围环境等种种不同，他们的思想、性格、习惯、学习基础、接受能力也就有明显的差别。因此，教育要针对不同的学生采用不同的方式。早在两千多年前孔子就强调"因材施教"，强调教学生要"观其所以"，观察学生的日常言行；"观其所由"，观察学生所走的道路；"察其所要"，考查学生的意向；"退而省其私"，观察学生私下的言行，目的在摸清学生的志趣、才能、特长。今日的教育重视学生有个性地发展，就是让性格不尽相同、志趣迥然有异的学生都能受到保护，都能健康发展。

因此，教师在教育教学过程中，胸中不仅要有班级的全局，而且要有一个个学生鲜活的个性。我们的教育教学长期以来善于"一刀切"，用一个标准要求所有学生。其实，寸有所长，尺有所短。例如，在被视为语文水平差的同学中，经过仔细研究，他们的语文能力中也有强项。我教过的学生中，有些人字写得歪七斜八，文章前言不搭后语，但侃大山一项，口才好得很；有些人背诵默写总漏字、添字，张冠李戴，但在解答问题时常在语句不顺畅中透露出独特的看法。因此，人有多元智能，在一个人身上，有强势智能，有弱势智能，学生也是如此，有些语言智能强，有些逻辑思维强，有些音乐才能强，等等。但不管是弱势智能，还是强势智能，都应具体分析，强的同学中有弱点，弱的同学中有强项，发扬他们的长处，鼓励他们树立信心，他们的学习能力和整体素养就能获得较好地发展。因为教育的根本就在于把学生的潜能激发出来，使之成为发展的现实。

（四）追求综合效应：我的基础教学观

基础教育的全面育人观，决定了教学必须注重整体效果。当今社会的发展，使得任何一门学科的教学，都不能仅仅局限于本学科的知识与技能，而必须着眼于学生的全面发展和终身成长，因此，追求综合效应，就成为我的基础教学观。早在20

世纪 80 年代，针对语文学科的特点，我就提出了"熔知识传授、能力培养、智力发展、思想情操陶冶于一炉"的教学观。我试图用一个"融"字，揭示语文教学培养目标的整体性与多元性，提出学科教学应实践"全面育人"的主张，从而使教学真正服务于我们的教育总目标。其实，这不是语文一门学科的教学目标，而是所有学科都应该实现的一种教学境界。

1. 三大支柱，"术""道"合一

追求综合效应首先要求各学科树立明确的综合素养观，不能停留在传统的知识观或能力观上，而必须做到"术""道"合一。这里的"术"与"道"，既可以指教师层面，也可以指学生层面。教师层面的"术"主要指教师的教学技能、技法等方法类的东西，"道"则是指教师的教育思想、教学理念等。可以说，一个不深入探究"道"而只注重"术"的教师是不可能成为一个优秀的教师的。学生层面的"术"主要指知识、能力之类的学科技能的东西，"道"则是指学生的思想形成、道德培养与人格锻造等。任何一个学科不能见术不见道，更不能见术不见人。"术""道"合一的核心是三大支柱——知识和能力，过程和方法，情感、态度、价值观——的有机融合。这三大支柱构成了我们各学科的整体教学目标，从根本上说，他们都是建立在以人为本、以学生的发展为本的全面育人观这一基础之上的。以语文学科为例，语文教学就要树立明确的语文综合素养观，语文教学不仅仅要教会学生理解和运用语言文字的能力，而且要形成并提高语文素养。语文素养是个多层次多元的概念，它是语文学科"术"和"道"的整合。

第一根支柱是知识和能力。但这里的知识，不同于传统教材和传统课堂教学中以知识为本而狠抓落实的那个知识体系，这里的能力也不仅仅是传统的技能与技法。这里的知识和能力，指的是建立在学生的实际与时代的需要，建立在新的课程观基础上的。从某种意义上说，新的课程观是面向学生的课程观，学生就是课程，课程就是学生，要充分尊重学生的学习体验和生活经验，这是非常重要的。同时，新的课程观还面向着教师，从这个角度出发也可以说教师就是课程，课程就是教师，教师是教学的关键因素。新的课程观包含教材，还有环境，包括社会环境和人们的心理环境。所以，这里的知识和能力是在教学过程中，通过教师和学生的多元互动，依靠教师和学生的创造性劳动所获得的，是在传统基础上强主干，删枝叶，是经过重新整合留下来的最重要的东西，是整个教学内容的"核"，也是学生成长过程中终身有用的东西。

知识与能力属于"术"的范畴，但它必须是在"道"的统领下的"技"。离开了"道"的"技"，很容易成为琐碎和繁杂，成为失去情感和生命活力的纯粹的知识与方法序列。因而我们不能孤立地来谈培养学生的知识与能力，而必须把它放到整个学科教学目标中去认识与把握。同时，知识与能力必须是学生在教师的导引下自主获取的，知识与能力系统也只能是学生在个性化的构建过程中完成的。因此，这一教学目标的完成，是一个内塑的过程，而不是外在灌输的过程。

学生所应掌握的知识与能力的"核"，具有无限丰富的外延和系统组合可能，学生可以在此基础上构建起自己的整个知识与能力系统。例如，我教《二六七号牢房》："从门到窗子是七步，从窗子到门是七步，这个，我很熟悉。""走过去是七步，走过来是七步，是的，这一切我很熟悉。"学生读这些似乎很普通的句子，往往体会不到其中的奥妙。我于是这样设疑："这里为什么要写这4个'七步'，两个'熟悉'？为什么用来回往复的句式？"学生最初只能看出是写牢房的狭小，这是只知其一。经过引导，他们明白了4个"七步"描写牢房的狭小，是控诉法西斯囚禁革命者的罪恶。两个"熟悉"呢？在老师的点拨下，学生悟出了伏契克当时是被德国法西斯关押的，过去他也被关过，是被捷克的资产阶级政权关过。两个"熟悉"，把捷克资产阶级反动派跟德国法西斯紧密联系在一起，使读者明白所有的反动派都是残害革命者的，这样，学生的理解就深了一层。语文课文中常有这样的情况：课文中的有些词句，学生读时一晃而过，不觉得有问题，而这些地方又往往是理解课文的关键所在。"不塞不流，不止不行"，用问题来堵一堵，塞一塞，学生思维就会活起来。教学只有教到学生不知的地方，把浅的地方教深了，在'无疑'之处生疑，学生跟随教师一起参与求知过程，才能尝到其中的甘甜。而通过这样的自主获取，他们从中获得的阅读、理解与感悟能力，往往会终身受益。

第二根支柱是过程与方法。当今的学科教学，不应该再是一个相对封闭的系统，就学科谈学科，就知识点谈落实，也不应再仅仅注重结论的获得，而应该在一个开放的学习环境中，高度重视过程与方法。综观东西方教育的差异，我们东方的教育相对比较重视结论，而西方教育则相对比较重视过程。实际上，教育就是一个过程，从大处说，我们的学生，从小学到中学，从高一到高三，就是一个培养的过程，他们在这个过程里长知识、长身体、长能力，长觉悟、长思想；往小里说，一堂课、一次活动，它也是一个过程，学生同样需要从中发展自我。我们以往对这个过程不太重视，现在必须高度重视起来。特别是从现代教育理念来看，学生通过学习最终获得了知识性的结论，这不是最重要的，重要的是他们在学习的过程中获得了哪些成长与提升。

这里的方法，也不再仅仅是传统意义上的掌握知识的方法，它既包含这一内容，又包含更加宏观层面的学习方法、思维方法、探究方法。其目的是让学生具有自我学习和终身学习的能力。这种方法的获得是教师与学生在教学中各自凭借自己的经验，用自己的表达方式，通过心灵的对接、意见的交换、思想的碰撞等，实现知识、能力的共同进步与个性的全面发展的过程。这种重视过程与方法的理念，鼓励教师和学生在互动中即兴创造，超越预定目标，鼓励学生在"做中学"，将静态的知识结论变为动态的建构过程，让学生在探索中寻求未知，体验情感，在过程中学会方法，在过程中建构自己的综合素养。所以，过程与方法是学科教学的重要支柱之一。特别是在我们构建学习型社会的今天，学习型社会要求于人的四大支柱能力，其中第一大能力就是学会认知，学会学习。因此，任何一门学科的教学，都要注重学生的学习过程，指导学生学习方法。

第三根支柱是情感、态度、价值观。任何一门学科的教学成效，不仅仅是看学科教学给了学生多少学科知识与能力，还要看在学科教学中是否实现了学生综合素质的提高。综合素质既包括这一学科的素养，更包括学生的思想道德情操等，或者说后者是更为重要的。我们今天强调在学科教学中渗透生命教育与民族精神教育，把社会主义核心价值追求融合于知识传授、能力培养之中，也正是基于这样一种认识。因此，学科教学必须传授学生以"道"，其核心内容之一就是情感、态度、价值观，我们的教学一定要让孩子的情感丰富起来，树立正确的人生态度，正确的价值观。学生只有真正站在"道"的层面上，才能悟"道"而得"技"，成为拥有较高素养的"完整的人"，成为合格的接班人。

从语文学科讲，我们要培养学生成为具有丰富情感的人，首先要培养他们热爱语文学科，热爱我们的民族文化。一个不热爱中华文化，不热爱祖国语言文字的人，不可能成为一个健全的人，成为一个合格的中国人。因此，首先要培养他们学习的兴趣，要使他们有比较高尚的品位、高尚的情操，要有丰富的情感。其次，要培养一种态度，一种认真学习的态度。要培养他们求实的科学态度，培养他们乐观的生活态度和宽容的处世态度，总之，要有完善的人生态度，包括学科学习，也包括整个人生。最后，是正确的价值观。价值观是人的综合素养的核心内容，这在当今时代尤为重要。我们任何一个学科都要在教学中渗透一种理念，要培养学生做到个人价值与社会价值的和谐统一，科学价值与人文价值的统一，培养正确健康的价值观同样是所有学科教学义不容辞的职责。

作为一个语文教师，当他对课文中思想内容的深刻理解和育人的崇高职责紧密相碰的时候，感情就会发生"井喷"，课堂上就会闪烁火花，产生能量，并且势不可遏，使学生的思想感情发生共鸣而产生飞跃。我清晰地记得带领学生学习《周总理，你在哪里》一文时的情境。出于对开国总理的无限爱戴和怀念，课结束时我要求学生就课文内容和平日对总理的了解，谈谈自己对"周总理，我们的好总理"的"好"的新感受新体会，要求言简意赅，可引用名言。学生经过思索，有的激动地说："我们的好总理，'好'在横眉冷对千夫指，俯首甘为孺子牛。"有的引用杜甫咏怀诸葛亮的诗句说："'自古丞相擎天柱'，而周总理是'万古云霄一羽毛'。"有的学生情不自禁地赞叹说："总理文能治国，武能安邦，功高盖世，万古流芳。"从"好"这个词生发开去，学生不仅进一步理解这个极为普通的词所包含的极其丰富的内容，而且沉浸在赞颂总理伟大人格、高尚情操和不朽功绩的气氛之中，师生互受教育，实现了思想的升华与感情的净化。

因此，知识与能力，过程与方法，情感、态度与价值观是当前学科教学中必须落实的3根支柱，我们要使它们相辅相成，互相交融，成为一体，落实到课堂上。解决了这个问题，就解决了课程改革的一个核心问题——以学生为本，也就体现了对新时期的教育方针的贯彻与落实。

2. 建立新型的课堂教学模式

追求综合效应要求建立新型的课堂教学模式。当今教育改革的核心之一是教育由"物化"转向"人化"。"人本教育"的真谛是"开发人"。教学过程应当是教师带领学生主动认知、探究问题的过程。在课堂教学过程中。学生是教师的探求伙伴。教师要做一个激励学生思考的人，为学生提供咨询的人，同学生平等交换意见的人，帮助学生发现问题而不只是提供现成结论的人，是点燃学生智慧火花的人。对于学生来说，课堂教学应该是在教师的指导下，既是对新知识学习和探究的过程，同时也是自身能力与素养的培养和提升的过程。因此，我们的学科教学要在把握各学科的个性特点的基础上，确立知识的系统性理念，改变传统知识传输的单一性封闭性状态，注意知识的系统性、延伸性和发展性，从而激发学生拓展性学习和研究性学习的自觉要求，培养学生的主动参与意识，形成探究型学习和合作型学习，形成有利于学生自主学习的课堂教学模式，改被动式教学为主动性学习，变单纯接受性学习为接受创造并举的学习，由掌握型学习走向自主探究合作参与的知识、能力与素养的生成式学习。

建立新的课堂教学模式，确立好学生在学习中的主人地位和教师在教学中的主导地位，充分发挥两个群体的能动作用，才能使教学真正成为师生互动共同提高的自主学习过程。在课堂教学中，师生要进行知识、能力、思想等多方面的互动，而其核心是情感的互动，情感是心灵的"发动机"，离开了情感这个"发动机"，教师的情怀就难以驰骋，学生的心灵就难以飞翔，我们的教学就难以达到一个高的境界。因此，只有努力营造师生互尊互爱的浓郁氛围，充分激发师生教与学的激情，让教师的情怀纵情驰骋，让学生的心灵展翅飞翔，课堂教学的气氛才会活跃，师生的双边活动才能达到最佳状态。而课堂教学过程中学生的情感参与，主要是在教师的引导和感染下进行，要使学生的情感充分投入主要取决于两点，即教师在课堂内对学生的情感感染和课外师生间的融洽相处。因此，建立一种有利于学生自主学习的课堂教学模式不仅要求教师在课堂内理解与尊重学生，还要求教师拥有良好的人格魅力。

建立新的课堂教学模式，还要求我们建立新型的课堂师生关系。新型的课堂师生关系有助于教师利用学科特点，培养学生对学科的直接兴趣和学习需求；有助于学校根据学生的生理和心理特点，开展多种形式的教育活动，培养学生的间接兴趣与需求。学生的兴趣影响课堂教学的效果，而课堂教学效果的积淀又可能形成学生一种理性的观念，即自己的终身志向。当学生确定自己的志向以后，其对课堂教学的积极意义是一般学习兴趣所不可比拟的。因而，形成这种从培养学习兴趣和学习需求到确定终身志向的过程，是我们课堂教学改革的重要目标之一。只有这种在理性指导下形成的学习能力才是可持续发展的。

3. 多功能、立体化的课堂教学效果

追求综合效应还要求学科教学做到多功能、立体化课堂教学效果。教学目的要单一、明确，教学方法却要发挥综合的作用，要把知识学习、能力训练、智力发展和陶冶思想情操有机地结合起来,一箭数雕,形成立体的、多功能的效应,而不是单打一式的就事论事的教学。课堂教学要树立综合培养的观念,要精心设计讲和练的内容,选择讲和练的方式。要紧扣能力训练辐射到智力因素的开发和非智力因素的培养,辐射到品质、情操的熏陶与感染,发挥教学的综合作用。比如,我教《事事关心》,先出示《燕山夜话》,让学生看书中作者照片,请学生讲述注释中对作者的简介,然后教师作一点补充,再引述《燕山夜话》"自序"里一段话要求学生听写。这样做,突出作者的精神面貌:"我们生在这样伟大的时代,活动在祖先血汗洒遍的燕山地区,我们一时一刻也不应该放松努力,要学得更好,做得更好,以期无愧于古人亦无愧于后人。"(《燕山夜话自序》)这样做,训练了学生的听写能力和口头表达能力,眼看,耳听,口说,手写,语文能力得到综合训练,而且学生的思想与情感得到有效激发,比之于单一的作者介绍,其作用和效果要"立体"得多,功能也明显不同。

　　这样一种多功能、立体化的教学,要求我们抓好学科的基础性、拓展性和研究性这3个层面教学的有机结合。作为一门学科的教学与学习来说,虽然它的基础性、拓展性和研究性所表现出来的学习方式、学习要求和培养目的是不同的,但它们之间极难划分出一条明显的界限,它们之间往往是既相互独立又相互包容,既相互制约又相互促进,你中有我,我中有你,而难以把它们截然区分。学科教学的知识、能力、素养等多元化多层次综合交叉的基本性质决定了它不能简单地划分基础性、拓展性、研究性等不同的教学层次,而必须使其成为有机的整体。同时,学生的综合素养本身就包含了基础性、拓展性和研究性的要求。因此,我们现在的学科教学,其中往往既有基础性的学习要求,又有拓展性和研究性的学习要求,而学生综合素养的建构过程,也必须通过基础性学习、拓展性学习和研究性学习等多种学习过程才得以实现。这就需要我们将学科教学看成一个不可分割的整体,在基础性目标的落实中进行拓展性学习和研究性学习,又在拓展性学习和研究性学习中进一步强化基础性学习。培养学生综合素养的全面育人观又使这种一体化成为一种必然,它要求我们以基础型课程促进拓展性学习和研究性学习,从而自然生成拓展型课程和研究型课程,而拓展性学习和研究性学习再反过来促进基础性教学,从而构成立体的多元的学科教学体系。

　　基础性学习、探究性学习或研究性学习,它们的最终培养目标是一致的,都是培养一种学习态度、学习方法和学习能力，培养学生的情感、态度和价值观。差异只在要求的层次上，而这层次的差异是因时因人而转化的。因而，基础型课程可以包含拓展性、研究性成分。反之，拓展性学习和研究性学习可以是一堂课，可以是一个专题，也可以作为一门校本课程，渗透在基础型课程里面，或者基础性、拓展性和研究性的互相渗透。但无论如何，它们都必须实现学习过程的整体性。因此，在学科教学中，实现基础性、拓展性和研究性学习的有机结合，是学科性质和学科内容的需要，也是学科特征所决定的。它更是学科教学与时俱进，培养时代所要求的综合型、创新型人才的需要。

（五）追求高尚的教育境界：我的学校发展观

学校是人类文明的摇篮，过去是，现在是，将来仍然是。如果说，教师在某种意义上决定教育的成败，那么学校在另一个意义上，或者说在一个更为重要的层面上决定教育的面貌。一支再优秀的教师队伍，他们才华的施展仍然有赖于一个高效有序并且拥有丰厚文化背景的教育平台。事实上，只有当学校的发展目标与教师和学生个人的生命需要相结合，去创造出富有生机的教育行为与学习行为时，我们才可能拥有真正成功的教育；也只有当学校拥有一种极为良好的文化氛围与思想导引，能够有效激发起成员的奉献意识与创造精神，使全体成员在学校里生活和工作不仅是谋生的需要，更是对生命和生命价值的追求，成为一种超越物质和技术层面的高层次需要时，教育才可能达到一个很高的境界。追求高尚的教育境界，就成为我的学校发展观，这同样从属于全面育人的总目标。

1. 建设现代学习型组织

高尚的教育境界首先要求学校将自己建设成现代学习型组织。今天，学校已经不再是教育者和受教育者的简单组合，也不仅仅是提供一个教育者向受教育者单向地传授知识的平台。在这里，教师不仅仅是输出知识，学生也不仅仅是接受知识，学校的教育内容，更不仅仅是知识。今天的学校，应该是一个让每个人都能够自由发展与成长的天地。在这里，学生和教师将相互影响和相互作用，并在这种相互影响和相互作用的过程中，分别实现各自的全面发展与成长，为他们各自的终身发展提供良好的条件。从这个意义上说，学校影响着教师的价值取向，导引着学生的人生方向，它决定着学生的发展，同时也决定着教师的发展，它甚至决定着当代教育的整体走向。因此，今天的学校必须努力成为一个现代意义的学习型组织，成为学生和教师健康发展的可靠保证。

作为现代的学习型组织，学校必须创设宽广的发展空间，让每一位学生的个性得到发展，让每一位学生的潜能得到发挥，让每一位学生的生命追求成为现实的可能。在这样的学校状态中，学生将不再是简单的"容器"，去装载学校与教师给予的东西，而是主动求取，自主发展，在教师的指导下全面提升自己；在这样的学校状态中，学生将不再是被动地接受着外在的塑造，而是作为学习的主人，充分发挥自身的自主精神；在这样的学校状态中，学生和教师将形成一种新型的师生关系，他们和谐地共处于一个共同体，他们是教育与被教育的关系，是指导与被指导的关系，是关怀与被关怀的关系，是相互教育、相互促进的关系；在这样的学校状态中，学生将真正成为自由发展与成长的主体。

作为现代的学习型组织，学校同样必须创设宽广的空间，让每一位教师的才能得到充分的发挥，让每一位教师的个性得到张扬，并且让每一位教师的教育追求得到全面的施展。在这样的学校状态中，教师不再是仅仅输出的主体，他们在输出的同时，也将不断地输入，他们将不断地提升自己和完善自己，他们也将成为发展的主体；在这样的学校状态中，教师将不再是年复一年地不断重复自己的"工匠"，而是拥有科学精神和创新意识的学习型教师，他们不断探索，不断创造，拓展能力，把最新的人类文化成果交给学生，真正成为人类灵魂的"工程师"；在这样的学校状态中，教师不再仅仅在学生身上实现自己生命的价值，而是在发展学生的同时发展自己，在发展教育的同时使自身同步发展，这样，教育事业成为他们自身生命的需要，而不再仅仅是一种责任与义务；在这样的学校状态中，教师职业将不再是一种职业要求规范着他们的行为，而是将成为一种理想，一种生命和事业的崇高追求。

由上可见，现代学习型组织的目的不仅仅是培养拥有知识的人，而是培养全面发展的人；不仅仅是给予学生就业必备的知识与能力，而是给予学生终身发展的基础；不是压抑人的个性与个性化追求，而是让人的个性自由发展。当然，今天看来，这种现代学习型组织还处于理想阶段，我们的现实与之还有相当的距离。但作为一种目标追求，它代表着学校未来的发展方向。谁先明确地意识到这一点，并尽快向这个方向努力，谁就可能在未来社会的激烈竞争中占据有利的地位并取得可持续发展的先机。

2. 依法办学

追求高尚的教育境界，必须与依法办学紧密结合。没有规矩，不能成方圆。法律，是具有强制性质的他律性制度，是一种刚性的惩戒条例。法制社会必须依法办事，教育同样必须依法治教。在当前阶段，学校发展需要法律支撑，学校发展中的问题也需要依据法律来解决。现代学校，需要道德规范来立校，需要有追求效能的思想，但这一切离不开法律的基本准则和约束，离不开法律的支持与保障。学校要保证正确的办学方向，建设现代学习型组织，实现自身的可持续发展，同样离不开法律的支持与保障。

我国历来重视教育立法，专门为我们的教育制定了一系列的条例与法规，如《中华人民共和国教育法》《中华人民共和国义务教育法》《中华人民共和国教师法》等，这些法律的制定，体现了国家对教育现状的深入认识和对教育发展的方向性导引。我们只有认真学习，作为办学的依据，依法治校，才能保证良好的教育教学秩序，才能保障学校正确的方向，才能促使学校实现健康发展。

《中华人民共和国教育法》是我国教育工作的根本大法，对落实教育优先发展的战略地位，保障教育改革和发展的目标与任务的实现，维护教育主体的合法权益，提供了基本的法律保障。因此，办学者要学法、知法、守法。学校教育是培养学生健康成长的主渠道，它的质量的高低影响一代人的素质，影响21世纪人才的培养。以法律条文对学校教育的方方面面进行规范，必然有助于促进学校教育沿着正确的轨道健康发展。例如，《中华人民共和国教育法》（简称《教育法》）提出的我国的教育方针："教育必须为社会主义现代化建设服务，必须与生产劳动相结合，培养德、智、体等方面全面发展的社会主义事业的建设者和接班人。"其指向极其明确，学校应坚定不移地贯彻。又如，《教育法》第二十九条第二款规定学校应当履行的义务"贯彻国家的教育方针，执行国家教育教学标准，保证教育教学质量"，就给办学者的指导思想、办学行为作了规范。

法律与道德密不可分，正确的法律往往源于良好的美德，绝大多数法律规范都是从道德规范中提炼出来的。例如，《教育法》中规定教师应当履行的义务中"关心、爱护全体学生，尊重学生人格，促进学生品德、智力、体质等方面全面发展"的条款，就是从众多优秀教师长期坚持的师德规范中提炼而出的，它得到了广大师生的全面认同而上升为法。如果不遵守，就是违法，就要受到指责乃至处罚。因此，遵守法律，在某种意义上也是维护我们的道德。法律如果不被信仰，就可能带来道德的沦丧。学校是育人的神圣殿堂，理应是一方净土，依法办学，有助于摒弃邪恶、污浊和庸俗，营造高尚的氛围，使育人工作生机勃勃。

3. 以德立校

高尚的教育境界，要求学校坚持以德立校，把全部智慧和教育艺术、教育理想和教育价值体现在对高尚的教育境界的追求上。法治的源头与基础是德治，依法办学的奏效，说到底根源于师生的内心认同。法律毕竟只能涉及人的外部行为，德治才能涉及人的内心世界。遵守道德，自愿自律，就能更自觉地守法。法律只能调整人的某些行为，而非全部行为，企图把人的一切行为都纳入法的规定范围之中，这是不可能的。而道德规范是一种导向，一种教育，一种警示，在一定的舆论氛围中，强调自制意识，强调公众压力，强调认识自己的责任与义务。由于道德规范重启发，重自律，因而是温性的，具有比较长效的作用。因此学校必须以德为本，以德来规范学校的各项教育教学工作。

教育的阶级性决定了不同社会制度国家不同的道德要求，决定了其根本性质上的差异性。中国教育的道德准则首先不能背离社会主义基本目标，必须有助于培养学生对我们的社会制度、对当今中国的价值观念的认同度，正如《中共中央国务院关于进一步加强和改进未成年人思想道德建设的若干意见》中所指出："坚持以人为本，教育和引导未成年人树立中国特色社会主义的理想信念和正确的世界观、人生观、价值观，养成高尚的思想品质和良好的道德情操，努力培育有理想、有道德、有文化、有纪律的，德、智、体、美全面发展的中国特色社会主义事业建设者和接班人。"这是我们一贯的教育方针，也是今天的学校以德立校的基本原则。这种思想观念的形成，必须通过养成学生积极而健康的情感、态度、价值观，打造学生可持续发展的价值系统来完成。

随着中国改革的步子与开放的程度越来越大，现实和未来对学校管理的要求也越来越高。社会的变革带来的多元价值取向，使人们在思想文化领域中表现出的独立性、差异性、选择性和多变性也日趋强烈。这种现象是社会进步和充满活力的体现，但与此俱来的负面影响，尤其是价值取向上的模糊性和混乱性，也是我们不可小觑的。处理好了，我们可以培养出国家需要的人才，民族、国家能得以健康的发展；处理不好，会动摇国家之本、民族之魂。所以学校教育面临着巨大的挑战。如果学校教育违背教育规律，那么学校培养出来的学生将难以担当发展国家的重任。所以，我们应当认清形势，在学校教育全过程中，大力培育和弘扬社会主义核心价值观，规范教师与学生在市场经济体制下的道德取向，培养能适应社会主义市场经济需要的高素质的公民。

学校的价值观，决定学校的基本走向。我们整个社会处在转型时期，从计划经济转到社会主义市场经济，这是极大的变革。这样一个转型时期对我们的每一所学校都提出了严峻的挑战。我们现在的社会价值观和过去是不同的。我做学生和老师的时候，是重"义"轻"利"，强调的是无私奉献；现在社会的价值观变了，利益放在一定的位置。因此学校要重构自身为全体师生所认同的价值观。今天的学校必须摆正"义"和"利"位置，我们既要讲"义"，又要讲"利"，"义""利"相谐，方能构建和谐的学校氛围，形成健康的育人环境。如果见利忘义、唯利是图，将使学校背离社会主义方向。今日学校做到"义""利"结合，既要有制度的约束，更要重视思想的教化和道德人格的提升。

4. 学校文化建设

高尚的教育境界，要求搞好学校的文化建设。学校是育人的场所，从事的是文化的传承、积累和创新的工作。学校每时每刻都离不开文化，文化因学校的传播而长盛不衰，学校与文化有如胶似漆般解不开的情结。学校文化是学校的灵魂，是凝聚全校师生的黏合剂，是学校发展活力的源泉。如果小视或者弱化，学校大厦就缺了"顶梁柱"，就难以昂首阔步地走向未来。

当今世界，文化与政治、文化与经济相互交融，相互渗透。文化的力量不仅深深熔铸在民族的生命力、创造力和凝聚力之中，而且越来越成为综合国力和国际竞争力的重要组成部分。国家的发展和强盛，民族的强大和进步，人民的尊严和幸福，都离不开先进文化的支撑。文化是民族的灵魂，中国之所以有今天，有赖于几千年薪火相传的中华文化和由此锻造的中华民族伟大的民族精神。而学校文化是民族文化的具化，它映现着的是民族文化的精髓。如果我们的学生对学校文化，乃至对本民族的文化失去兴趣，那将几乎使我们的教育陷入绝境。因此，加强学校文化建设，是教育一件重中之重的事情。

一所学校在社会上得到认可，享有经久的声誉，一定有某种精神文化的支撑。校长、教师可以更替，学生会一届届毕业，但某种精神文化的积淀仍然凝聚着在校师生和广大校友，它会不断地散发光芒。一所好学校，其校友提到母校，会有无限的眷念，并为此而感到自豪。这种眷念，这种感恩的心情，显然不是对校舍、对设备，而是对哺育他们成长的科学精神和人文精神，针对哺育他们的文化乳汁。而这种精神文化，是通过全校教职工撒播到他们心中的。学校文化建设中的精神支柱，不是空洞的口号，贵在落实到全校师生的心中，形成学校不朽的魂魄。它应该具有先进性、开放性，有震撼的力量，有感染的力量，能拨动师生心弦，使师生不断从中汲取力量，又以自己的思想言行丰富它的内涵。

　　对这个问题，当前认识上有不少误区，干扰着办学者的视线，干扰着学校的文化自觉，影响了文化建设在学校发展中的地位与作用。最常见的是重学校的有形成果，轻学校无形的文化氛围；重学校的量化数据，轻学校工作的文化构成、文化含量和文化质地。硬件看得见，摸得着；文化是软件，基本无形，是一种情操，一种精神，一种智慧。文化外显在"形"上，一般来说，学校容易做到。如校园环境布置，张贴科学家、艺术家画像，教室里、走廊里张贴名人名言，校园绿化等，稍加注意，就可做到，难就难在无形的精神文化的建设。这种具有学校个性的精神要经过较长时期的积累和锤炼，才能获得全校师生的认可。这种无形的文化建设，是学校的精神支柱，精神动力，思想保证，智力支撑，有巨大的凝聚力、感染力和辐射力，能提升师生精神生活的质量，提高办学水平。一所学校如果见物不见人，见物质不见精神，队伍必然散沙一盘，育人质量堪忧。反之，必精神抖擞，积极进取，学校发展充满希望。

　　近些年来，西方有学者对学校的作用提出了一些新看法。美国社会学家伊凡·伊里奇出版的《非学校化社会》中认为，学校是现代社会人性的最大压抑机构，没有学校才有真正的人性解放。这一说法，针对当今学校教育所存在的弊端而言，有它一定的合理之处。当然，整个观点不免偏颇。但它给我们提出了一个重要的命题，即我们的学校，如何在教育中去张扬学生的人格，完善学生的品格和提升学生的道德意识。因为教育不仅要传授知识，更要培养品德、陶冶人格，养成学生良好的情感、态度与价值观。这就需要学校提供良好的氛围，来促进师生之间的思想沟通，情感交流和心灵的共振。品德只能用品德来培养，人格只能用人格来陶冶，在这交流、影响、共振的过程中，学校的风格、氛围以及文化的熏陶能力在某种意义上起着决定性的作用。

　　学校的文化建设，要紧扣传承、发展和创造。了解过去，继承过去，目的就在于创造未来。忽视传统，丢弃优秀传统，是悲哀；一切照传统办，亦步亦趋，是盲从。我们优良的文化传统必须和我们现代学校的实际生活紧密融合。不认识过去，也就无法了解现在，更无法创建未来。每个学校各有特点，但是都有优良的传统，各校有各校的优良传统，各校有各校的文化积淀、优良传统。对学校的传统，对学校的本土文化，要以科学的态度进行梳理，有的要继承，有的要扬弃，要根据时代发展的要求，举其中精要的丰富内涵，加以发展，加以创新。不同学校的精神支柱可以迥然有异，但都必须紧扣全面育人的宗旨，代表先进的文化。它应该是社会文化中最主流、最健康、最奋发向上，符合教育规律、符合师生身心发展的。要研究教育理想与教育现实之间的差距、问题和热点、焦点，要了解师生最需要怎样的精神世界，又最容易缺失怎样的精神支柱。从学校的实际情况出发，倡导有针对性的具有时代气息的精神支柱，在传承的基础上创新，使之成为全校师生追求的目标，思想言行的准绳，情感、态度、价值观判断的标尺。学校要举起这样一面精神文化建设的旗帜，覆盖到教师队伍、职工队伍、学生队伍之中，覆盖到整个工作的方方面面。

　　学校的文化建设涉及方方面面，但不管是哪个方面、哪个层面的建设，都要扎根于自己学校的土壤，这一点非常重要。邓小平同志讲，我们建国的方略、指导思想就是实事求是，就是一切从实际出发。如果离开了自己脚踏的实地，讲得再好，也只是飘荡的。学校文化建设也是如此，因为这些理念都扎根于本土，所以有生命力。它是鲜花，鲜花是有生命的。既要放得开，有开放性，又要聚得拢，聚意点睛，聚集在提高师生的精神境界，提高学校生活的质量，促进学校的可持续发展上。全校师生有文化自觉意识，上上下下对文化建设形成共识和合力，文化气氛浓郁，学校的发展就能获得源源不断的内在动力。

5. 抓好校长的自身建设

　　要办好学校，追求高尚的教育境界，其中根本的前提之一是搞好校长的自身建设。校长是学校的无字之书，校长要以人格的力量教育教师志存高远、敬岗爱业，教育学生健康成长。在某种意义上说，有什么样的校长，就会有什么样的学校，或者说，校长的教育追求，往往影响着学校的发展方向。

　　校长要有丰富的智力生活，要学而不厌，勇于创新。真正的学校应当是一个积极思考、勇于创新的王国。而积极思考、勇于创新来源于教师学而不厌的奋发进取，来源于教师的刻苦钻研的求索精神。苏联教育家苏霍姆林斯基曾这样说："如果教师的智力生活是停滞的，贫乏的，在他身上就会明显地在教育教学工作中反映出来。教师不尊重'思想'，学生也就不尊重教师。然而，更加危险的是，学生也像教师一样地不愿意思考。"校长是师生的领路人，要把学校办得有时代气息，校长就必须用历史的眼光把握现在，着眼于未来；要思想敏锐，认识有前瞻性；要独立思考，从学校实际出发，不人云亦云，不随风，不浮躁；要审时度势，因时辨势，遵循教育规律，创造条件，办出特色。只有这样，办学才能办出自己的个性，自己的特色，形成自己独有的精神文化内涵。

校长必须使自己成为一名真正的教育家，应该站在时代的前沿，积极思考，深入探究，建立先进的教育理念。学校的发展必须有先进的教育思想和教育理念的支撑。虽然说"理论是灰色的，生命之树常青"，然而，缺乏了理论的有力支撑，实践这棵"生命之树"就必将凋谢，而不可能永远保持"常青"。同样，学校的教育是育人的工程，它关系到无数青年学子生命之树的"常青"，它更关系到祖国和民族乃至人类未来的"常青"。因此，学校的教育实践，就更加需要先进理论的引领与指导，更加需要理论与实践的结合，从而形成自己的理性大厦。对一名校长来说，要实现学校的可持续发展，必须和广大教师一起，确立并奠定拥有自身特色的教育理论体系，来导引学校的工作和实践。

校长要有不懈追求的精神，努力创造理想的教育境界。一切教育都是理想的教育，都是为了理想、追求理想。办学校不是百米冲刺，而是万米赛跑，要有勇气，有毅力，向着理想的目标奔跑。办21世纪的基础教育，面对全新的改革时代，校长须不懈追求，努力创造。"依法办学，以德立校"，是科学，也是艺术。既抓好法律规范，又在师生精神世界中撒播做人的良种，更需要校长带领广大教师辛勤耕耘，执着追求，相互促进，寻求全方位的育人规律，不断推动学校工作跃上新台阶，创造理想的、高尚的教育境界。这实际上是作为校长的人生追求，既然在校长的岗位上，就应该把毕生的心血、智慧和忠诚奉献给事业，奉献给祖国的希望——我们的青少年学生。

校长要顶住学校一片天，要对师生有感染力、辐射力，必须注重自我人格的塑造。校长是学校工作的组织者、领导者，引领教师和学生前进的人，在人格方面更应具有魅力，闪闪发光。校长应做到身上有正气，身上有书卷气，是文化人，文明人，学者型的人。校长与时俱进，是教育改革的探索者、推进者，就能使学校出现高质量，就能泽被莘莘学子，学校教育就会出现蓬勃发展的新境界。

二、我的语文教育观

> 世界上有四种教育家：一、政客教育家，籍教育以图政治上之活动；二、空想教育家，有空想而未能实行；三、经验教育家，以经验自居，不肯研究理论；四、科学教育家，则实用科学办教育者。中国现在的教育家只有政客空想经验三种，但教育的科学教育家为最重要。……
>
> 敢探明新理，即是创造精神，敢入未开化的边疆，即是开辟精神。创造时，目光要深；开辟时，目光要远。总的来说，创造开辟都要有胆量。在教育界，有胆量创造的人，即是创造的教育家；有胆量开辟的人，即是开辟的教育家，都是第一流人物。
>
> （《第一流的教育家》，《陶行知全集》第一卷第114页）

以群星灿烂，流派纷呈的人类教育史来验证陶行知的这段话，我们确实发现，古今中外所有留名史册的一流教育家都几乎具有这样的共性：他们从来不是关在自己的书房里闭门造车，空谈教育，也不是囿于个人之局部经验而沾沾自得，而是在实践中去思考、去发现、去探索科学的教育规律，最终在理论上有所建树，逐步构建起他们的理论体系。在西方，从苏格拉底、柏拉图、亚里士多德到后来的夸美纽斯、赫尔巴特、杜威、苏霍姆林斯基等，在中国，从孔子到蔡元培、陶行知、叶圣陶等，他们无不以自己海人不倦的教师生涯作为积淀，在教育教学实践中积极探索，改革创新，诞生了他们的教育理论，最终卓然自成一家，从而在教育史上留下了自己的足迹，为人类的进步与发展做出杰出的贡献。

上述巨人的光辉形象，从我成为教师的那一天起，就深深烙在我的心头，我决心以他们为榜样，作为我的终生追求，尽管高山仰止，但我永不停步。因此，我从扎着小辫开始耕耘在绿意葱茏的教育园地，始终勇于实践，但绝不停留在实践，如此走过了 60 多个实践探究和理论创造并驾齐驱的激情燃烧的岁月。50 多年语文教育第一线的教学体验，十几年苦心经营当校长的管理经历，始终不懈的实践、学习、探究与创造，给了我自信和胆量，使我不因袭旧说，不追风逐浪，不人云亦云，始终从实际出发，在实践中思考与发现，提出了具有当代中国色彩的教育教学理念，为我国的教育发展贡献了自己的一分力量。

我能够引以为豪的是，60 多年的长途跋涉，自己能够始终站在时代的潮头，以辩证唯物主义认识论为指导思想，从探究语文教育的本质出发，把教育学、心理学等方面的现代研究新成果融进自己的教育实践，孜孜不倦地追求崇高的学术境界，不断求索语文教育的规律，在扬弃和开拓中逐步形成了自己的语文教育特色与体系。我之所以能取得些微未成绩，首先因为我站在巨人的肩膀上。

（一）人文说：我的语文性质观

关于语文学科的性质，自百年前语文独立设科以来，一直认识不一，众说纷纭。作为语文教师，多年来我始终在思考与探索这个问题，我深深知道，这个问题不解决，语文学科就难以确立自己的正确方向，就难以真正健康发展。我当然赞同语文界众多同行提出的语文学科的工具性特征，但我始终认为，语文仅仅作为一门工具是远远不够的。语文有着那么丰富的内涵，能够在那么宽广的范围内给学生以影响，怎么能仅仅是工具呢？随着思考与研究的不断深入，随着我的全面育人观的逐渐成熟，我终于在 20 世纪 90 年代明确而相对完整地提出了语文学科的人文说。

1. 语文学科人文说提出的意义

在漫长的封建社会里，教育无疑充当了社会教化的重要角色，然而，语文教学却未能单独成科，也就是说，没有严格意义上的学科概念。古人还没有今天这样自觉的学科意识，也就无从谈论对于学科性质的思考。到了近代，随着西学的引进，"新学制"的颁布，语文学科的独立意识开始形成，语文单独设科，课时有了限制。但是由于当时国内"废科举、兴学校、办教育"，努力学习西方的目的是为了"图强"，所谓"中学为体，西学为用"，因而，西学在引进的过程中，明显带有重自然科学，轻文史哲，重实用、轻素质的重"术"轻"道"倾向。语文的学科地位实际上并未得到应有的重视。

　　新中国成立后，教育的发展一直受到极"左"思潮的干扰，走过了艰难曲折的道路。语文教学不仅难以幸免，而且首当其冲。在政治教育的强势影响和冲击下，语文学科逐渐失去了自身的"主体性"，失去了自己独立的"科格"，为意识形态所左右，成了变相的政治课。其间也有过数度短暂的"峰回路转"。例如，1956 年秋实行汉语与文学分科教学，试图把语文教学纳入科学轨道。但由于这种教材与教学本身存在的某些缺失，加上认识上的误区，在这段时期，教育界对语文学科的性质，展开了认真的讨论和争辩，并郑重地提出了语文学科的"工具说"。于是，分科教学于 1958 年暑假前被勒令停止，课程设置又恢复到综合型的"语文课"。60 年代初，强调抓基础知识、基本技能的训练（所谓"两基"训练）。

　　粉碎"四人帮"以后，教育的春天降临。中学语文教学领域涌现出一大批锐意改革的教师，语文教坛出现了拨乱反正，百家争鸣的喜人形势。然而，没有多久，应试教育以迅雷不及掩耳之势挟来了"标准化试题"。于是，原本就处主导地位的"工具性"，与新生的"标准化试题"一拍即合，使得语文教育愈益失去鲜活的水分和生机，完全降格为一门工具性技术性的课程。学生学习语文的兴趣淡薄，语文素质与能力明显下降，这不能不引起全社会的关注和焦虑。

　　20 世纪 80 年代后期，升学考试指挥棒对语文教育的"指挥"力度越来越大，影响所及，甚至到小学低年级。问题的实质在于：操纵这根指挥棒的是只无形的手，那就是语文教育观念。由于急功近利思想和实用主义的干扰，学校教育全面贯彻教育方针受到影响，把本作为检测手段、选拔手段的考试推向不恰当的前所未有的高度，重知识技能技巧，轻对学生总体素质的培养。语文教育的准星也发生了偏差。在片面的语文教育工具化思潮的冲击下，阅读教学"不闻读书声琅琅，但见习题如海洋"，见段不见文，见层不见段，文章肢解得面目全非。作文教学套路一套又一套，模式翻新又翻新。名曰量化、科学，实质语文教育内涵的人文精神因人为的缘故而流失。躯壳在，灵魂失，教师迷茫，学生更是不知所措，兴趣大降，语文水平提高受挫。

　　正是在这样的关键时刻，针对现实状况，我们广泛学习国内外母语教育的有关文献，从自己的教学实际出发，提出语文教育的定位问题。我发表了论文《弘扬人文，改革弊端》，论述了我对语文学科性质的看法，明确提出语文教育和教学具有"人文性"特点，形成了当时激起巨大反响的"人文说"。我明确提出，语文不但有鲜明的工具属性，而且有鲜明的人文属性。语文教育的基本特点应是工具性和人文性的统一。没有人文，就没有语言这个工具；舍弃人文，就无法掌握语言这个工具。弘扬人文，不是照抄过去，而是在继承的基础上出新，赋予它时代的精神。今日的语文教育要有中国特色，就要弘扬优秀的民族文化精神，就要有面向21世纪的浓郁的时代进取精神，变语言形式教学的单一功能为知、情、意教育统一的多功能，变低效率为高效率，尊重和发展学生的个性，探索与现代教育技术结合的途径。变语文自我封闭性为开放性，开发语文教育空间，面向生活，面向社会，以促进学生发展为本，不用机械训练消磨学生的青春。我对语文教育性质观的反思，目的在求得语文教育健康发展，使万千莘莘学子深受其益。

20世纪90年代初期和中期，我在报章上、在多种场合反复阐述这一观点。这一"人文说"的提出，在语文教育界内外产生了广泛的影响，推动了语文教育领域关于语言与语文、语文学科性质的新一轮深入的探讨，并使这场讨论最终在"人文性"上达成共识。有同志说，我关于语文学科的"人文说"，已经并且还将对中国的语文教育和教学产生深远的影响。

2. 语文学科"人文说"的形成过程

其实，我这"人文说"思想的形成，并非一朝一夕之事。它有着近20年的思考进程，由表及里，由浅入深，日趋成熟，其间经历了3次大的进展和突破。

最早可以追溯到20世纪70年代末80年代初。翻开1984年由福建教育出版社出版的我的专著《语文教苑耕耘录》，其中《熏陶感染塑心灵》《兴趣·感情·求知欲》《既教文，又教人》等几篇文章中，我就多次这样强调。

> 教师每教一篇有意义又有价值的作品，都要……开辟思维的蹊径，领着学生与文中高尚的人、高尚的思想反复接触，领受教育和感染。……
>
> 把思想教育渗透到教学之中，与语文训练有机结合起来，力求做到水乳交融，使学生思想上受教育，感情上受熏陶，理解与运用语言文字的能力获得提高……
>
> 若离开词句篇章去讲析一篇文章，文章的精髓就失去光泽，失去育人的作用与威力；分析推敲词句篇章，若不充分阐发其表达的情和意，就显示不出语言文字的精到佳妙。只有两者紧密结合，既废除架空的说教，又力戒支离破碎

的诠释，把思想教育渗透到语文训练之中。在语文教学中加强思想政治教育，绝不是削弱语文能力的训练，而是更有效地提高语文教学质量……

可见，那时我已经开始认识到，语文不仅是交际工具，而且是认知与思维的工具，但不能把语文课简单地归结为工具课，必须充分重视语文学科的思想性。

20世纪80年代后期，我开始思考语言与语文的文化内涵，阐释语文教学中综合培养学生的语言能力、思想素质、道德情操和文化素养的教育目标及其关系。我在1988年发表的《素质·能力·智力》一文中有如下表述。

语文教学根据学科的特点，须引导学生在素质、能力、智力等方面扎下深根。现代人应该是文明人，有良好的习惯，有奋发的精神，有追求真知的旺盛求知欲，有克服困难的意志与毅力。这些素质均可以通过严格的语言训练进行培养……

语文教学之所以能在学生素质、能力和智力方面发挥重要的培育作用，首先是由语文学科的性质决定的。语文学科的基本特点是工具性和思想性。

从这样的表述，能够发现我对语文学科性质的认识，较20世纪80年代初期有了明显的发展：第一，将问题的思考从培养目标中分解开来，明确提出是对"语文学科的性质""语文学科基本特点"的思考，思考的对象更清晰、更明确了；第二，在阐述语文教学多重功能的时候，着重提出了"素质""素养"的问题。尽管当时对学科性质的认定还没有突破"工具性和思想性"的原有框架，但就所阐述的"思想性"的内涵而言，已经有了很大的拓展。

以20世纪90年代中期《弘扬人文，改革弊端》一文的发表为标志，我关于语文学科性质的思考，经过近20年的不停追问、学习与反思，终于有了创造性的突破。这是我在自身学术理论上的一次重要跨越，为自己的语文教育理念打下的坚实地基。有了这个关于学科性质的根本性的思考和发现，对语文教育教学其他问题的思考和阐释，就有了原点和强有力的支撑。以下这段文字，可以看作《弘扬人文，改革弊端》主旨的论据，也是整个"人文说"的理论支柱。

给语文教育定位，先得给语言定位，给汉语定位。长期以来，语文教育界强调语言的工具性，这无可厚非。然而，它绝不等同于一般的生产工具，如机器或犁锄；也绝不等同于一般的生活工具，如筷子或拐杖。语言是表达思想进行交际的工具，是思维的物质外壳，是信息的载体。……问题更在于，"语言是思想的直接现实"（马克思、恩格斯《德意志意识形态》）。各民族的语言都不仅是一个符号体系，而且是该民族认识世界、阐释世界的意义体系和价值体系。符号因意义而存在，离开意义，符号就不成其为符号。就是说，语言不但有自然代码的性质，而且有文化代码的性质；不但有鲜明的工具属性，而且有鲜明的人文属性。

应该说，"人文说"的提出，不仅适逢其时，而且，对于长期执迷于"工具论"的语文教育与教学来说，还有着一层"拯救"的意味。把语文学科单纯视为"工具学科"，等于关闭了本可充分展示人的丰富精神世界的精彩窗口，致使一门活跃着"人气"的学科，变得匠气十足。"人文说"的提出，正是要使语文教育和语文教学失落已久的这种"人气"重新归复。"人文说"所阐发的人文精神，既有中国传统意义上的人文思想，也有现代意义上的人文思想。因此，"人文说"的提出，不应仅仅看到这是一种语文教育与教学的新学说的面世，还应该看到在它的深层，有着知识分子的良知、事业的责任感和对未来社会进步繁荣的热切期望。总之，"人文说"是我向当今教育贡献出的一颗赤诚之心。

继《弘扬人文，改革弊端》之后，我连续发表了《准确而完整地认识语文学科的性质》《语文是进行素质教育最有效的一门学科》《语文学科是一门实用而多彩的人文学科》《语文学科是一门多功能的育人学科》等一系列长篇文章，密集地阐释语文的"人文性"。这些文章展示了丰富的理论内涵。

总之，从语文学科具有"思想性"到语文学科具有"人文性"，我自己的认识是有一个过程的。早在20世纪70年代末，我比较倾向于语文教学工具性和思想性的结合，到了80年代中期，我感到"思想性"的提法对语文教学有局限，"思想性"不能涵盖语文学科的丰富和多彩。因为有许多内容除了具有思想性，更具有道德的、情操的、审美的特征。过分强调语文教学的思想性，容易给极"左"思想有可乘之机。直到90年代，我才明确提出"人文性"。这说明，我对学科性质的认识确实是不断反思、不断深化和不断提升，而逐步走向成熟的。这是一个长达 20 年之久的探索历程，堪称一次历经艰辛的远航。

3."人文说"的内涵

关于"人文说"的具体内涵，我主要从以下方面加以阐述。

一是从理论上阐述了语文学科性质在整个语文学科理论和实践中的重要地位，以引起广大教育工作者对学科性质的重视、思考和认识。前面说过，中国漫长的教育发展过程中，语文学科教育的概念不过始于近代，语文学科教育的理论始于新中国成立后，又完全是零散而不成形的。"工具性"与"人文性"的争论之所以产生，在一定程度上，与语文教育工作者对语文学科性质的地位认识模糊不无关系。于是我首先强调了明确学科性质的重要性。

> 教学行为受教育观念支配。群体性的教育行为，往往受到某种思潮的教育观念的支配。语文教育观念是对语文教育诸问题的看法……教育观念附着于教育者脑中，形成心理定式，有意识地或不完全有意识地指挥着教学行为。在语文教育观念体系中最为核心的是性质观，它统率语文教育的全局，决定语文教育的发展方向，由此而引发出目的观、功能观、承传观、教材观、教法观、质量观、测试观、体制观等一系列观念。(《弘扬人文，改革弊端》)

这段论述，我试图突出强调两点：第一，教学行为是受教育观念支配的，教育观念附着于教育者头脑中，形成心理定式，有意识地或不完全有意识地指挥着教育者的教学行为与教学实践；第二，在语文教育的观念体系（理论体系）中，语文教育性质观是最为核心的观念，它决定并引发出目的观、功能观、承传观、教材观、教法观等一系列观念。因此，我们必须从理论价值和实践意义两个角度去正确认识学科性质，正确把握学科性质。

二是我试图从哲学、语言学、社会学、历史学等角度分析立说，使语文学科性质的"人文性"一说，具有更加厚实的学理底气和无可置辩的力量。因为《弘扬人文，改革弊端》一文发表后，有人曾写文章提出质疑：语文学科既有工具性又有人文性，这样一来，对语文学科性质的阐述是否存在着逻辑上的矛盾和哲学上的困惑的可能，是不是二元论，这种逻辑矛盾会不会导致本质论的取消。

我首先从哲学的层面分析："人类文明发展史上，任何一门学科的成长，总是与'自身到底是什么'的争论相伴随。在人文科学中，哲学、文艺学、美学、历史学、语言学、心理学、教育学，哪个门类不是至今还在讨论定位问题的？特别是在一门学科面临突破性进展的时候，更要对自身的性质进行深入的反思。"（《弘扬人文，改革弊端》）对"人文说"，我仍从哲学的角度给予回答。

一个事物有两个或两个以上的本质属性，不能简简单单地称之为"二元论"或"多元论"……"人"的本质属性有多个，但不能说是"多元论"。其次，所谓"二元论"是指世界有两个各自独立、性质不同的本原（即物质和精神）的哲学学说，主要代表有法国的笛卡尔，或者更广义地指任何将宇宙分为两个独立部分的哲学学说，如柏拉图的"理念和事物"说，康德的"本体和现象"说，等等。

说语文学科具有工具性，绝不是削弱它的人文性。不存在限制一个，张扬另一个的问题。二者不能割裂，更不能偏废，是一个统一体的两个侧面，所以我强调要准确而完整地认识语文学科的性质。（《准确而完整地认识语文学科的性质》）

为了使"人文说"更能反映我们语文教育的实际，更有说服力，我还力图从语言学、人类学、社会学的层面对它做出更清晰透彻的阐释。

西方学者把语言看作开启人类社会文化起源和发展的奥秘的钥匙（意大利维柯1668—1744），认为语言是一种创造性的精神活动（德国洪堡特1767—1835），不仅视语言为一种文化现象，称语言基本上是一种文化和社会的产品（美国萨丕尔1884—1939），还把语言看作是文化建设中的一种力量（德国魏斯格贝尔1899—1985），认为语言和文化相互塑造，相互渗透，相互从属（美国沃尔夫1897—1947）。如果说，世界各民族的语言都具有人文性，那么，汉语汉字的人文性可说是特别突出。在中国古人看来，"人之所以为人者，言也。"（《春秋谷梁传》）"不知言，无以知人也。"（《论语·尧曰》）著名的名实之争、文道之争、言意之辩，在某种意义上，都关涉到汉语人文性的阐发。朱熹说：

"道者，文之根本。文者，道之枝叶。维其根本乎道，所以发之于文，皆道也。三代圣贤之章，皆从此心写出，文便是道。"（《朱子语类》卷百三十九）从此类论述中可以体悟古人是如何把语言同人性、天道、事理联结在一起的。

汉语言文字不是单纯的符号系统，它有深厚的文化历史积淀和文化心理特征。汉语和其他民族语言的工具性和人文性，是一个统一体的不可割裂的两个侧面。没有人文就没有语言这个工具；舍弃人文，就无法掌握语言这个工具。（《于漪文集》卷一第 195 页）

为了搞清语言的本质属性，我阅读了不少马克思主义经典著作，尽力让自己的立论得到权威理论的支撑。我十分注意吸收西方语言学研究的成果，让自己的理论有更宽阔的视野。同时我处处做有心人，时时怀着探究的意识，透过现象抓住本质，使自己的立论经得起实践的检验。正因为这样，"人文说"越过了语文教学的操作层面，而真正成为一种形而上的教育理论，指导着我自己和无数语文工作者的教学与实践。

从中华文化发展历史的角度看，中国传统意义上的人文思想，最早见于《易经》中的《贲》，所谓："观乎天文，以察时变；观乎人文，以化成天下"（《周易译注》第 188 页）。孔子学说的核心"仁"和孟子学说所倡导的"民为贵"等，都体现出古代的人文思想，都对如何做"人"，提出了在当时背景下所可能提出的一些规范性见解，在今天依然有着一定的借鉴意义。只是，它们的着眼点，无非是为了调节复杂的人际关系，尤其是显得特别突出与严峻的阶级关系，以维护社会秩序的稳定，确保民生的安宁。"人"只不过是这具"社会"大机器上的螺丝钉而已。这类人文思想，带有明显的社会教化色彩。出发点和归宿都是"社会"，还不是真正意义上的"人"。

所谓现代意义上的人文思想，可以溯源到 14 世纪至 16 世纪欧洲文艺复兴时期所倡导的人文主义（或称"人本主义"），以及由它延伸至 19 世纪后期进一步繁盛的人文主义。这种人文思想的一个鲜明特征是，抵抗与否定神和神性，正视与肯定人和人性以及人本身的意义和价值。

与中国传统人文思想不同的是，新的人文思想，真正凸显了"人"的本身，以大写字母书写"人"这个词，而不是让它隐没或模糊在"社会"的巨大光影之中。

人文思想、人文精神的实质，有人界定为"人文精神是人性——人类对于真善美的永恒追求——的展现"（《人文精神论纲》，《许苏民集》第 404 页），并说："真善美的绝对性就在于'把人当人看'，包括每一个体既把自己当人看，也把他人当人看。"（《人文精神论纲》，《许苏民集》第 418 页）一句话，就是人自身意识到"人"的尊严。有自尊（因为自己是"人"），也尊重他人（因为他人也是"人"）。"人"不是任何东西的附庸和工具。人曾经对虚幻的"神"顶礼膜拜过，而后又崇仰"权神"与"钱神"，这都是"人"的不幸的异化。

倡导人文精神，就是让"人"从上述误区中迷途知返，就是对尚未涉世或刚刚涉世的雏形的"人"，用人文精神加以启蒙与优化。五四运动一度接通了这一时代潮流，开启了现代思想的启蒙运动。文学作品中，一大批现代作家，尤其是鲁迅所呼唤的正是这种期盼"人的回归"的激越的声音。

在语文课本中，中国古代作品、现代作品以及外国作品，展示的是作者真善美的心灵，一篇篇都是他们精彩深刻的"个人的发言"。其中正不乏此种人文精神。不去正视、不去发掘、不去传播此种精神，而只是把它当作学习与使用语言文字的一项"工具"，岂不是本末倒置的荒唐？

三是我的"人文说"始终以现实的问题为关注焦点，立足于鲜活的现实土壤，是与语文教学实践紧密相连的。"弘扬人文"的目的，全在于"改革弊端"，因此，其中贯穿了对应试教育的批判精神。我对"题海战术"尤为深恶痛绝，我们语文教育界著名学者刘国正，曾"认真地答了一张高考语文试卷"，结果只能达到 70 分。这一事例让我深刻地认识到，这所谓的标准化测试，实际上是打着科学的招牌的机械性操练！它只在语文的形式上兜圈子，ABCD，1234，语言就因失去灵魂而暗淡无光，步入排列组合式的文字的死胡同，当然就无语言的表现力、生命力可言。

当时我就提出，标准化测试的长处是客观性加强，批改误差减少，但真正的阅读能力，人在阅读时的审美感受，却被忽视了。标准化测试在理念上崇尚知识结构至上和数字化功利，这就使本来诗意的、审美的，即以形象思维为内核的语文教学向标准化、机械化转向，容易导致语文课的人文精神和审美情趣的缺失，同时催发语文教学的匠化和应试训练的泛滥。加上出版业的利益驱动，对语文教学应该走什么路起了负面作用。因此，对母语的认识应建立两个基本概念：民族的睿智积淀在民族语言中，母语教育不能如同外语教学中的"商业对话"训练，不能在几个句型上兜圈子，要在教母语的同时教民族的思想和感情；第二个概念，将来信息网络化了，世界变小了，区域的界限没有了，母语仍是维系民族团结的纽带，是民族文化的根。说文化是综合国力的一部分，是因为文化这一资产是长期积累的，维护它，珍惜它，一个民族就不会垮。母语是对后代的精神哺育。

当然，学科性质观的另一个不容忽视的内涵，就是我们在弘扬"人文性"的同时，绝不能排斥"工具性"。我们不能把两者对立起来，我历来强调要准确而完整地认识语文学科的性质。语文学科具有工具性，也绝对不是削弱它的人文精神，二者不能割裂，更不能偏废，是一个统一体的两个侧面。

我的人文说提出后，得到了越来越多的教育界同人的认可和支持，使新中国成立以来对语文学科性质的认识与阐释，达到了一个新的层次，并最终体现在国家有关的纲领性文件中。教育部 2001 年颁布的《全日制义务教育语文课程标准》第一部分明确指出："语文是最重要的交际工具，是人类文化的重要组成部分。工具性与人文性的统一，是语文课程的基本特点。"它将在很长时期内影响我们语文教学的方向。如果说我的研究能够有助于中国语文学科理论建设的发展，那是我深感欣慰的。在教学实践中出现的种种乱象，或只教考试点、得分点，进行无灵魂的语言形式操练，或脱离语言文字空谈思想内容，乱贴人文标签，不是课程标准的罪过，而是对语文课程性质的漠视与扭曲。

（二）教文育人：我的语文教学观

对任何一门学科来说，培养目标是学科教学思想的核心和要旨，它规定着学科教学的方向。就语文学科而言，多少年来，一个复杂而又简单的问题反反复复地困扰着语文教育工作者：语文教学的培养目标是传授知识还是培养人？语文教师是满足于当一个教书匠，还是力争作一个教育家？这个问题似乎有着清晰的答案，但在我们的语文教育实践中，它又确实是模糊的。我们的语文教学自觉不自觉地在奉行着"知识为本"或者"知识与能力为本"的学科教学目标。

对于这样一个根本性的问题，我的观点一向十分明确，语文教学的培养目标与学科性质是相辅相成的。我在 1978 年就率先提出"教文育人"的观点，语文教学的目标就是培养人，语文学科就是要树立"育人"大目标，既教文又育人，要全面培养学生。教师，特别是语文教师，首先必须清醒地意识到自己应该努力争取做个教育家，做个"育人"的专家。

我始终认为，语文教学有着自身的内在客观规律。语文教师要教学生学"文"、作"文"，理解和运用祖国的语言文字，培养学生听、说、读、写能力，但是更重要的是教学生学"做人"。因为离开了"人"的培养去讲"文"的教学，就失去了教师工作的制高点，也就失去了教学的真正价值。因此，语文教师的胸中要有"教文育人"的清晰蓝图，这张蓝图必须由3个部分有机组成：一是培养目标，即明白未来建设者应该具有的总体素质，包括思想素质、道德情操、科学素养；二是了解学生现状，即通过读、闻、问、阅和材料跟踪等方法，了解、研究，摸准学生的思想、性格、学习心理、学习习惯、学习方法、语文基础、语文能力等方面的实际情况，以便因势利导，因材施教；三是要明确实现"教文育人"培养目标所要攀登的阶梯，即教师心中要有强烈的阶段感，要引导学生在一定的学习阶段完成一定的学习任务，循序渐进，拾级而上，重点突出，步步踩在实地。

因此，我们要研究语文教学的多元功能和多重目标。语文教学确实要培养学生正确理解与运用祖国语言文字的能力，培养他们读、写、听、说的能力，但语言、思维和情感是同时发生的，课堂上语言训练和思维训练应同时进行，语文课堂不能只着眼于知识，着眼于现成的结论。从静态的维度看，知识是人类社会实践经验的总结；从动态的维度来看，知识更是认识的过程，是探求知识形成的过程，因而，学语文和发展智力密切有关。同时，语言文字是表情达意的，表什么情达什么意对学生的思想情操、审美观念有密不可分的熏陶感染作用。因而，语文教学必然具有教育功能、审美功能。语文课堂教学千万不能单打一，人为地机械割裂，只教语言文字。应尊重语文工具性、人文性和综合性特征，抓住教材的个性，熔知识传授、能力培养、智力发展、思想情操陶冶于一炉，把课上得立体化，发挥多功能作用，多方面地培养学生，方能求得"教文育人"的综合效益。

语文教学"教文育人"的大目标，是建立在以下3个基础之上的。

1. 建立在"目中有人"的教育理念上

这和我全面育人的基础教育观是相一致的。所谓"目中有人"，是指教学要面向全体学生，要把学生的健康成长放在第一位。需要特别指出的是，我所提倡的"目中有人"之"人"，是个集合概念，这里的"人"是全体学生。"目中有人"就是"面向全体学生"的理念，就是"面向全体学生终身发展"的理念。我在《信念·感情·功底》一文中，写有如下两段话。

　　一般说来，教师往往喜欢两种学生，一种是很聪明的，你一讲他就懂；一种是长得很可爱的，一看就喜欢。但是，教育是无选择性的，教好班上几个尖子不太费力，要教好班级所有的学生，全面贯彻教育方针，全面提高教学质量，不仅是尽力，而且要尽心啊！

　　中学教的知识是知识的核，是不会变的，中等教育非常重要。青少年时期是人生中最重要的阶段，虽然只有短短几年，但能影响人一辈子的生活道路，因此中等教育确实是有战略意义的，就好像造房子，桩打得深，打得正就能盖10层20层高楼。基础教育是给人从事基本建设的，培养良好的思想道德素质和科学文化素质是做人的根本。

　　语文教学要树立"育人"大目标，首先对"育人"要有全面具体的认识，不能把"育人"理解为一般地培养学生，"目中有人"，是要把人的发展放在第一位，把握好"教文"与"育人"的关系。语文教师教学生"文"，使学生准确理解和运用祖国的语言文字，具有一定的读写听说能力，是义不容辞的责任。但"教文"要纳入"育人"这个大目标，为"育人"的大目标服务，或者说，"教文"是手段，是过程，"育人"才是语文教学的根本目的。那种认为教"文"是语文教学的硬任务，"育人"不过是招牌或幌子，是可有可无的软任务的看法，是不足取的。教师如果只见"文"，不见"人"，充其量只在鸡虫得失上兜圈子，很难真正成为学生成长的导师。正如教育家第斯多惠曾经指出的："任何真正的教学不仅是提倡知识，而且是予学生以教育。"因此，作为一个语文教师，其工作的出发点和归宿，是"人"还是"文"，绝不是一个方法问题、策略问题，而是一个观念问题、指导思想问题、精神境界问题以及教学价值观问题。早在1982年，我就在《教书要为育人服务》一文中，批评了"重'书'轻'人'""见'书'不见'人'"的错误倾向。我当时就指出"任何一个学科的教学，头等重要的任务就是育人"，强调要把"人"放在第一位。

　　1991年，我又在《奉献——教师的天职》一文中写道："我经常警诫自己，考虑任何工作都不能忘记培养学生的大目标。""我体会到教师生涯中的最大的事就是一个心眼为学生。"并提倡教师要不断地研究学生，"和学生的心弦对准音调"。这些论述实际上体现了我对语文教学目标的认识。

"目中有人""目中有学生"，看似容易，做则困难。教师在处理手中的书和讲台下的人——学生——的关系时，常常会错位，往往不是将"人"放在首位，而是将"书"放在第一。我自己就曾经有这样的经历。初作教师时，眼睛只盯着教科书，以为钻研了教材，写好了教案，把课文讲出点名堂来，就算完成了教学任务。后来，我才逐步认识到：教学的"教"，就是要教在"学生"身上，作用于学生心上。教师在课堂上的地位犹如导演一般，导演的胸中时时有观众，目的在于引导观众进入剧情，调动自己的感情，展开联想和想象，从而受到熏陶、感染。语文教师的眼中也应时时有学生，教学的目的在于引导学生进入课文的情境，调动情感，展开联想，发挥想象，深入思索，从而升华思想，净化灵魂，陶冶情操，获得知识，形成能力，成为有用之才。

基于这种认识，我几十年坚定不移、身体力行地倡导和宣传，无论教育界怎样忽"左"忽"右"，错误思潮如何频频冲击，我始终心中有学生。"目中有人"的教育理念指导着我一生的教育实践活动，成为我语文教学目的观——"教文育人"的第一依据。2000年，我从教50周年，上海东方电视台为此拍了一部专题片。在片子的开头，我一口气报了自己教过的100多位学生的名字，许多人惊奇，一位71岁的老人怎么会保持如此出色的记忆力。实际上，是我几十年来始终把心放在学生身上，是"目中有人"给了我这个"特异功能"。

2. 建立在时代的要求和我的使命意识之上

任何一种教育教学理念，在不同的时期有不同的内涵，"教文育人"的提出正是建立在当今时代的特点和要求之上，因此，它既要紧跟时代特点，又不能脱离学生的实际，失去其针对性。马克思说，人是社会关系的总和。社会在发展，时代在前进，作为时代一"海鸥"，社会一分子的学生，其思想、道德、情操、行为、兴趣、爱好无不渗透着时代的气息，打上时代的烙印。现在的学生跟过去不大一样，20世纪五六十年代的学生，我们的领导或先进人物给他们作一个报告，他们的青春之火一下子就点燃了，现在的学生不那么容易激动。80年代以后，我国进入了改革开放时期，在引进西方先进技术的同时，西方思想文化意识也必然会传入我国。而青少年求知欲很强，随着生理上的急剧变化和心理上趋于成熟，他们希望独立探索人生和社会的自我意识增强，喜欢标新立异，但独立思考能力还不够完善，因此面对通过各种渠道铺天盖地而来的信息，他们常常会感到焦虑和困惑。这些都给当前的语文教学带来了相当的困难和复杂性，同时也为有的放矢地进行"教文育人"开拓了新的思路，提出了新的要求。

因此，今天的"教文育人"要放在特定的历史条件和社会环境中去认识，以明日建设者的素质要求、德才要求为标准，要明确"育人"目标的内涵。今天语文学科的育人目标，就是从语文的教育功能出发，培养具有现代人素质、能力、智力的明日建设者。对这个"现代人"的内涵，我的理解是"思想活跃，富于理想，自学能力强，善于吸收各种新信息，能不断更新自己的知识结构，勇于改革创新""有良好的习惯，有奋发的精神，有追求真知的旺盛的求知欲，有克服困难的锲而不舍的意志与毅力"。率先提出了培养"现代人素质"的要求，赋予了语文教学目标以新的时代内容。（《素质、能力、智力——我的语文育人观》）

"教文育人"的提出还建立在我的使命意识基础上。对中国知识分子而言，几千年的文化传承，其鲜明的主旋律是忧国忧民，所谓"天下兴亡，匹夫有责"。我整个人生的前 22 年文化雕塑期，深受民族传统文化中主流文化的影响熏陶，这就决定了我"以天下为己任""以教育为己任"的忧患意识与责任感。这种忧患意识与责任感又成为一种潜意识，支撑起我的精神世界，影响着我对教育教学的思考和追求，使我站在世界发展和时代要求的角度来考虑我们的语文教学，成为我提出"教文育人"观的思想基础。正如我在文章中所说的那样。

作为一个中国人，民族志气，民族自尊是至关重要的；但是有一条，必须是立足中国放眼世界。贝聿铭对吴健雄讲，我们是中国人，但我们是有世界眼光的。我想，我们教师是不是应该有这样的眼光呢？我们做教师的，往往只看到三尺讲台，看到课堂，看不到大千世界，也就是说不在宏观上思考一些问题是不足的。在 20 世纪末，听到 21 世纪的脚步声。我们一定要放眼看世界，在宏观的大背景下看我们的教育，看我们肩上的责任，就更有深刻而清醒的认识。

现在世界正在打一场没有硝烟的大战，那就是科技之争、教育之争、人才之争，丝毫不比硝烟弥漫的战争来得轻松。因此，我们搞教育的，要教在今天，想在明天，以明日建设者应有的标准来指导今日的教育教学工作。

要放眼看全国，看世界，这样，我们每个教师就能找到一个恰当的坐标，

就会更清楚地认识到，自己在教育事业中应该起什么样的作用。（《于漪文集》第 6 卷《信念·感情·功底》）

我对语文教学目的与任务的认识正是基于以上的思考，世界的未来走向在我胸中，时代的风风雨雨在我身边。以这些宏观的背景作为参照系数，于是我认准了教育的立足点，语文教学的立足点，那就是我矢志不渝的信条——"教文育人"。

3. 建立在语文教学培养目标的整体性之上

前面已经谈到，我对语文教学的理解是从语言文字出发，又绝不只限于语言文字的。在我的心目中，语文教学是一个系统，一个完整而多元的系统工程，德育、智育、美育等各个具体的教育目标，均构成这个系统的诸要素。任何一个要素，对于系统来说，都不具有整体性，整体性只存在于系统本身。因此，只有当整体中的诸种要素共同发展、和谐发展的时候，各要素之间才能相互作用，实现整体的发展。也就是说，在语文教学的过程中，只有当"知识传授、能力培养、智力开发、思想情操陶冶"多管齐下，语文教学才能收整体之效。这个整体之效又绝不是各部分简单相加之"和"，而是事半而功倍之"积"。

我在表述语文教学整体系统中诸要素关系的时候，用了一个"熔"字（"熔知识传授、能力培养、智力发展、思想情操陶冶于一炉"），这个"熔"字，不仅表明了整体的系统培养目标中各种因素不分主次轻重的同等地位，而且强调了几种要素结合的最佳途径和方法，是春风化雨，是水乳交融，是"化"，是"育"，而不是贴标签，不是生搬硬套，是内在构建，而不是外在塑造。可以这样说，没有我对语文教学整体性的认识，就不会有我语文教学的"教文育人"观。

其次，从人的发展角度看，语文教学同样需要实现整体性。美国曾对 1 311 位科学家进行了为期 5 年的追踪调查，从他们所获取的事业成就特别是创新成果来衡量，得出的结论是学历和经历丰富的"通才"往往取胜。这里的"通才"不应该仅仅理解为知识面的宽广，应该包括人的综合素养。一个人良好的素养结构形成于他的学生时代，特别是中学时代。这一阶段素养基础打得好，发展的潜力越大越久远。这种"通才"的培养目标要求我们的语文教学着眼于学生的整体发展和综合成长，要求着我们"教文"与"育人"并重。

以我自己的成长为例。如前所述，我的中小学时代，正值"五四"新文化运动

在日本京都两洋高等学校讲述学科教学育人观点

的影响已经比较成熟的 20 世纪二三十年代，我又十分幸运地碰到了好老师，这些老师声情并茂的讲解，深厚的诗词功底，激发了我对中国古典文学的最初迷恋。我后来就读于国内一流的高等学府——上海复旦大学，受到曹孚、周予同等著名教授学者专家的优秀精神与广博学识的滋养。因之，我的学生时代，不仅打造了一颗爱国的赤子之心，同时雕塑了我作为文化人的基本品质，积累了我中国传统文化的学养底蕴。没有这个底蕴，我就不可能在语文教育百花园中开花结果。

作为教师，与其他许多语文教师相比，我特殊的个人经历，成就了我的综合优势。我大学学的是教育学专业，这使我具备了较系统的教育理论知识，因而能敏捷而准确地对种种教育流派和教学原则做出科学的评价，并博采众长，开拓创新。我教过几年历史，因而有机会通过"教"来汲取中外历史知识的养料，培养了我分析问题的历史唯物主义的眼光。我曾因病在学校图书馆"蹲"了几年，真正能够潜心博览，积累丰富。这样几经辗转，我才开始教语文。后来，我又担任了市与国家级的多种社会职务，因而经常有机会参加市与国家级的政界、教育界重要会议和重大活动，听到许多一般教师不可能聆听的报告，了解各种最新最真的信息，还有机会出访美、日等国家与港、澳等地区，亲眼目睹发达国家、地区先进的教育设施和管理。特定的时代给了我走向"通才"的机遇，丰富的人生经历成就了我的"嫁接优势"，为我的思想的发散性、多元性、创造性提供了广阔的天地，为我的宏观思考、

应澳门语文学会邀请，赴澳门讲学

超前思考，为我的理论形成提供了优越的前提条件。因此，可以说，我的成长道路赋予我的学养，使我"有一点自己的看法与实践"，这或许就是我的成功之因。

尽管每个人的人生之路不同，我们不能指望每个学生都有丰富的人生，但我们的教学应该给他们以丰富与广博，因此我更加坚信"教文"必须"育人"，语文教学必须有助于人的整体发展。

（三）走向广阔天地：我的大语文观

我一直觉得，能有机会对学生进行汉语教育，应该说是一种幸福。语言是人整个学养的基础，它的重要性常被忽视。人生活在语言中，生命刚开始，意识刚产生，语言就像空气一样围绕在身旁。语言使人有了世界意识，有了文化意识，有了历史意识，而人生活在文化、历史的世界之中，人不能离开语言而存在。从教育的角度说，教育是培养人、塑造人、提升人的精神世界。人的思维和情感离不开语言，因而没有语言就没有教育。对学生进行汉语教育，不仅让他们理解、领悟汉语言文字的优美、简洁、深刻、和谐、内涵丰富，联想空间大，而且能以优秀的文化传统对他们进行精神哺育，培养他们的民族情结。因而，我们的语文学科，就必须从母语教学的个性特点出发，把学生领进大语文学习的广阔天地，把语文学习的课堂延伸到课外、校外，为学生打开认识现代社会、认识生命价值的大门，用时代的活水灌溉语文园地，这构成了我的大语文观。

1. 大语文观由"教文育人"的语文教学观所决定

人之所以为人，当然不能只停留在生物学的层面，人还要进行精神层面的追求。物质生活是生存的基本保证，基本满足就能获得快乐，而精神上的追求则是人内在的需求，追求诗意的精神家园，让生命的清泉汩汩流淌，它体现了人生命的意义、生命的价值、生命的丰厚和完美。语文教师是育人的人，他必须帮助学生实现精神上的充实、伸展与升华，这也是语文教学追求的目标。语文课程标准中关于语文教学目标的规定，就是要求把智育、德育、美育有机地统一起来，贯穿于语文知识传授和听、说、读、写训练的全过程。我一向强调并反复宣传语文课不应该是"平面"的，而是"立体"的观点，也正是包含了这一内涵。

"教文育人"的语文教学观要求我们不能停留在课文的表层，而必须带领学生走进作品中或显现或蕴含的思想高地、智慧高地，要求我们在教学中促使学生思考一些严肃的而又不是唾手就可解答的问题：生活道路的走向、生命的意义和价值、如何善待生命的美好、如何发挥聪明才智、创造生命的价值……我们要引领着学生在先哲先贤、在思想者和践行者们那一篇篇充满睿智的文章和一部部感人肺腑的作品中去感悟社会与人生，去实现精神的觉醒，灵魂的提升。

一篇好文章，一首好诗，必然是作者情动于衷，言溢于表的产物。既然是佳作，总是离不开思想深邃，感情真挚，语言优美，富于表现力等。钻研时要潜心体会作者真正的写作意图，牢牢把握思想的精华，启发学生深思，带领学生走出课文，走出课堂，走向充满人文气息的广阔天地。

如教学生诵读古诗词，就不能只停留在词句的解释层面。诗词表现的思维方式多种多样，有时聚意点睛，有时反其道而行之，均能给人深深的启迪。比如，北宋宋祁的《玉楼春》中"绿杨烟外晓寒轻，红杏枝头春意闹"，一个"闹"字生动传神，你尽可以开展想象，感受繁花似锦、蜂蝶飞舞的迷人春景。又如，唐代刘禹锡的《秋词》："自古逢秋悲寂寥，我言秋日胜春朝。晴空一鹤排云上，便引诗情到碧霄。"诗人的智慧，体现在求异思维上，一反感伤情绪，表达了昂扬奋发的情怀。只要与诗中景、诗中物、诗中人、诗中情真诚相待，就能心灵沟通，情感交融，使学生受到感染。曹操的《观沧海》是名篇，其意境的开阔、心胸的宽广就给人以心灵

与日本京都两洋高等学校互换学生短期学习签订协议

的震撼。"秋风萧瑟，洪波涌起。日月之行，若出其中；星汉灿烂，若出其里"，天地宇宙，尽在胸中，那种浩大的气魄，那种纵横开阖的思维方式，反映了中华民族的英雄气概和人与自然的和谐融合。这使我们联想到法国大文豪雨果在《悲惨世界》中所说："世界上最浩瀚的是海洋，比海洋更浩瀚的是天空，比天空浩瀚的是人的心灵。""一颗心灵的叹息，能比一城的喧嚣道出更多的东西。"这样，我们就能在有限的文本中让学生读出无限。

2. 大语文观由语文学科内涵的丰富性所决定

语文的学科性质与它内涵的丰富性决定了语文教学不能局限于语言和文字。汉语言文字珍藏着我们中华民族五千年的全部精神财富，是中华民族灿烂文化的重要组成部分。海德格尔的追随者伽答默尔在《人与语言》中曾这样说，"语言是储存传统的水库""语言是人类社会性遗传的主要渠道，精心地把自己的精神生活的全部痕迹都保存在民族语言中"。钟情于祖国的语言文字，就直接触摸民族的历史与文化，领悟其价值和精神追求，体验各个时期各类作品表达的思想感情。因此，语文的内涵绝不是一篇课文一个课堂所能局限的。

中学语文教材的内涵极为丰富。我曾经分析过，入选教材的典范文章有的饱含中华民族赖以生存发展、兴旺发达的重要精神支柱——爱国主义精神；有的反映反对剥削、反对压迫，以解放全人类为己任的共产主义思想；有的表达无私忘我献身于人民的高尚情操；有的则为读者提供认识世界的科学的立场、观点、方法等。课文大部分反映了人文的内容，写社会、写人物、写景物，无不倾注了作者的爱与憎、好与恶。这些材料对帮助中学生树立正确的人生观、世界观能起到很大的作用。一个称职的语文教师在组织教学时总是"缘文释道""因道解文"，以文中内在的高尚思想、道德、情操拨动学生的心弦，可以既让学生感受到语言文字表情达意的表现力和生命力，又受到文中情与理的潜移默化影响。

有些文章简直就是语言的仓库，佳词美句、成语特别多，认真钻研，受益匪浅。比如，韩愈的《进学解》中"业精于勤，荒于嬉；行成于思，毁于随""爬罗剔抉，刮垢磨光""纪事者必提其要，纂言者必钩其玄""贪多务得，细大不捐""焚膏油以继晷，恒兀兀以穷年""沈浸醲郁，含英咀华""佶屈聱牙""同工异曲"等，不再一一列举。这些对治学、修德、前人文学艺术的特点等阐述得言简意赅，言简意深，语言的表现力发挥到极致。

又如，《林黛玉进贾府》有这样的句子："天下真有这样标致人儿！我今日才算看见了！况且这通身的气派竟不像老祖宗的外孙女儿，竟是个嫡亲的孙女儿似的，怨不得老祖宗天天嘴里心里放不下。"王熙凤见到林黛玉在贾母面前说的这番话极尽阿谀、奉承、拍马的能事。贾母心中真疼爱外孙女儿，王熙凤投其所好，赞林黛玉标致，讨老祖宗欢心。赞，绝非一般的称赞，而是天下绝无仅有，够意思，够分量。然而，王熙凤又生活在众多复杂的社会关系之中，王夫人、邢夫人得罪不起，众姐妹也不能怠慢，于是就有了两个"竟"的语言：明明是老祖宗的外孙女儿，"竟不像"；明明不是"嫡亲的孙女儿"，却"竟是个"。像还是不像，是还是不是，尽在不言中。一句话，把上上下下，左左右右，全部摆平，大家不仅觉得悦耳，心里也舒服，这种语言艺术令人叹为观止。美文佳作、精品、上品，你对它有真情，它就会告诉你许多丰厚的内涵，让你处在不断的惊喜之中。这语言背后的是人情世故，是一种特定的人生哲学。

汉语言文字文化底蕴深厚，描摹客观世界、刻画内心的思想、情感，那种准确、逼真、灵动，会把你引入美的世界。许多优秀作品几乎是美的海洋，哪怕你在海边沙滩上捡几个贝壳，也会享受到审美的乐趣。比如，鲁迅《社戏》中月夜行舟的美景，只要你调动视觉、听觉、嗅觉、触觉，就会和"迅哥儿"一样"自失起来，觉得要和他弥散在含着豆麦蕴藻之香的夜气里"。人与自然是如此和谐交融，达到物我两忘的境地。阅读和教学这些文字，绝不是"语文"二字可以概括得了的，必须导引学生站在更为广阔的背景上来理解与把握。

3. 大语文观要求实现课内课外的一体化教学

早在公元前4世纪至3世纪问世的《学记》，是中国也是世界教育史上最早的一篇教育理论专著，其中对课内与课外的关系就有一段精辟的论述："教必有正业，退息必有居。学，不学操缦，不能安弦；不学博依，不能安诗；不学杂服，不能安礼；不兴其艺，不能乐学。"鲁迅先生在他的《读书杂谈》里指出："爱看书的青年，大可以看看本分以外的书，即课外的书，不要只将课内的书抱住。""譬如学理科的，偏看看文学书，学文学的，偏看看科学书。"大语文教学观正是要求我们立足课内，放眼课外，实现课内课外的一体化教学。

历史发展到今天，时代要求当代青年不仅要有较高的文化科学知识，而且要有创造的能力，现代科学技术的日益发展引起了全世界教育、经济及社会各方面的巨大变化，人们不能不以积极的态度注视、迎接这一严峻的挑战，否则就要落伍。所以当代教育家指出"要培养现代人"。从语文教学的角度考虑，亦应体现"三个面向"的基本精神。如若只局限于课堂教学，就远远适应不了新时代的要求。因此，综观前人的论断，时代的特征，以及"三个面向"的要求，我建立了自己的大语文观，认为语文学科应在不断改革课堂教学的同时，开辟新的教学活动领域；而要真正教好与学好语文，只有立足于社会的广阔，课内课外结合起来，互为补充，才能促使学生的整体发展与综合成长。

大语文观要求我们抓好课内教学，要求我们在课堂上给予学生更多的东西。因为教育的远程目标就是力图接近马克思的理想："生产完整的人"。他们不仅是合格的有文化的劳动者，而且必须具备现代社会应具有的知识素养。我始终认为，"知识就是种子"，只要把种子播撒到学生的心田里，就会开出智慧的花，结出能力的果。"没有知识绝不会有能力，甚至狭窄的知识面都难以形成能力"，历史文化的积累，知识的传递，是科学文化知识创新的基础。所以，前人的知识是后人创造新知的摇篮。教师不把这种文化科学知识的历史继承性告诉学生，不把学生引到知识的巨人肩上，教学就失去了意义。在大语文观的指导下，我把课堂当作传播知识促进学生整体成长的广阔天地，打开四面窗户，引进八方来风，把大量的知识信息带入课堂，根据学生的年龄特征、知识水平和理解能力，补充大量课外有鲜明时代特色的知识，使教学的整个过程充盈时代的活水，激发起学生内在的持续不断地探索语文知识宝库的求知欲。

大语文观要求课内促进课外，要积极组织学生开展课外语文活动，更要积极热心地引导学生广泛阅读，培养他们读书的嗜好，使他们做到精读、博览相辅相成。就教学而言，精读是主体，博览是补充；就效果而言，精读是准备，博览是应用。一定要让学生"嗜"书，不"嗜"必然知识浅薄，视野狭窄。学生嗜书的感情不是天生的，靠引导，靠培养。培养学生的阅读嗜好，就等于帮他们找到源远流长的知识的泉眼。并且让学生在人类、社会、生命的层面上来学习语文，在这儿追寻真，追寻善，追寻美，吮吸民族语言的精粹，民族精神的精华，最终构建起自己的精神家园。

（四）营造"磁力"效应：我的语文学习兴趣说

兴趣在学习中的重要作用，并不是什么新鲜的理论。两千多年前孔子就说过："知之者不如好之者，好之者不如乐之者。"（杨伯峻《论语译注》第 61 页，1980 年中华书局版）国外的许多教育家、心理学家对此也都有专门的研究和论述。现代心理学之父皮亚杰指出："所有智力方面的工作都要依赖于兴趣。"俄国教育家乌申斯基也认为："没有任何兴趣被迫进行的学习会遏制学生掌握知识的意图。"达尔文在自传中的一段话更证明了兴趣的重要性，他说："就我记得我在学校时期的性格来说，其中对我后来发生影响的，就是我有强烈而多样的兴趣，沉溺于自己感兴趣的东西，深深喜爱了解任何复杂的问题和事物。"因此，对教育而言，兴趣会产生求知欲，发展智力，兴趣是最好的老师，是学生学习不可缺少的心理因素。这作为一种认识，几乎没有人不明白不认同。

我的"语文学习兴趣说"是在继承前人的优秀思想成果的基础上，结合自身的教育教学实践而总结出的，应该说，有着我自己的独特性和一定的创造性价值。多年前，我就倡导语文课"要教出情趣来"。"教语文，要紧的是把学生的心抓住，使学生产生一种孜孜矻矻、锲而不舍的学习愿望。语文学科的教学，是通过一篇篇课文语言文字千变万化的运用接触学生思想情感的，有它独特的引人入胜的特点。教师在教学中，要充分发挥祖国语言文字的魅力，让学生体会到文章的'味'，激发他们内在的积极性，使他们在思想、品格、情操等方面受到陶冶，在语文水平上获得提高。"这构成了我"语文学习兴趣说"的认识基础。

1. 我"语文学习兴趣说"的特点

我的"语文学习兴趣说"不同于前人的地方应该是，我着重阐明了"兴趣"在学生学习过程中的特殊意义和价值，从青少年学生的心理特征出发，强调了语文教师在培养学生语文学习兴趣方面的特殊意义和价值，提出了学生语文学习兴趣培养的艰巨性和长期性，以及科学有效的操作策略，如何"主阵地"上力求方法多变，课型常新，如何用知识的"磁力"吸引学生的兴趣。

首先，我从母语教学的个性特点出发，阐明了"兴趣"在学生学习过程中的特殊意义和价值。语文教学作为母语教学，其困难大大超过理科和非母语教学。比如，理科，每一章节的知识都是新的，各种数学公式、物理定理、化学分子式对学生而言都有陌生感；又如，英语，新的句式，各种语法规律，既有常态又有变态，不是学生能够一目了然的。因此，这些学科的教学过程是学生从不懂到懂，从未知到知的过程，这个过程本身就会成为学习的动机，刺激学生的求知欲。而学生学习母语，即使是从未上过的新课文，看一遍似乎全懂，认知没有障碍，似乎教和不教，学和不学一个样。因此，学生很难自觉产生学习母语的内驱力。要改变这种状况，光靠讲道理是不够的，只有请出"兴趣"这位老师，诱发学生的学习兴趣，唤起学生主动参与的积极性，才能从根本上走出语文教学的困境。这在当前语文教学备受冷漠与排斥的情况下尤为重要。

其次，我从青少年学生的心理特征出发，强调了语文教师在培养学生语文学习兴趣方面的特殊意义和价值。中学语文教学的对象是青少年，这个年龄段的学生感情易变，可塑性强，他们对学科的爱好往往从对老师的倾慕引起。我曾在《兴趣是语文学习的先导》（《于漪文集》第1卷）一文中这样说："学生的向师性很强，哪个学科的教师教得好，学生的兴趣就趋向哪门学科。""班级各学科的教师教授各自的课程，犹如一支乐队，演奏各自的曲调，组合起来是和谐悦耳的交响曲，但学生对其中有些吹奏、弹奏会特别有兴趣，而对其余的态度一般。"鉴于以上的认识，我认为："教语文，要紧的是把学生的心抓住，使学生对语文有兴趣，有感情，产生强烈的求知欲。""学生对语文学习的兴趣、感情、求知欲，不是天生的，也不是自然而然产生的，而是靠教师在教学实践中长期地、耐心地、细致地启发、诱导、培养。"一旦语文教学中出现了学生冷漠的、无动于衷的局面，教师不应该一味地指责学生，而是"要争取以自己的人格魅力和优质教学争取更多的学生热爱语文学科，因为母语教学在培养民族感情、培养道德情操、培养文化素质方面具有其他学科不能替代的独特作用。它不是管一阶段，更不是一考了之，束之高阁，而是对人的一辈子起作用"。

最后，苏霍姆林斯基在《给教师的建议》一书中指出："学习的愿望是一种精细而淘气的东西，形象地说，它是一枝娇嫩的花朵，有千万条细小的根须在潮湿的土壤里不知疲倦地工作着，给它提供滋养。"（见该书第 173～174 页）这段话阐明了兴趣培养的艰苦性和复杂性。我充分认识到培养学生语文学习兴趣的艰巨性和长期性。但我认为，一位优秀的语文教师，一定要善于发现和利用每一寸培养兴趣的"潮湿的土壤"。世界之大，无处不是语文，培养语文兴趣的"潮湿的土壤"绝不局限于课堂。因此，我结合自己的语文教学实践，把学生语文兴趣的培养目标贯穿在整个教书育人的过程中，向课内课外的一切领地发展，从而建立了一个科学有效、可供操作的方法系列。我想，这也许是我的"语文学习兴趣说"不同于其他教育家和心理学家的个性所在，它是生根于教学实践的土壤，又是带着教育理性光彩的方法系列，是一种活的教学法。

2. 我"语文学习兴趣说"的主要内涵

1989 年我在《爱的事业》一文中比较完整地表述了我的兴趣观："学习兴趣是学习动机的一个重要的心理成分，它是推动学生探求知识和获得能力的一种强烈的欲望。"怎样才能把课上得像磁石吸铁一样，牢牢地吸引住学生呢？我认为："一是课要有新鲜感，不能老是一副面孔；二是课要有趣味性；三是课要有一定的难度和深度，使学生体验到克服困难的喜悦；四是课要有时代的活水，使学生有所感奋。"从以上论述中可以明显地看到我的兴趣观的独特内涵。

我的兴趣观是一种"情趣观"，我强调突出情感在兴趣中的地位和作用。我们知道，兴趣是一种意向活动，它总是伴随着一定的情感，可见，意识和情感是兴趣的主要成分。"意识"是兴趣活动的内容，"情感"是兴趣活动的能源，"情""意"交融，才产生兴趣，两者是缺一不可的。有意而无情，意识活动单调、乏味，自然无兴趣可言。而"情铸意"，强烈的情感能够促使意识活动节奏加快，容量增大，使活

1989年赴京参加全国劳模发奖大会，与全国劳模包起帆等同志交谈

动有深度，有境界。可见，"情"是举足轻重的。所以，我主张教课要"声情并茂"，要"体作者之情，察作者之意，文脉、情脉双理清"，要"选准动情点，以情激情，满怀激情地启发、提问、讲述剖析……增强学生语言感受能力"。我把情感看作兴趣"跃动着的灵魂"，我将青少年的"好奇""趋新""喜悦""感奋"，统统纳入兴趣的轨道，并以此来培养兴趣，发展兴趣，应该说是抓住了问题的关键，牵住了兴趣的"牛鼻子"。

我的兴趣观又是"美趣观"，我认为学生的兴趣应该是美的。要用美好的事物，优美的语言，崇高的形象来吸引学生，使学生产生健康向上的兴趣，又用这种兴趣去发现生活和书本中的美，去体会、领悟祖国语言文字的美，使学生逐步树立正确、高尚的审美观。美从趣生，趣由美来，如此循环往复，熏陶感染学生的心灵，形成正确的思想、高尚的情操和驾驭祖国语言文字的能力。我十分推崇法国大雕塑家罗丹的话："美是到处都有的，对于我们的眼睛，不是缺少美，而是缺少发现。"我在教学中鼓励学生用自己的眼睛去发现祖国语言文字的美，重视学生的朗读训练，课文中的重要段落、关键词句要反复朗读，把无声的文字变成有声的语言，读出感情，读出气势，如出自己之口，如出自己之心，惟其如此，学生才能领略课文语言的神韵，才会兴趣盎然地学语文，教学效果大不相同。我教高尔基的散文诗《海燕》，启发、引导学生缘文释道、因道悟文，体会诗的语言、形象、意境的美。课的结尾让一位姓赵的女同学全文朗读，抑扬顿挫，声情并茂，教室里鸦雀无声，同学们全神贯注，浸润在美的情绪氛围和体验之中，取得了上好的教学效果，以至兴致勃勃的同学们自觉自愿地回家练习朗读，使班级朗读蔚然成风，养成学习祖国语言文字的好风气好习惯。

　　我的兴趣观还是一种"有效观"。我一直认为，语文课教得有情有趣，才能有效；而效果又会促使兴趣的巩固和发展。我主张语文教学要在"得"字上下功夫。因为有得，这才更有趣；"得""趣"是紧密相连的。我曾说："学生上语文课获得了新的知识，听、读、说、写与思维能力得到培养和发展，内心就会充满喜悦，就会产生持续不断地探索语文知识宝库的欲望。因此，语文课让学生有所'得'是调动学生学习积极性的重要基础，离开这一点，调动积极性就成为空中楼阁。"这里所说的"内心的喜悦""探索的欲望"都属于兴趣范畴，是学习积极性的重要成分，是学生学习语文的心理动因，是学好语文不可缺少的心理素质。使学生有所"得"，才能借此来巩固和发展学生的学习兴趣。

3. 激发兴趣的活的教学法

　　多年的探索，使我在培养学生的学习兴趣方面，逐渐形成了一套做法。比如，早读课朗读、背诵我国古典诗词，每次一首，积以时日，以提高学生的文学修养和兴趣；每堂课讲究"导入新课"这个环节，主张课一开始就把学生牢牢吸引住，并设计了不少行之有效的手段，如"直观演示""开拓想象""抓点拎线""形成悬念""展现意境""激发感情""讨论答辩"等，课在进行过程中，要"声情并茂""跌宕起伏""活水流淌"。这样，"气氛就易活跃""精神就易振奋"，师生感情容易沟通，兴趣才能深化和持久，等等。而主要的则是以下几个方面。

　　首先是把学生领进语文学习的广阔天地。我曾请电影演员给学生作朗读指导并示范表演，请作家记者谈写作经验，引领学生欣赏世界十大男高音独唱会，组织学生参观美术展览，定期举行学生自编自演自拉自唱的"自我欣赏"活动，还带他们在中秋节吟诗赏月……"这些活动和语文学习有什么关系呢？"曾经有人这么问我，我的回答是："语文学科是一门基础学科，它是各种知识、各种技术的综合运用。读写能力，这是一种总的提法，而这种能力的培养与提高，必须通过耳听、眼看、口读、手写来完成，这是语文教学中的浅流细枝，目的是为主干服务的。因此，读课外书籍，听听音乐，看看图画，都能激发学生学语文的兴趣，提高他们的文学素养。"在这样一种氛围中，我所教的班级里，书评小组、剧评小组、影评小组、读书小组、朗诵小组如雨后春笋般地出现，学生表现了极大的语文学习兴趣。就这样，我努力用自己的智慧把学生的兴趣和注意力引向了语文学习领域，用兴趣的火种去点燃学生智慧的火花。

其次是"主阵地"上力求方法多变，课型常新。培养学生学语文的兴趣，当然更应重视课堂教学45分钟的"主阵地"。我把"兴趣"这位老师请进课堂，贯穿整个课堂教学的始终。我常说"课要有趣味性，使学生迷恋""课要常教常新"。在我的教学追求中，始终贯穿着一种求"变"的精神，"变"才能出新，"变"才有生机，"变"才能把学生的学习情绪不断调整到兴奋高扬的状态。一部交响乐要有摄人心魄的序曲，一场戏要有引人入胜的序幕，一篇文章要有精彩漂亮的开头，教学也是一样。我非常注重抓住教学导语这个容易被人忽视或随意处置的教学环节做文章。因为阅读课的起始阶段就如一篇文章的开头，须反复斟酌，让学生的思维兴奋起来，迅速进入学习的轨道。因此我每教一篇新课文，总是根据不同类型的文体、风格的文章，针对不同的教育对象，精心设计不同类型的导语：有的抒情色彩浓烈，一开始就拨动学生感情的心弦；有的回忆旧知，激起学生渴求新知的欲望；有的破理析薪，使学生一开始就进行认真思考；有的运用音响效果，把学生带入遐思神想之中。

激发学生的学习兴趣，并不老是停留在教学的起始阶段。我还注意调动一切教学手段，用最有效的方法，不断调整学生的学习情绪，把学生的学习热情，根据课文的内在逻辑层层深入地引入"山重水复"的境地。《记金华的两个岩洞》是一篇较为浅显易懂的游记，读者不容易产生兴趣。我先在黑板上写下3个"如……其……"，让学生填空。学生只填出"如见其人""如闻其声"，第三个填不出。这时，我点出"如历其境"，并启发说："今天我们请叶圣陶先生作导游，'如历其境'地畅游金华的两个岩洞，如何？"学生立即活跃起来。老师运用循着"导游"足迹和请叶老作导游的趣语，为课文学习增添了不少乐趣。在引导学生领略一路风光之后，让学生归纳出"明艳"的特点，接着问："沿途风光如此好，双龙洞的景色又如何呢？它的最大特点是什么？"借此将课堂教学兴趣盎然地推入中段。在"游览"双龙洞后，我又问："双龙洞如此佳妙，冰壶洞又如何呢？"并用李白的《望庐山瀑布》作引，"日照香炉生紫烟，遥看瀑布挂前川。飞流直下三千尺，疑是银河落九天。"于是，学生对冰壶洞中飞瀑的兴趣倍增。这样环环相扣，层层深入，学生的学习情绪一直保持着亢奋状态。

设计不同的课型也是激发学生学习兴趣的重要手段。我在这方面作了精心的探索与不断的追求，教《花儿为什么这样红》时，我把学生带出教室，在校园里边观察边上课；讲《人民大会堂》《第比利斯的地下印刷所》时，先让学生画出平面图；教《连升三级》时，让学生听相声录音，感受相声的京腔京味；讲《孔乙己》时，先请学生填写孔乙己的履历表……由于教学形式的不断变换，学生大脑兴奋点不断转换，课堂活动始终处于既紧张严肃又兴致勃勃的状态之中。

最后用知识的"磁力"吸引学生的兴趣。"知识就是力量"，这是我信奉的名言之一。在学生年轻好奇的心灵里，新的知识永远具有魅力，知识就像磁石，能自然吸引学生的注意，唤起他们求知的热情。发挥知识的磁力作用，最大限度地扩大知识的磁场来吸引学生的注意，这是我培养学生语文学习兴趣的又一源泉。投之以桃，报之以李。我在教学中播撒的知识的种子，唤醒了青少年学生内在的强烈求知欲，让他们明确地认识到，在他们所热爱的语文学科里觉得有永远学不完的知识。当我在课堂上介绍悲剧的3种类型而提到莎士比亚的悲剧之后，一下课就有学生围着我，急于想知道莎氏有哪些悲剧；讲授郭沫若的《科学的春天》，我有意说："郭沫若是才子，写作速度很快，十几天就能创作一个历史剧本，不信你们自己去看。"于是没几天就有学生与我讨论《屈原》《高渐离》《棠棣之花》；读《静静的顿河》，学生写了20多个人物形象的分析来请教我。

苏霍姆林斯基说过："让学生们把你所教的学科看作是最感兴趣的学科，让尽量多的学生像向往幸福一样幻想着在你所教的这门学科领域里有所创造，做到这一点是你应当引以为荣的事。"我不敢说我完全做到了这一点，但我确实在某种程度上把学生的兴趣引到了这种境界。

（五）培养"发现者"：语言和思维训练的核心说

语文是语言和思维的统一。2000年3月正式颁布施行的新《全日制普通高级中学语文教学大纲》中指出："在语文教学中要重视学生思维方法的学习，思维品质和思维能力的发展，尤其要重视创造性思维的培养。"这在当今这个多元时代有着特别重要的意义。早在1984年，我就发表了《语文教学应以语言和思维训练为核心》一文，尽管这里的"训练"一词带有 80 年代语文教改的时代印记，但我对学生思维能力培养的高度重视，从"核心"一词中突现出来。在以后 20 年的科学探究和教学实践中，我始终将发展学生思维能力当作语文教学的一个重要方面，形成了具有鲜明特点的理念，这成为我语文教育思想的重要内容之一。

1. 体现了语言的本质属性和时代的要求

语言和思维训练的核心说是从语言的本质属性入手，在充分认识语文和思维之间不可分离的关系基础上提出的。我认为，语言训练既然是语文教学的核心内容之一，那就必然要伴随思维的训练，与思维训练同时发生。我在很多文章中谈到，语言是思维的工具，没有语言的思维是不存在的；思维是语言的内容，没有思维就不可能有语言。思维是对外界事物概括的间接反映，思维是借助于语言来实现的。因此，思维训练和语言训练应放在同等重要的位置。学生要学好语言，提高语言运用能力，必须同时提高思维能力。例如，我在对学生进行作文指导时，就一再告诉他们，不会写的背后就是不会思，要求学生锤炼语言得先锤炼思想，这种对语言和思维关系的认识是辩证的、唯物的。

同时，这也是认准了历史发展的必然趋势。我自觉把学生思维能力的训练和培养，当作现代教师的教师职能，这一认识符合时代的要求。随着现代社会的发展和科学的飞速进步，思维能力的培养愈来愈受到普遍的重视。面对今天的发展，已经有人作了绝非危言耸听的预言：未来的文盲不是目不识丁的人，而是那些没有学会学习方法，不会自己钻研，没有预见能力的人。其根本也就是缺乏思维能力的人。历史的发展趋势对语文教学提出了新任务，因此，我提出了教师"要做学生脑力劳动的指导员"的主张。我认为，在现代社会中从事语文教学工作，不能采用嚼烂了知识喂给学生的陈腐办法。用"零售"的办法，把"散装"的字、词、句、篇送给学生，学生往往只在记忆上用力气，思维能力缺乏应有的锻炼，知识难以系统化。这种教法势必把学生思维方面应有的负担和锻炼转嫁到记忆上来，不符合时代的要求，不符合人才培养的要求。我还说过："我们培养的学生不仅基础要扎实，知识面要宽，而且要思维活跃，富于创造精神。因为科学以前所未有的速度发展着，而我们又不可能及时把日新月异的新的概念和规律补充到中学大纲和教材里去。为此，语文教学的一切活动须为培养能主动积极地吸取知识、发现问题、分析问题，并能克服种种困难而解决问题的人才服务。"

这种理念还符合人本身的成长规律。在长期的教学实践中，我发现，在人的心灵深处，都有一种根深蒂固的需要，这就是希望感到自己是一个发现者、研究者、探索者。教学中不让学生思考，把他们的大脑当作一只容受的器皿，长此以往，学生对你的课就会厌烦，就会产生消极情绪。所以出色的教师总是把自己的注意力放在学生的脑力劳动上，让学生在艰巨的、不轻松的、有时是复杂甚至痛苦的思维过程中，意识到自己智慧的力量，体验到自己创造的欢乐，产生一种自己能够驾驭知识、驾驭自己成长过程的自豪感。只有当教师给学生带来思考，用思考来指导学生，用思考来使学生折服和钦佩的时候，他才能成为年轻的心灵的征服者、教育者和指导者。我教学的吸引力之一，也正根源于锻炼和锤打学生思维能力的艺术上。我非常注意选用恰当的钥匙，不断拧紧学生思维的"发条"，使学生饱尝思维劳动的快乐，体验到一种"思考家"的自豪，从而满怀激情地去开始研究新事物，学习新的知识，实现自己的全面成长。

2. 具有鲜明的实践性

我的所有教育理念的一个基本特征，就是鲜明的实践性，根植于语文教学实践的土壤。因而它们往往既是一种科学的理性思考，同时又是一种具有可操作性的教学策略，语言和思维训练的核心说也是如此。我用来进行思维训练的方式、途径是多种多样并富有个性的："面上开花"，为训练思维的敏捷性；"纵深发展"，为训练思维的深刻性；"鼓励求异"，为培养思维的逆向性、创造性。我力求使自己成为一位"能够教会学生思考的人"，使我的课堂成为一个"积极思考的王国"。

（1）"面上开花"训练法

这是全体同学参与的快节奏的思维训练方法。比如，我讲授《茶花赋》，此课的"末场"受到听课教师的广泛好评。我在课文学习结束后，要求每个同学立即用"××赋"的篇名，托物言情，歌颂祖国。于是学生快速按"流水"方式作业，一个轮回从开始到结束不过短短几分钟，训练范围遍及全体学生，而且思维有难度：学生在极短的时间里既要扣住"歌颂祖国"这个题目选择物象，又要避免与其他同学重复。这是对《茶花赋》教学效果的检验，也是学生对所学知识的实践和运用。

这种思维训练的第一特征是紧张，因为紧张会使人智能的潜力得到意外发挥。心理学研究表明：几乎所有的人在智能方面都有潜力，而这种不自知的潜力在困难或紧张的场合会得到超常发挥。"急中生智"即指此，在实际生活中不乏其例。比

20世纪70年代末第一次录像的课——《茶花赋》

如，运动员在参赛时往往会创造出前所未有的成绩；棋手下棋思想高度集中，就会出奇制胜；儿童游戏时显得异常聪明；音乐家、画家在创作紧张时会产生"灵感"，这些其实都是潜力的发挥。这种思维训练的第二个特征是参与面广。我在教学实践中发现，学习困难的同学在思维方面比较疏懒，又因为疏懒而反应相对迟钝，教师有责任在课堂教学中特别注意发展他们的思维能力。"面上开花"的训练方式就是强迫这些懒于思考的学生进行思考，唤醒他们的思维，把他们"从智力的惰性里挽救出来"，体现了"面向全体学生"的教学思想。

（2）"纵深发展"训练法

这一方法强调的是思维的深度和难度，突出一个"深"字。如何使学生的思维向纵深发展呢？巴尔扎克说："打开一切科学的钥匙都毫无异议的是问号。"我们大部分的伟大发现都应当归功于"为何"，而生活的智慧大概就在于每事问个"为什么"。同样，学源于思，思源于疑；疑是思之始，学之端；小疑则小进，大疑则大进，无疑则不进。因此我认为："现代教育不同于'三味书屋'教育，最难的就是把问号装到学生的脑子里。""整个教学过程实质上就是教师在教学大纲指导下有步骤地启发学生生疑、质疑、解疑，再生疑、再质疑、再解疑的持续不断的过程。"也就是学生的思维不断向纵深发展的过程。为此，我在备课时，不仅备知识，还要精心设计足以启发学生思考的问题，创设学生生疑的种种条件，促使学生深入思考，深究问题，培养思维的深刻性。

这种方法要求抓住矛盾促使学生思考。对立的事物互相排斥，人们碰到这种情况容易引起思考，学习也是如此。因此我经常抓住课文本身外露或者内涵的矛盾，抓住学生理解课文的过程中所产生的种种矛盾来引导学生开动脑筋。比如，教都德的《最后一课》时，学生预习很肤浅，一上课我就单刀直入地指出矛盾："《最后一课》的主人公究竟是谁？是韩麦尔先生，还是小弗朗士？如果是前者，根据何在？如果是后者，根据又何在？"一石激起学生思想上的千层波澜，学生兴趣来了。有的说是"韩麦尔先生"，有的说是"小弗朗士"，有的说两个都是。于是，辩论，读书，再辩论，再读书，在读与辩的过程中，抓住了关键词语，掌握了情节，明确了主人公，理解了主题，思维自然就由浅入深了。

（3）"鼓励求异"训练法

由于人们的社会环境、生活环境和所受教育的相对稳定性，人的心理习惯和思维习惯常会出现某种定式。比如，教师在设计教案时总是考虑如何启发引导，把学生的思维纳入教师预定的轨道，使全班同学沿着同一思路思考，最后得到一个统一的答案。这是我们比较习惯的做法，这种做法在一定程度上束缚人的思想，扼杀人的创造性。而求异思维就不是这样。求异思维在解决一个问题时可能运用多种办法，一个问题可能有多种正确答案，可以沿着不同的方向去考虑，沿着不同的渠道去思考，这是特点之一；第二，求异思维不受任何局限，不依靠现成的材料去解决问题；第三，求异思维冲破习惯定式，跳出习惯的框子，进行非习惯性即逆向思维，从而发现事物非习惯性的特点，找到非习惯性的答案；第四，求异思维经常有推测、假设、联想、想象等活动参与。因此，为了培养开拓型创造型人才，教师一定要鼓励学生求异，因为求异思维的发达会使学生的听、说、读、写能力更富有创造性。

因此，教学中要有意识地引导学生对教材评头品足，打破对教材的迷信。要让学生明白课文是范文，首先应学习。但学习之余，可挑挑毛病。在课堂教学的适当时候，我常抓住课文中的某些段落、某些词句、某些问题组织学生评长道短，论是说非，学生常会出现思维的"神来之笔"。比如，当学生对《珍珠赋》的思想内容与写作特色有所掌握时，我就大胆"放羊"。学生思想上的闸门一打开，种种看法奔涌而出，不仅在语言上咬文嚼字，辨微析毫，而且涉及内容、结构、文风的探讨。有的同学直言不讳地说：建设洞庭，与大寨有什么相干？为什么几次三番硬把大寨扯进去？是闲笔；有的学生说：结尾的"每一颗珍珠"的句子多余，是画蛇添足；有的认为不是画蛇添足，是"帮八股"的流毒，等等。文章写于 1972 年，受历史局限的影响很深，学生的思维打到了点子上。又如，《谈骨气》是吴晗的代表作之一，学生认为文中对"骨气"的定义有可商榷之处。文中说"什么叫骨气，指的是抱有正确、坚定的主张，始终如一地勇敢地为当时的进步事业服务，遭遇任何困难，都压不扁，折不弯，碰上狂风巨浪，能够顶得住，吓不倒，坚持斗争的人。""骨气"怎么是"人"呢？学生认为应该修改。

这一训练法还鼓励学生对教师的"传道授业"提出怀疑和异议。学生的思维定式是信奉老师，师云亦云，容易重弹老师的老调，成为老师思考的代言人。我鼓励他们解放思想，独立思考，敢于否定。有一次，是教《变色龙》，那天有一百多位教师听课，我设计了一个板书，将奥楚蔑洛夫多变的现象巧妙地以波浪形的线条来显示，然后以一条直线横贯波浪，揭示其不变的谄上压下的本质。我自认为板书高度概括了全文内容，既提纲挈领又清晰简洁。不料就有学生站起来大叫"板书错了"。原来学生认为，几个波峰波谷之间的等距离不能准确表达主人公的内心活动，应该是距离不等，不规则，频率越来越快。当主人公知道狗是将军哥哥家的时候，巴结奉承的心情达到高峰，曲线应把这种心情表示出来。学生善于对老师提出异议，是老师训练学生思维能力成功的表现；学生敢于对老师提出异议，也是老师教学民主作风的反映。做教师要鼓励学生"爱吾师尤爱真理"，激励学生自己观察、自己思索，进而超过老师。

通过上述训练，我们看到学生思维的积极性和创造性得到了极大的发掘，教师就是要用自己的聪明才智，帮助学生成为积极的思考者和真理的发现者。"授人一鱼，仅供一饭之需；教人一渔，则终生受用无穷。"

3. 强调形象思维和逻辑思维的合二为一，体现了语文的个性特点

人的思维，从不同的角度，采用不同的标准，可以将它划分成多种不同的类型，如形象思维、抽象思维、直觉思维、灵感思维、辩证思维、创造思维等。应该说，学生的思维训练，在单独的某一门学科的学习过程中，并不会单纯地只是发展某一类型的思维能力，其他思维能力则一概不发展。而在另外一门学科的学习中，又绝对地只发展另一种思维能力。不过，相比较而言，不同学科对学生思维能力影响的侧重点是不尽相同的。

在语文教学中，对学生产生教化作用的媒介和材料主要是文学作品，它们包含着大量的以形象思维方式表达的艺术形式，具有鲜明的形象性、具体性、生动性特点。语文教材内容的这一特点决定了语文教学与形象思维之间有一种天然的联系，语文教学中的思维训练当然应该首先指向形象思维的训练。另一方面，语文教学也要求学生从个别的特殊事例的感受中抽象出共性，从纷乱的形象中提炼出对生活本质的认识，这又是抽象思维。李泽厚曾经说过："思维，不管是形象思维或逻辑思维，都是认识的一种深化，是人的认识的理性阶段。人通过认识的理性阶段才达到对事物的本质的把握。形象思维的高潮，在实质上与逻辑思维相同，也是从现象到本质、从感性到理性的一种认识过程。但这过程又有与逻辑思维不同的本身独有的一些规律和特点。这就是在整个过程中思维永远不离开感性形象的活动和想象。在这过程中，形象的想象是愈具体、愈生动、愈个性化。因此，形象思维是个性化与本质化的同时进行。"（转引自赵光武《思维科学研究》，中国人民大学出版社 1999 年版）

针对语文学科的思维特点，我对学生的思维训练，是将二者水乳交融地结合起来。但是，我对学生逻辑思维的训练，从来不是以抽象的刻板的方式进行的，而是在严密的逻辑推理的基础上，通过使用形象思维的语言来进行的。在记叙文中有逻辑思维训练渗透，在议论文中挖掘其中的审美的情感因素，调动形象思维的参与，使两种思维能力训练始终相辅相成，并驾齐驱。因此，体现了语文教学中思维训练的个性化特点。

三、我的语文教学追求

前面说过，我的语文教育教学思想的最大特点，就是理论与实践的结合。它既有着理性的思想光彩，又植根于教学实践的沃土，往往既是一种理论创导，又包容着可行的操作策略。因为我来自于教学实践，因为我几十年来始终在第一线与广大教师和学生一起摸爬滚打。也正因为此，无论党和人民给了我多少荣誉和地位，我的身份始终是教师，我的理想永远是"做一名合格的教师"。

但仔细分析起来，我 60 年语文教学研究与实践中积淀下来的东西，有的更多的指向理论发现，如对语文学科性质、语文教学目的任务的思考；有的是在理论与实践结合的层面，如"语文学习兴趣说""语言和思维训练核心说"的构建；也有的主要是实践层面的东西，如我的语文教学风格，我的课堂教学模式等。应该说，我所有的理性思考和实践追求都是互相呼应，科学整合，"思""行"合一，融为一体的。但具体阐述的时候，它们还是有不同侧重的，如果说，上一节的内容更多的是我的理性思考的话，那么，本节则更多的是我的实践追求。

（一）大象无形：我追求的语文教学风格

语文界泰斗吕叔湘曾经说过："语文教学一半是科学，一半是艺术。"这确乎道出了语文教学区别于其他学科教学的个性特点。语文教学称之为科学，因为它必须遵循着铁的教育规律；语文教学称之为艺术，因为它具有水一样的灵活。

老实说，在几十年的教学生涯中，我从来没有刻意去追求或塑造过我个人的教学"风格"，所谓语文教育家的称号我也是不敢承受的，我只理解为广大同行对我的厚爱。在当今语文教育界群英荟萃、流派纷呈的形势下，有人把我归为"情感派"。如果说是"情感派"的话，那只能说我对一代代新人有着真挚的情感，我对语文教学洋溢着丰富的激情，我曾经说过下面这样一段话。

> 让学生对课堂生活产生持久的魅力，首先在于教师对生活有执着的追求，在课中倾注自己的爱……和爱同样分量的另一个字是"心"。用心去教学生，这也是我的教育信念。课堂生活其实就是师生间的心的沟通，情的交流。不达到心心相印的程度，是教不好学生的。有一次作文练习，我发现好多学生东拼西凑，"抄"成了一篇篇作文，讲评课我没有批评他们，而是笑着，让孩子们扮个鬼脸说出一个"抄"字。这是技巧吗？是，又不全是。在课堂上力求用美的语言打开学生的心扉，拨动他们的心弦，教和学才能弹奏出美妙的心曲。

"情感派"三字似乎并不能准确说明我对教学风格的追求。因为，对学生充满感情，这是教师的职业天性。而我们的语文学科，本身就是满贮感情的学科。我更倾向于很多听过我课的专家与同行的评价，他们认为我为追求高尚教育境界而使用的所谓"艺术"了然无痕，只能感觉到那种由师生共同创造的浓郁的"美"的氛围，那份在知识海洋中畅游、搏击的愉悦。他们用泰戈尔的诗句"天空不留痕迹，鸟儿已经飞过"来形容我的教学风格,并送给了我 4 个字:"大象无形。"我虽然不敢承受这样一种极高的赞赏,但这正是我追求的崇高境界。

1. 直面于"人"

直面于"人"决定于我的语文学科性质"人文说"和"教文育人"的语文教学观。在语文教学中特别关注"人"本身,把全面塑造优质的"人"看得比传授语文知识更为重要,这样一种教学实践的追求,正是我上述语文教学观的体现。

"一个教师如果不落后于现代教育的进程,他就会感到自己是克服人类无知和恶习的大机构中的一个活跃而积极的成员,是过去历史上所有高尚而伟大的人物跟新一代之间的中介人,是那些争取真理和幸福的人的神圣遗训的保存者。他感到自己是过去和未来之间的一个活的环节。"乌申斯基的这段话启示我们,教师是"过去历史上所有高尚而伟大的人物跟新一代"之间的中介和"桥梁"。也就是说,教师首先面对的是人。一堂课能不能唤起学生的情感,能不能使学生透过特定的文字符号理解其中深藏的意蕴,进入教材规定的情境,产生强烈的情感体验,受到熏陶和感染,跟教师能否真正做到直面于"人"有密切关系。

为此,我在教学指导思想和教学方法上实行了几个转变:把以"教"为主的课堂教学立足点转变为以"学"为主,即"教"为"学"服务,一切从"学"出发,又以"学"为归宿;把直线型的课堂教学结构转变为网络式结构,即把教师与学生的单向型联系转变为教师与学生、学生与学生、学生与教师的多向型联系,使课堂真正成为学生锻炼听、说、读、写能力与发展智力的场所。这里有一则我的"教后记",也可作为这种课堂教学转变的真实记录。

《藤野先生》原打算两课时授完,课堂上小周同学提出关于"日暮里"的问题,引起争论,临时改变计划,放手开展讨论,授课延长一课时。小周认为"思考和练习"的第二题欠妥,为什么一直记得"日暮里""水户"两个地名?后者可以理解,表露了鲁迅强烈的爱国主义思想感情,而前者难以解释,拉扯不到爱国主义感情上。有的同学认为文中不一定每个句子都包含什么意思,法国大作家雨果就曾这样说过;有的同学表示异议,认为长篇小说尚可这样说,短篇小说、篇幅短小的散文,如是好文章,就不应如此。小周说:鲁迅先生自己说"不知怎地,我到现在还记得这名目"。没有什么理由,不应该外加。此时，小曾用期待的眼光看着我，我立刻请他发言。他说："日暮里"象征着国家的衰败，鲁迅东渡日本为的是寻求救国救民的真理。可是到了东京看到清朝留学生如此醉生梦死，感到前途茫然。旅途中一看到"日暮里"这地名，触景生情，故而印象很深。因此，记得这个名字，同样是表露鲁迅先生爱国主义的感情。他一口气讲得那么流畅，同学们用惊异的眼光看着他，我也有些愕然。这个不轻易发言、话音常憋在喉咙里的同学不是不会发言，不是不会响亮地发表自己的意见，只要真正拨动他的心弦，心中的话儿就会顺畅地流淌。抓住了这个有争议的问题，就势对做学问的方法进行了指导，向学生指出：考证事物应注意本证，不能牵强附会。鲁迅先生说"不知怎地"是最可靠的证明。推论要有根据，不能建筑在臆断的基础上。

这里我们看到，整个课堂由"学"发端，通过"学"与"学"、"学"与"教"、"教"与"学"的多向交流，产生对话场，激发了学生思考的深度和探求问题的意识，这正是直面于"人"的教学带来的新局面。

2. 植根于"爱"

我长达半个多世纪的教育生涯，唯有一点我可以无愧于心，无愧于我的祖国和人民，我在其中书写了一个大大的"爱"字。我爱学生，我爱我的职业，爱我们的语文学科，爱教育事业。这爱，不仅仅是我的职业理想和教育理想，而是渗透在我整个生命过程和教学实践中。正因为植根于"爱"，我才那样竭尽心力去浇灌我的学生。而这种行为的驱动力，又是源于对祖国对民族的爱。

有一次，我要七年级学生做题为《四季景色图》的作文，许多同学寻章摘句，生吞活剥，抄袭相当严重。对此，我没有指责、训斥学生，也没有让学生重写，而是用自己对学生的爱，上了一次别开生面的作文讲评课。我首先面带微笑，感情真挚地说："这是一次失败的写景尝试。"然后启发大家思考失败的原因，学生七嘴八舌地议着，笑着，有的扮着鬼脸道出了原因之所在："抄！"我颔首频频，把自己的笑汇入学生笑的溪流。接着，我语重心长地告诉大家：抄袭人家而写得好的文章，像纸花一样，是假的，虽然很美且迷人，但没有生命力；苦学加巧学，写出来的文章像鲜花一样，是真心的，它带着晨露，富有生命力。最后我要求学生学着写一写《秋色老梧桐》。我依然微笑着诱导学生怎样从形、色、声、态等方面去写秋桐，从与春、夏的比较中去写秋桐。面对学生的抄袭，我没有简单指责学生"不应该这样"，而是用自己的一片爱心，指导学生"应该怎样"，收到了十分良好的效果。对此，我深有感触："让课堂生活产生持久的魅力，首先在于教师对生活有执着的追求，在课堂中倾注自己的爱。"

3. 发轫于"美"

语文教师在教学中所要抓住的根本就是"美"。但这并非是每一个语文教师都能够认识到，尤其是能够做到的。文学作品的解读，是一个审美的过程。作品的"真"与"善"，都必须融入到"美"的形态中来。因此，对一篇作品的"真"与"善"的求索，也只有从"美"的角度切入。这是语文课堂上教与学都要遵循的一条重要原则。背离这个原则的语文教育和语文教学，不可能是成功的。

这个原则，同样适用于经典性的议论文的教学。议论文的产生，和文学性文章一样，其动因也常常是感情的冲动。它有时是拍案而起，大声疾呼；有时是骨鲠在喉，不吐不快；有时是力排众议，仗义执言；有时是心驰神往，夜不能寐……近代学者梁启超创造的新文体，曾在当时风靡一时，"学者竞效之"。这除了内容上的原因外，很重要的一点，就是他一反"桐城谬种"的僵硬死板，做到了笔力恣肆，感情汪洋，用作者自己的话说，就是"笔锋常带感情"。类似这样的例子，不胜枚举。因此，马克思说："批判并不是理性的激情，而是激情的理性。"

优秀的语文教师讲授议论文时，和讲授文学作品一样，也能表现得神采飞扬，铿锵动人。课堂上既闪耀着逻辑的理性之光，又燃烧着情感的炽烈之火。学生同样从中感受到审美的愉悦。我力图使我的课堂成为美的殿堂，连最乏味的说明文，我也尽力从中发现美的资源而加以开发。

4. 着力于"导"

凡属心灵层面的东西，都带有某种模糊性，它是无法量化的。因之，探究心灵，采用过于刻板而严缜的做法，不仅是徒劳的，而且还会适得其反。懂得了这个道理，在语文教学上，就应有与之相适应的一套方式。我采用了"导引"之法。从本书所引用的许多教学实例中，可以看出我教学的基本方法之一就是"导"。"导"，才能发挥学生学习的主动性；"导"，才能使知识真正为学生自己所有；"导"的过程本身就是一种启迪智力、开发智力、培养情操的最好方法。

我认为，我们一直沿用的肢解式教法是一种严重损毁语文本身的诗性的行为。

一篇好文章犹如一件艺术品，必须从整体上加以把握，才能体悟到其中三昧。走进语文课堂，从词语到段落到篇章，从主题到艺术特点，肢解得七零八落，那只会使学生大倒胃口。古人曾精辟地说，即使是"七宝楼台"，但"拆碎下来，不成片段"。中国传统的语文教法，尽管有不少弊端，但好的诗文，强调多读，强调背诵，使之烂熟于心，还是符合语文学习规律的。我们看到老一代文化人，不论所操何业，在文字修养上都具有一定的功底，这与他们当年的学习方式不无渊源。

语文的教法与其他学科，特别是自然科学的学科相比，更讲究顺其自然，水到渠成，更强调心的领悟，而不是一种原理的理性证明。实际上，成功的教育家都不乏这样的风格。坦恩鲍姆在《参加者谈：以学生为中心的教学法》一文中盛赞罗杰斯的教学："在这种几乎寻不到什么结构的教学中，主要是学生自我在自然而然地表达和实现……在罗杰斯的课堂上，大家谈的都是自己的想法，它们既不是来自书本，也不是重复指导教师或某位权威人士的思想，导师则几乎不讲什么。"这使我想起《论语》中有关孔子教学的一段实录。这位"万世师表"，总是先提出一个关键性问题，对学生加以启发，引导他们畅所欲言。学生侃侃而谈，思考是自由自主的，有理性的探索，也有情感的温润。而老师自己并没有说多少话，只是在学生发言过程中，时而"哂之"，时而"喟然叹曰：'吾与点也'。"这类偶尔的穿插，大体类似我们今天所讲的"点拨"。（见《子路、曾皙、冉有、公西华侍坐》）这段描述，与坦恩鲍姆的描述，是两个课例。它们分属两个相距遥远的国度、两种截然不同的文化背景，时间上又相隔两千余载，而其精神魂魄竟如此惊人地相似。这难道不令人深思么？因而这也自然成为我的教学追求。

再以《友邦惊诧论》的教学环节为例。我设计了很多问题，促使学生对课文的理解向深处发展。比如，为何说"只要略有知觉的人都知道"？"略有知觉"寓含什么深意？起什么作用？改成"略有知识"行不行？（说明无须慧眼，无须深入思考，以此来强调学生的爱国行动是不容歪曲的事，清清楚楚，明明白白；这里的"略有知觉的人"指稍有人性、稍有爱国心的人，不是"知识"有无问题；下笔带激愤之情，抨击大人老爷们知觉全无，爱心丧尽。）这样"咬文嚼字"，帮助学生在深入消化课文的同时，也深入进行了思维的严格训练，有助于学生表达思想感情时做到准确、严密、传神。

5. 作用于"心"

这同样是由我的语文学科的"人文说"和"教文育人"的语文教学观所决定。心灵的塑造，最难，但是，对于教育而言，它又最为根本，最有成效。苏霍姆林斯基说："教育素养的重要特征的第一个标志，就是教师在讲课时能直接诉诸学生的理智和心灵。"因此，我的所有教学艺术、教学手段都瞄准着"心"而来，为着一个"塑人先塑心"的伟大目标而来。

《在烈日和暴雨下》是通过景物描写来衬托人物形象的，所以课一开始，我就抓住文中的多种修辞手法，从大处、细处、正面、侧面让学生体会"烈日"之"烈"，已经到了"不允许任何人工作的程度"，然后我以"情"激学生之"心"："祥子照旧在烈日下拉车，难道他不怕死吗？不，他正是为了生存不得不这样做。你们看，他的心理多么矛盾；看到烈日，他胆怯，可是见了坐儿还想拉；心里明明不想喝水，可是见了水就想喝。正是通过祥子复杂的心理矛盾，描写了一个善良的祥子，正在烈日下为生活而卖命……"

同学们聆听着我的讲解分析，那憋闷的天，那灼人的烈日，那无情的暴雨，仿佛就在他们眼前，变成了一个个丑恶而凶猛的动物，它们吃着祥子身上的肉，吸着祥子身上的血，而善良的祥子，任凭百般挣扎，最后终于"哆嗦着像风雨中的树叶"等着干枯，变作尘埃，离开人间。对祥子的同情，对造成祥子悲剧命运的旧社会旧制度的憎恨，从学生心底里升腾起来，主宰了他们的感情世界。

就是这样 5 点，构筑起我教学艺术的"核"。它没有一个固定的程式，我们也许可以用一个比喻来表述：我的教学风格像"水"，水本无形，形随容器，因势赋形，所以"大象无形"。1991 年金秋，我从教 40 周年庆典在上海第二师范学校举行。研讨会上，华东师范大学教授张扬之先生以梅兰芳博采众长、自成一家作比，不无风趣地说：于漪就是梅兰芳，她的语文教学是"没有风格的风格"。"没有风格的风格"，也许就构成了我具有个性的教学风格。

（二）立体多维无恒：我的课堂教学特点

影响课堂教学效果的因素很多，主要的有教师向学生传授知识的质（侧重于教学内容的精确与深厚），教师向学生传授知识的量（侧重于教学内容的广博与密度），学生接受知识的质和量，即对教学内容理解的正误、深浅与多少等，这些是就知识而言。就能力而言，教师训练学生语文能力的质和量，如训练内容的难易、分量；训练的不同角度；学生语文能力训练的质和量，如准确度、速度、掌握幅度与熟练程度；还有智力发展、思想熏陶、品德培养等。一句话，教学时需综合思考以上众多因素，使教与学有机结合，知识与能力协调发展。

因而语文课堂必须体现综合性特点，课堂教学的职能应该是根据语文学科的特点，从综合性考虑出发，备课时作多方面的分析研究，上课时力求融思想、知识、能力与智力开发为一体，以点拨开窍为着重点，收到举一反三的效果，努力使课堂教学多功能的作用得到充分发挥。我认为，不论讲读课、写作课，还是练习课、复习课，即使在教学目的单一的情况下，都可以体现综合性的特点，发挥课堂教学多功能的作用。由此形成了我立体多维无恒定的课堂教学模式。

1. 立体化多功能效应

所谓课堂的立体化多功能效应，是指语文教学走出"时而成为纯粹的政治工具，时而成为完全与政治无关的交际工具"等历史上的误区，凭借语文自身的特质，以立体的包容的姿态，主动承载德育、美育的任务，极大限度地发挥其对综合文化的积累效能，使语文教学在塑造"完整的人"的过程中，显示出别种学科所无法替代的那种既独特又多样的功能，达到"整体大于部分之和"的功效。

我语文课的立体化构建，主要来自以下 4 个方面。

首先来自全面育人的高度。全面育人，就是要求语文课熔思想、知识、能力、素质培养于一炉，从"多管齐下"的全局观念来处理教材，设计教学过程，使学生在各方面得到培养和发展。比如，我教《晋祠》，课堂的第一个环节就是要求每个学生口述祖国的名胜古迹，而且在速度和表达上有要求。学生从上海的小刀会起义的点春堂讲到西藏的布达拉宫，从杭州的西子湖谈到长白山的天池，思想集中，兴趣甚浓。安排此环节，目的是使学生在以下几方面获得培养：锻炼口头表达能力；相互启发，扩大视野；了解中华民族的灿烂文化，进行爱国主义教育，增强民族自豪感。第二个环节，学生听写《中国名胜词典》的"晋祠"条目，并与课文对照比较，找出异同。其目的是：激发求知欲，训练学生听和写的能力，训练思维的敏捷性，检验阅读理解的准确度，训练比较思维的能力。这正是我全面育人观在课堂教学环节中的充分体现，每一环节都有明确的训练目的，每一环节都从多方面起育人作用，都具有多重功能。站在这样的高度，讲课就会立体化，就会出现轩昂的轮廓；否则，起点太低，通道太窄，课堂教学就很难有纵横捭阖、收放自如的广阔天地，而只能给人以平面化的局促的印象。

其次是来自对教材挖掘的深度和广度。《晋祠》是一篇文艺性说明文，内容相对浅显易懂，倘若按照一般的教学要求，用两节课时间来学习文内的比喻和文章的总分结构，时间绰绰有余。但这样课堂教学内容就会苍白干瘪，学生注意力必然分散，不会有学习积极性可言。更何况文章的总分结构和比喻修辞格学生早已熟悉，重复学习只会使他们厌倦。

为使课堂教学内容充实而不干瘪，我采用了两种方法：一是从广度上开拓，扩大知识覆盖面。所谓广度上开拓，就是审慎选择知识点延伸扩展，不断增加学生的知识储存，使他们吸取多种营养，尽量把课上得丰满。在教《晋祠》中，我让学生比较《中国名胜词典》"晋祠"条目与课文的异同时，引进了有关的地理和历史知识、复习了物理的力学原理、传授了"看景不如读景"的艺术审美常识……这样开拓，能收事半而功倍之效。我的课常常这样，用相同的教材和相同的课时，但课堂上的知识容量要比一般课堂上多出三分之一以上。学生在我的课堂里"思接千载，视通万里"，知识面不断扩大。二是从深度上探讨，加强学生的理解力。教学上有一条根本原则，就是培养学生独立思考的能力。要使学生认识事物不浮光掠影，就需善于思索，深究底里，洞悉事物的本质。《晋祠》作为一篇浅显的说明文，如果只教在课文表面，上课不仅平而淡，干而瘪，而且学生思维会受压抑，认识能力也会受限制。所以我设计了辞典条目与课文的比较。在比较中，学生的认识由表及里，逐步深化，从而对文艺性说明文的本质特征有了了解，对问题的认识能力大大加强。

再次是教学方法的灵活多变。我这几十年上了近两千节公开课，听过我课的教师可谓不计其数，常有教师说，听于漪的课，常听常新，不会厌倦。这是我课堂教学方法不断变换的结果。我从来就拒绝重复自己，课要上成"立体"的，教学方法也必须"立体"。还是以教《晋祠》为例，我运用的教学方法有朗读，有听写，有正音、正字，有不同句式的比较；有学生依次介绍祖国名胜；有学生讨论，个别学生模仿演示；有教师讲授；有语言文字的教学，有修辞手法的赏析，有思维能力、想象能力、记忆能力的检测和训练……教学方法和手段呈现百花齐放的局面。这些方法各有千秋，共同构成我课堂教学多功能的特色。

最后是课堂教学的鲜明节奏。文似看山不喜平，起伏曲折，就会使读者兴趣浓厚，步入胜境，领略无限风光。课堂教学也是一样，课上得呆板，从头到尾一个样，就令人昏昏欲睡；上得有起有伏，有鲜明的节奏，就能引人入胜，产生好的教学效果。上课有节奏，首先要探求课程的规律性，分清主次，决定粗细详略、快慢强弱，在教学目的统率下，把一堂课上成和谐的整体。

在这方面，我一是做到教材处理有重点、有主次、有详略。教一篇课文，对学生进行知识传授和语文能力训练不能面面俱到，这堂课究竟要教给学生什么，是首先必须明确的问题。目的不明确，课堂上随心所欲，也就谈不上教学节奏。教学目的具体实在，轻重得当，课就上得有节奏。比如，我在《晋祠》教学中，课文写"水"有 4 个特点，但我略去了水的"清""静"不讲，只讲水的"多""柔"两特征。倘若不敢对教材作详略取舍的处理，教学上就难以摆脱平板呆滞的气氛，难以形成教学的节奏。二是做到教学过程有疏密、有起伏、有坡度。心理学家认为，人的有意注意不可能长时间地集中，人的大脑机制需要紧张与松弛的调节，才能有效率。既然课要有主次详略之分，人脑又需要紧张与松弛的调节，那么教学过程完全应该有疏密、有起伏、有快慢，形成坡度，使学生始终置身"山阴道上"。比如，我教《挥手之间》，打乱了课文的顺序，把 3 句写人群"涌"上去的句子集中在一起教，增大密度而领悟深意，形成课堂教学的高潮，以后的叙述就松下来，带过去，作"疏""缓"的处理，效果非常好。

2. 多向型的课堂师生关系

《列子》上记载着"两小儿辩日"的故事：当两个孩子带着童稚的天真和热情为"日"远近和时间而争论不休时，正逢孔子东游。他们即刻请孔子作出判断，但孔子没有贸然作答，因而受到两个孩子的讥诮。这个故事给人的启示是多元的。从孩子的角度来说，表现了他们好学多思的特点，真是后生可畏。确实，青少年学生的好奇心往往使他们具有丰富的想象和联想，比成年人更敏感。尤其是生活在我们这个时代的青年学生，见多识广，思维活跃，生活知识丰富，接受外界信息的灵敏度高，对问题有自己独特的尖锐的认识，对未来有美好的憧憬和向往。这是时代给他们的投影，是教学中十分有利的条件。

但是在教学领域，学生身上这些有利于教学的条件常常被闲置着。几十年的传统教育重视的只是"教"，即使在教育改革的今天，很多人往往还只是注重研究如何"教"。于是在课堂教学过程中，信息的传递始终是单一的、直线的：教→学。似乎教师只要完成了"教"的过程，学生也一定完成了"学"的过程。这种单向、直线的课堂教学结构，忽视了学生身上蕴藏着的学习语文的潜能，是造成语文教学"少、慢、差、费"的根本原因之一。

为了彻底改变这种状况，提高课堂教学效率，我对课堂教学结构作了大胆的改革，把教师与学生的单向型联系，转换为教师与学生、学生与学生、学生与教师的辐射型联系，把教师发问、学生回答的双边对话转换为教师与学生、学生与学生、学生与教师的多边对话，使教学活动的过程产生对话场效应，教与学相互作用，学与学相互作用，充分调动不同层次的学生学习语文的积极性，能者为师，水涨船高，扩大了知识的流动量、能力的训练量，使课堂真正成为学生训练听、说、读、写能力与发展智力的场所，使学生的语文能力得到大面积的提高。

比如，教鲁彦的《听潮》时，我先让同学们互相质疑。有一个学生提出，古典打击乐中的两种乐器——"铙"和"钹"外形上有什么区别？他说词典上的诠释与课本上的注释有出入，究竟应该相信词典还是相信教科书？对这样的"冷门"问题，我一时也答不上来。但是，我抓住了这个信息，传递给每个学生，要求全体学生回去后全部查词典，加以判断。第二天，大量信息反馈到课堂上：有查《康熙字典》的，有查《中华大字典》的，有查《辞海》的，有查《辞源》的……这时，我拿出了《辞海·艺术分册》告诉学生，像这样较冷僻的专业性很强的知识，可以到《辞海》的音乐分册中查，而且查起来最快最准确。分析这个例子，我们可以看到一个课堂教学结构的良性循环。

设计课堂质疑的教学环节——"教"影响"学"；（教师的首席对话作用）
学生提出疑问——"学"影响"教"，"学"影响"学"；
师生查字典辨识——"学"作用"教"，"学"作用"学"；（对话场效应）
教师指导如何查这类知识——"教"又反馈"学"，促进"学"。

总之，一个学生促动了全班，也促进了教师。本来不被教师和学生注意的知识，仅仅因为一个学生的注意而最终唤起了全体师生的注意，使全体师生学到了新知，学到检索工具书的方法，学到了教师尊重知识、严谨治学的科学态度，这也不失为一种熏陶。这是真正意义上的师生互动。

3. 灵活无恒的课堂模式

我的语文课堂教学执意追求的是一种教无定法、学无定式的变化美。不同的文体，我有不同的设计；相同的文体，我亦有不同的设计；我常将讲、思、答、议、评有机结合起来，常取启发式、学导式、自学式等有效模式之长而自成风格，独为一体。这也是一种"没有模式的模式"。

我教记叙文，常常突破了传统教法的囿苑，做到线索以情牵，析文抓关键；依据3路（写的思路，教的思路，学的思路）确定导法；把握准契机，移情于学生。我教议论文，则往往独辟蹊径，创造一种为学生喜闻乐见的形式，常常归类组合，分组教学；以比（比较）引趣，循文索旨。我教说明文，则重在讲之以序，教之以趣，以图入课，强化直观。我设计文学课教学则在进行基本训练的同时，着力培养学生的审美情趣，通过文学熏陶和思想教育来强化教学效果。我设计文言文教学，不拘泥于疏通文字、分析内容与写法，而是大胆改革，不落窠臼。例如，有时借助朗读，让学生感知和理解课文内容；有时结合课文补述些历史资料，为学生通解全文雪中送炭；有时从实际出发，有针对性地设计讨论题，培养、提高学生对古代诗文的鉴别欣赏能力；有时则着眼于培养学生自学能力，采用课堂作业形式，让学生整理文中的重点实词、虚词及其用法。

如果说不同文体、不同类型课文的教学，采用不同的课堂设计使教学灵活多样，摇曳多姿，这还比较容易做到。那么同一文体、同一类型的课文，采用不同的课堂设计则不易把握，颇费斟酌。但是我仍然刻意为之，乐此不疲。仅以记叙文教学的课堂设计为例，我设计《茶花赋》的课堂教学，紧紧抓住"心都醉了"的"醉"这一传神的关键词，运用前呼后拥的方法，着力敲打，讲深讲透，然后引导学生联系全文琢磨"醉"字引出了怎样的一种优美的意境；我教《记一辆纺车》则从构思的巧妙角度挑起矛盾，让学生饶有兴趣地仔细思考、推敲；教《秋风萧瑟》则提出事关主题的问题让学生联想，引导学生驰骋于曹孟德的《观沧海》、毛泽东的《浪淘沙·北戴河》的宏阔意境之中。

正是这种无恒的课堂教学模式，培养了学生广泛的知识、开阔的视野、敏捷的思维、活跃的思想以及较强的能力，使学生得到全面发展，这正是我"教文育人"的教学观所期望达到的目标。

（三）拨动心灵琴弦：给学生以审美享受

语文教学要给学生以美的享受，要培养学生的美感。审美，不是哲学的理性思维，不是以纯逻辑的方式，去探求宇宙事物的普遍性、共同性；审美，也不是读历史教科书，从大量具体的历史人物与历史事件中，理性地归纳出一种规律性的结论。审美，凭借的是直觉，是从形象到形象，从心灵到心灵。虽然，它有时也能达到哲理的境界，但那是通过"悟"的方式来实现的，是一种"具体的抽象"。审美，在大多数情况下是属于一种"无意注意"的。

当人们面对一泓清澈澄碧的溪流，几朵舒卷自如的白云，或者那些直插青天的峰峦，拍岸堆雪的惊涛时，心里常会滋生出一份特别的快意，舒适的或者振奋的；当人们欣赏一幅画、一座雕像时，会惊叹那超群绝伦的高超技艺，并深深地为其中的意蕴所吸引，所陶醉，竟至流连忘返；当人们阅读一首诗，一部小说时，那优美神奇的语言，在不知不觉中，轻轻地拨动了情感的琴弦，那书中人物的命运使人欢喜得心颤或者潸然而泪下；当人们在聆听乐曲时，眼前仿佛出现了一个异乎寻常的天地，内心被撩拨得十分厉害，其况味又难以言表，以至全神贯注地沉浸其中。每逢这时，人的审美意识开始萌动，继而，进入审美的状态。

可见，审美，重要的是形象直觉性，沿循的是情感的而不是理智的通道。语文教学就其特性而言，应该是包含丰富情感活动的过程。选入中学语文教材的作品，大多是文质兼美的名篇，本身就具有审美的价值，因此，语文课要上成语文课，必须开通学生的情感通道，达到审美的状态。

我的课就着力追求这样一种境界，使学生跟随着我渐入文章之佳境，翱翔于教材提供的审美天地，与种种高尚的思想接触，跟诸多高尚的人物谈话，在不知不觉之间，思想、情操、意志、品格受到熏陶和感染，逐步培养起发现美、感受美、表现美、创造美的能力。这样的教学，体现了我的语文教育教学观，而且力求达到"随风潜入夜，润物细无声"的审美境界。形成我课堂教学审美境界的因素有：教学激情、创设情境、激发爱憎。其中教学激情是"本"，是"源"，创设情境是方法，是手段，而激发爱憎乃是目的。

1. 教学激情——首先自己要燃烧

我的课堂教学始终在追求这样一种效果，教师激情洋溢，学生进入情境，课堂为浓郁的艺术氛围所笼罩，结束时有一种刚刚欣赏了一场好戏后的充实、愉悦之感。教师的教学激情，是课堂氛围的营造者，是学生情感的点燃者。有了教师的教学激情，才会有学生们的接受热情，才会有课堂上师生双方如痴如醉、物我两忘的教学气氛。教学激情是火种，而教师首先得燃烧自己。

教师的教学激情是指这样一种教学状态：教师在教一堂课时以坚定的自信心、充足的知识储备、周密的课堂设计、全神贯注的工作热情为前提，对所授课程内容有深刻理解，并由此率先产生强烈的情感体验，然后通过语言表情乃至动作引发学生的想象力，把他们逐步引入作品所规定的情境。显然，这里要强调的是教师对教材的"深刻理解"以及由此"率先产生"的"强烈的情感体验"。我曾多次说过："要使学生感动，首先教师自己要感动；要使学生热爱语文，首先教师自己要对祖国的语言文字一往情深、钻研入迷；要把学生培养成热爱党热爱社会主义的革命接班人，做教师的心中就要揣着一团火，对党对社会主义满腔热忱满腔爱，对共产主义事业有忠贞不贰的信念。"正如古希腊神话中的普罗米修斯之所以把火种偷到人间，使人间有了光明，是因为他心中渴望着光明。赞科夫在《和教师的谈话》中也曾指出："教师本身先要具备这种品质——能够领会和体验生活中和艺术中的美，才能在学生身上培养出这种品质。如果按照教学法指示办事，做得冷冰冰、干巴巴的，缺乏激昂的热情，那是未必会有什么效果的。"

所以说，教学激情完全出自教师的人生至诚、事业的责任感，不能仅仅看成是什么"技巧"和"方法"，更不应是浮泛的、做作的虚情假意。而且，教学激情还有赖于教师自身的人格结构、知识结构、审美理想的全员参与，是教师个人知、情、意3个方面整合的体现。清人沈德潜说："有第一等襟抱，第一等学识，斯有第一等真诗。"（《说诗晬语》）教学也是如此。唯有真理、真知、真情方能震撼人的心灵。没有高尚的道德情操，没有丰富的专业知识，没有深厚的审美修养，真正的教学激情是出不来的。

我在教学实践中对此深有体会。我们语文教材中有许多歌颂先烈、革命前辈、英雄人物的好文章。每当我钻研这些教材时总是血往心头涌，他们的广阔胸襟、崇高品德和献身精神叩击着我的心灵，我有时激动得流下热泪，彻夜难眠。作为一个中学语文教师，能够有机会学习祖国丰富、优美的语言，那是非常幸福的。有时候，我备课备到李白的诗，屈原的辞赋，备着备着，人就进入了作品的境界，作品的思想、言辞拨动着自己的心弦。这不但是对祖国语言文字的学习理解，而且简直是美的享受，乐在其中！我教《周总理，你在哪里》时，课堂上哀思如潮，学生难以自控，这是因为我"自己的教案就是用泪水写出来的"。我把自己作为一块煤，投入炉火，燃烧得通红，率先产生强烈的情感体验。这时，也只有在这时，放射出的火光与热量才会传递给学生，从而产生巨大的美感力量。

2. 创设情境——这是一片审美的天地

选入语文课本的优秀文学作品，都有着优美的意境。但是在教学中经常会有这样的情况：一篇课文所表达的中心，学生能基本上领会，甚至还能背下某些段落，但并未引起他们内心的激动。即使是感人至深的内容，学生诵读或背诵时，感情也比较淡漠。这往往是因为中学生的生活阅历浅，感情粗糙，对生活缺乏感受力。因此卢梭早就在他的《爱弥儿》里谆谆告诫我们："千万不要同年轻人干巴巴地讲什么理论。如果你想使他懂得你所说的道理，你就要用一种东西去标示它。应当使思想的语言通过他的心，才能为他所了解。"夸美纽斯也说过："凡是没有被悟性彻底领会的事项，都不可用熟记的方法去学习。"

人的情感总是在一定的情境之中产生的，青少年的情感尤其容易在一定的情境中产生。要让学生真正把书读到心里，让他们的思想、情感和课文中人物的思想、情感融为一体，与作者的喜怒哀乐产生共鸣，教师应用教学激情来创设与教学内容相应的情境，创造和渲染气氛，使学生产生身历其境之感，耳濡目染，受到熏陶。这就是我的"情境说"。为了创设情境，我曾采用了"巧引""美读""情讲""趣溢"等多种教学手段，使学生在课堂上感受到情，享受到美，领受到趣，接受到理，从而真正进入作品的境界。

（1）巧引

"巧引"，不是旁征博引，以显知识的渊博；也不是喧宾夺主，使学生晕头转向，无所适从。"巧引"避免理论阐发，多用艺术方法。巧引的目的是为了形成一种气氛，激发学生对学习内容产生期待心理和渴求满足的心理。比如，教《春夜的回忆》时，我引用了泰戈尔《飞鸟集》中的诗"让生者有那不朽的爱，让死者有那不朽的名"。这样的诗句读来令人肃然起敬，学生的心一下子就进入了课文所规定的情境，升腾起对开国总理周恩来的思念。"巧引"有时借助线条图像来进行，以达到"目染"的目的。比如，教高尔基的《海燕》时，我以沈德伦的水彩画《海燕》为出发点，让学生观画想象。画意与"海燕叫喊着，飞翔着，像黑色的闪电，箭一般地穿过乌云，翅膀掠起波浪的飞沫"的诗意相合。我要求学生想象雨前景象，推想雨后景象，想象天空和大海的变化，想象海燕的形象，使静画动起来，从而身临其境地在壮美的意境中神游。"巧引"还可以连锁式的发问轻叩学生的心扉。大凡富有诗情画意的情境描写，往往要涉及景物的形、声、色，笼统地体验，效果不佳。这时，我总是从视觉、听觉、嗅觉、触觉等多方面设计一环扣一环的小问题，帮助学生进入课文的情境，使脑中的图景清晰起来，立体起来。比如，《社戏》中"月夜行舟图"是一段极妙的描写，很有意境。教学时，我连续发问：看到什么？回头看到什么景象？听到什么？仔细辨一辨有哪些声音？再侧耳听一听，管乐还是弦乐？嗅到什么？和什么味一样？远看怎样？近觑怎样？作者写景，读者造境，这样的教学使外物和内情相融相合，充分调动了学生的知识和生活经验，引起了感情的共鸣。

（2）美读

创设情境，我也经常采用表情朗读的方法。朗读不但能够排除外来干扰和影响，使思想集中，而且是眼、口、耳、脑并用的创造性的阅读活动，是书面语言的声化，用声音再现原作的一种手段。读可以帮助学生理解课文的词句篇章，领会语言的感情色彩，深入体会语言的气势、节奏、韵味和神采。通过朗读，有助于学生掌握课文的层次、结构、重点和中心，增强理解和记忆。而表情朗读，是使学生从正确的语音、声调、节奏方面对作品的内容直接受到感染，引起学生情感共鸣的一种手段。这种"美读"能使学生"耳醉其音""心醉其情"，从而入情、入境、会心。我经常抓住一流作品的色彩、形象、语言，用美读的手段来实现课堂教学的情境优化。比如，讲授《周总理，你在哪里》一文时，用"四读"组成了整堂课的骨架：一读，体会感情基调；二读，理解描绘的形象；三读，注意押韵和节奏；四读，总体理解和领悟。综观这一课的四读，是引导学生从诗的感情色彩到具体形象，再到押韵节奏的深入过程，也就是从作品中认识美—理解美—欣赏美—再现美的过程。

（3）情讲

所谓"情讲"，是指教师情绪饱满、感情充沛、绘声绘色、文采飞扬地讲述。一个优秀的语文教师，不必是哲学家、医学家，但应该是个艺术家、诗人，应该是善于"情讲"的高手，这也是我作为语文教师的基本功所努力追求的境界。我努力做到，讲《春》，仿佛春天来到了课堂；讲《雪》，雪野即在眼前；讲《卖火柴的小女孩》，学生会和我一样对小女孩产生深深的同情；讲《孔乙己》，使学生辛酸得直把眼泪往肚里咽；讲《过零丁洋》，胸臆间油然而生中华民族的浩然正气。课堂上充满了情感和文采的讲述，能够句句扣住学生的心弦，激起学生相应的积极的情绪体验，从而进入教材所展现的情境中去。"情讲"要选准"动情点"。具体而言，是在关键词句上"情讲"，在重要场景上"情讲"，在主题思想的挖掘上"情讲"。一篇好的文章总有一些言简意赅、言简意深、言简意丰的词句，所谓"一字千钧""牵一发而动全身"者是也。我总是抓住它们，重锤敲打，动情剖析，使其中饱含的思想感情迸出耀眼的火花，照亮学生的心灵，引起他们的共鸣。"情讲"充分体现了祖国语言文字的特殊魅力，以饱满的激情、精彩的辞章淋漓尽致地挥洒，形成一泻千里的情感气势，把学生的情绪一步一步调动起来，又一个台阶一个台阶地推向高潮，直到融会到教材所规定的情境之中。

（4）趣溢

生活中常有这样的事情，像"魔方"，当一块块色彩单一的小木块独自存在时不会有人注意它，它毫无"趣"的细胞，但当它们一旦被凑在一起，合成"魔方"时，它的变幻无穷的乐趣就一下子被发现了。汉字亦如此，当它们千变万化的排列组合形成文章时就产生了情趣、意趣、生趣、理趣……有的文章"趣"流于表面，学生一目了然，很容易产生共鸣；有的文章，像议论文、说明文等，"趣"藏得较深，学生认识能力较弱，不能够一下子尝到这种"趣"味，也就入不了文中的"意境"，这时就需要教师点拨。学习辛弃疾的《清平乐·村居》，因为大城市学生对农村生活不熟悉，对洋溢于诗中的恬淡自然的农家生活画面不易动情，我就让学生把诗人的文字白描变成线条白描，再现翁媪的音容笑貌和大儿、中儿、小儿的动作情态，勾勒村野景色。生活的情趣，乡村的野趣，"小儿"的童趣，一下子从纸上溢出来，诗的意境充分地展示出来了。

3. 激发爱憎——用美去塑造心灵

人的情感是一个多元体，但其基本元素是爱和憎。当然爱憎本身也是一个广义的范畴，它不仅包括爱党爱祖国爱人民爱亲人，恨祖国人民的敌人，恨专制压迫和侵略，还包括爱生活中所有真善美的事物，恨生活中全部假恶丑的事物。青少年学生的情感天地基本上还未打开，他们的道德观、善恶观处于模糊状态，世界观尚未定型。教师应该把他们情感世界的心弦调拨得十分敏感、坚韧,经得起时代的考验,为他们整个生命航程确定好方向和目标。

为此,教师要深入挖掘教材的思想内涵,寻找最科学合理的动情点;课堂上饱含激情,使尽浑身解数,一笑、一颦、一挥手、一投足,都是一种传递感情的符号,深深印入学生心里;语音、语调、节奏、速度、声情并茂的辞章,就像一根无形的指挥棒去掀动学生感情的潮汐。我讲课时,悲的地方要讲得学生潸然泪下;喜的地方要讲得学生开怀大笑;乐的地方要讲得学生忍俊不禁;怒的地方要讲得学生义愤填膺;美的地方讲得学生心向往之;丑的地方讲得学生嫌恶讨厌。教学达到这样一种境界,教师就成为乐队的第一小提琴手,在学生五光十色的感情世界中,引导着学生们演奏出一曲曲爱和恨的交响乐。

在教叶圣陶的《多收了三五斗》时,我先出示戴旧毡帽农民的木刻画像,又不断地在学习中"巧引""美读""情讲",学生的感情被激发和调动起来了。他们与这些旧毡帽朋友们一起先享受丰收后卖粮路上"赛龙船"般的喜悦,后又感受到丰收成灾,希望破灭后的沮丧心情和呆板滞顿的神态,然后同农民们一起苦苦地挣扎,"想把米摇到范墓去粜,碰碰运气",可此路不通,只好转而苦苦"哀求"米商,可得到的竟是嘲笑和挖苦。课上到这儿,猛然间,平时腼腆温和的女学生小陆怒不可遏地站起来,脸气得通红,她猛击一下桌子:"于老师,米我们不卖了,运回去自己吃。"这一声心灵里流出来的呼喊和声援,固然暴露了学生思想上可爱的幼稚,但其中所传达的爱憎的分量却是凝重的,她已经完全身临其境,与小说中的人物同呼吸共命运了。于是,我抓住这个有利的课堂教学契机,因势利导,引导学生深入认识旧社会套在农民脖子上的四条绳索,从而深刻认识旧时代中国农民悲苦无告的非人地位。

教师就像一位勤恳卓越的匠人,在一块块璞玉上精雕细刻,我就这样通过一节节语文课,把爱与憎的情感深深植入纯真的心田。"仇恨入心要发芽",美的种子同样也会结出善的果实。这样就既传授了语文知识,又塑造了美的心灵。

(四)呼唤"文化"之魂:培养情感、态度、价值观

"新语文课程标准"把语文定义为"最重要的交际工具""人类文化的重要组成部分"。就是说,语文,本来就是"文化"的最基本最重要的载体,它本来就应该满

贮着文化的精华来到课堂。可是我们举目现实，在中小学语文教学的课堂上，恐怕仍是应试教育的天下。尊奉教参，答案求一，不闻书声琅琅，只见试卷纷扬。从这些现象，我们不难得出结论：语文课偏离"文化"已经太远，它太多地失落了"文化"应有的厚实与丰富，更不必说它的潇洒和诗意了。

我痛心于语文教学被"非文化"异化，我呼唤语文教学的"文化"之魂重新归来！因此，在我的语文课上，我运用多种方法，借助各种手段和媒介，努力培育着"文化"意识，积极追求着"文化"精神。努力营造浓郁的文化氛围，构成我语文教学个性的又一个鲜明印记。

1. 运用古诗词营造文化氛围

中国本来就是一个泱泱诗国。当公元前 12 世纪至前 8 世纪，作为欧洲文学源头的《荷马史诗》面世之际，我国文学源头之一的《诗经》也几乎同时盛行在东方的中国。之后，两千多年的中国文学史上，我们有瑰丽多姿的《楚辞》，有声情并茂的汉乐府，有风骨清俊的建安诗章，有流派纷呈、名家辈出的唐诗、宋词、元曲——这壮阔浩荡的诗长河，从远古流到现今，从未干涸，从不绝响。孔子曰"诗可以兴，可以观，可以群，可以怨"。"兴、观、群、怨"，简言之，"兴"是用比兴手法抒情，使人感动，从而影响人的思想感情，达到教化的目的；"观"是从诗所反映的现实中，认识世情的兴衰和得失；"群"是说诗可以帮助人沟通感情，和谐人际关系；"怨"是表述诗以及文学的情感宣泄功能。这 4 个字高度概括了文艺包括诗的认识作用、教育作用与审美作用，为历代评家所首肯。

这是一笔多么巨大而丰富的文化遗产。让一代又一代的莘莘学子继承这笔遗产，是语文教师义不容辞的职责。我在教学中十分重视古诗词的诵读。我认为，"中学生如果有上百首诗词打底，别说发展形象思维，就是语言能力也会大大提高。"（《语文教学谈艺录》》因此，在我的课堂上总是回响着诗的旋律。每当上课的预备铃声响起，同学们已经在课代表的带领下，一首又一首地背起诗来。课还没有开始，语文的气韵已经铺洒弥漫开来。

在教学过程中，我还常常不失时机地信手拈来最贴切的诗词调动学生的学习情绪。朱自清的《春》是一篇意境优美的散文。课一开始，我就满怀激情地说："一提到春天，我们就会想到春光明媚，绿满天下，鸟语花香，万象更新。古往今来，许多文人墨客用彩笔描绘它，歌颂它。同学们想一想，诗人杜甫在《绝句》中是怎样描绘春色的?(学生背《绝句》)王安石在《泊船瓜洲》中怎样描绘的?(学生背《泊船瓜洲》)苏舜钦的《淮中晚泊犊头》一诗中又是怎样写春的呢?(学生背《淮中晚泊犊头》)"在学生背诵古诗之后,我因势利导地进一步"引":"现在我们就欢快地生活在阳春三月的日子里,但是我们往往是知春,而不会写春。那么请看看朱自清先生是怎样来描绘春景的色彩、姿态的。"新课伊始,师生已经进入了万物苏醒、生机勃勃的春景之中。

2. 引用文论诗评强化文化底气

关于这一点,比较突出地体现在我的作文教学中。我对作文教学的追求是:学生能思风发于胸臆,言泉流于笔端,能写出情真意切、文从字顺的文章。为达此目的,我非常重视"讲评"这一环节,制订了众多切合实际的讲评计划,将讲评和作文指导结合起来,并充分调动自己的文化积累,适时适度地引用古今文论诗评,作点拨,讲规律,进行深入指导。早在我 20 世纪 80 年代出版的《作文评讲五十例》,里面随处可见闪烁理性光彩的引用。

> 着意原资妙选材——《秋色图》习作讲评
>
> 文无"意"不立——《一颗闪光的心灵》习作讲评
>
> "心神"与"物境"合拍——《某某礼赞》习作讲评
>
> "目注"与"神驰"——《献上一支心中的歌》习作讲评
>
> 感之深者言之切——《黄生借书说》读后
>
> 在尺水中兴波——《故事一则》习作讲评

以上列举的是我作文讲评教案的标题。在教学的过程中,我常常引用得更丰富更具体,我希望通过这些给学生更多的理性的启示与文化的熏陶。比如,在阐释"心神"与"物境"合拍的写作原理时,我首先请学生听写唐代大诗人王昌龄谈诗歌构思时用的 16 个字"搜求于象,心入于境,神会于物,因心而得"。然后解释说:"你要在生活中真正对某一景物有所感触,才会得出志,抒出情;心得来自于对生活中物象的启发,心神进入物境,才能写出有血有肉,释理抒情的散文。也就是要力求所描述的客观景物与自己的主观感情契合交融,心神与物境才合上节拍。"学生一下子对"情"与"景"的关系有了较好的领悟。又如,我用刘熙载《艺概》中"叙事要有尺寸，有斤两，有剪裁，有位置，有精神"的论述来讲文章的博约详略处理；引古人"起句当如爆竹，骤然易彻；结尾当如撞钟，清音有余"来强调开头和结尾的要求；引《文心雕龙》"论如析薪，贵能破理"来证明议论文写作的关键在于分析说理要论透要害。文化的熏陶，理论的滋养就在这样的氛围里水到渠成。

3. 用历史哲学音乐美术戏剧表演等相关知识来拓展文化领域

语文不只是"语"和"文"，语文教学更不能仅仅局限于"语"和"文"。在我的课堂里，教一篇课文绝不局限于这篇课文。语文和大千世界息息相通，每一堂课，我都注意凭借自己通过广泛的涉猎与长期的积累所形成的艺术修养，自然地打通各学科之间的通道，把学生领到广阔的知识世界，让文史哲等各类文化信息奔聚眼底，开阔学生眼界，唤醒学生联想力，提高他们的文化品位。

举一个被很多教师认为的经典的教例：《七根火柴》，是王愿坚的作品。学生在学习时提出这样一个问题：文章结尾写到"无名战士"牺牲了，卢进勇的眼睛"模糊了""远处的树，近处的草、那湿漉漉的衣服、那双紧闭的眼睛……一切都像整个草地一样，雾蒙蒙的"。可是，为什么"只有那只指向正北方向的手"是清晰的呢？这样不是矛盾了吗？在学生不得其解的情况下，我这样说道："这是一个极其悲壮的场面。犹如舞台上的特写。此时，舞台上的灯光几乎全都熄灭了，唯一的一束光正打在无名战士用尽所有力气、直指正北方向的手上。模糊和清晰同时运用，收到了独特的艺术效果。这样写既表现了卢进勇失去战友的无限悲痛，又给无名战士高擎的手再加上一个特写镜头。两者交织在一起，伴随着整个草原的哭泣，为顶天立地的英雄唱哀歌，唱赞歌。"我在这里引进的关于舞台造型艺术的有关内容，调动了学生的生活和欣赏经验，开启了他们想象的门扉，从而激起了他们情感世界的层层涟漪。

这类例子还可以举出很多：教《孔乙己》，我介绍西方文论关于悲剧的分类；讲人物性格，就介绍京剧艺术中的脸谱；鼓励学生持之以恒，用王国维的"治学三境界说"；强调观察生活的重要，就趁势把罗丹和米开朗琪罗领到了课堂；为讲透古诗词中"留白"的道理，还将白石老人的国画《虾》拿来比照，欣赏它不着水痕，满幅皆水的高超手法。学生在这样的语文课上，获得的不只是"语文"，他们获得了整个"文化"，甚至更多。

（五）让课堂充满魅力：我的教学语言

三尺讲台，45 分钟，对每个教师来说都是相同的，但是教学效果却迥然有异：有的情趣横生，课堂气氛活跃，学生兴趣盎然；有的平板乏味，课堂沉闷窒息，学生昏昏欲睡。推究其中的原因，至少有一半取决于教师的教学语言。

语言是人类最重要的交际工具，任何精邃的见解，深厚的感情，缺乏驾驭语言的能力和技巧都无法打动人。语文教材大部分是古今中外的文学作品，有丰富的意蕴，如果教师的语言枯涩干瘪，就不可能传达文学作品的神韵，引导学生走进作品的艺术王国，更无法打动处于青春期、乐于接受形象思维的青年学子的心。因此，教学的艺术不妨称为语言的艺术，教学的艺术家也必定是语言的艺术家。

我曾经说过："语文教师必须具备良好的口头表达能力，这种能力不仅是加强教学效果的有力手段，而且能给学生以熏陶，使学生在潜移默化之中理解语言，提高使用语言的能力。教师要把课上得有感染力、说服力，须下苦功学习语言，锤炼教学用语，讲究语言艺术。"我还说，"教师的教学语言虽属日常口语，但又不同于'大白话'，应该是加工了的口头语言，与随想随说的日常交谈有区别。教学用语既要有人民群众经过锤炼的活泼的口语，又要有优美严密的书面语言，教课时让学生置身于语言美的环境之中，受到教育与感染。"我自己从走上语文教学岗位起，就定下了奋斗目标："出口成章，下笔成文。"几十年来，我就是抱定"语不惊人死不休"的决心，坚持写详案，认真推敲反复琢磨每句话每个词，"先死后活，以死求活"，凭着这种孜孜以求的精神，终于在语言运用上达到较为理想的境地，形成了具有个性特色与魅力的教学语言，被人称赞为"一讲课就能出口成章，精言妙语脱口而出"。因为我始终在不懈追求着。

1. 追求生动亲切

我教学语言的追求之一是生动亲切。美国心理学家、哈佛医学院儿童心理学家布鲁克斯的研究表明：教师的语言对儿童的学习极富意义。教师的语气如果单调呆板，儿童就不会产生学习兴趣。生动亲切的教学语言能很好拉近教师与学生的距离。许多当年的学生告诉我，坐在我的课堂里，不会感到那是在接受教育，是在进行艰苦的脑力劳动，而是觉得春风拂面，赏心悦目；说我就像一位充满爱心和智慧的长者，循循善诱，又如一位平等亲近的友人，娓娓而谈；说无论再艰深枯燥的知识，从我的口里流出来时已经成了生动的、为他们所喜闻乐听的内容。把话说到学生心里，从来是为学为教之道的高境界。

《丧家的资本家的乏走狗》是一篇 20 世纪 60 年代的高中教材中有相当难度的杂文（今日早已不用）。尤其是"丧家"和"乏"两层意思又是全文的难点，我是这样设计教学用语的："每到春天，我们喜欢吃竹笋。那竹笋是由一层一层的竹壳包裹着的，剥去壳方能观其笋肉。我们分析这篇文章，也采用'剥笋'的办法，让我们层层剥下去。刚才我们剥去了论敌玩弄'不知道我的主人是谁'的外衣，还其'走狗'的本来面目。其实，他不仅是走狗，还是'丧家的''资本家的走狗'。鲁迅在这里，剥掉了走狗这'竹笋'的第二层壳。那么作者是怎样剥的呢？"一位学生答道："鲁迅先生阐明'走狗'定义后，又抓住论敌的境遇，一针见血地指出：这些'走狗'即使无人豢养，饿得精瘦，变成野狗了，但还是遇见所有的阔人都驯良，遇见所有的穷人都狂吠的，不过这时它就愈不明白谁是主子了。从这里我们可以看出，这些走狗是'丧家的''资本家的'。"我又问："鲁迅还用了论敌自己的话，从反面映衬这点。同学们看得出来吗？"学生答："论敌自叙他怎样的辛苦。"我说："是的，论敌说他很'辛苦'。确实这样。他曾在一篇文章中大谈他在大学教书的'苦境'，'每天要跑几十里路，每天站在讲台上三四小时，每天要把嘴唇讲干，每天要写字使得手酸。'请看，论敌的'自叙'是这样'辛酸'，然而因为是'丧家的'走狗，始终得不到国民党当局的重用。请同学们想想，这样的'走狗'，它的结局怎样呢？"学生回答："结局是'乏'，疲乏。同时由'乏'而变疯，像疯狗一样穷凶极恶。"我微笑着，一边在黑板的标题上加上一个"乏"字，一边说："这一个'乏'字，一字千钧，最后显露了笋肉，把论敌之流置于死地。"在生动的讲述中，学生的心中、眼前已经赫然出现了那只失去主子、疲于奔命、断了脊梁的资本家的走狗的形象。从这个例子可见，生动亲切的教学语言来自教师正确的学生观，教师不是居高临下地"教育"学生，而是循循善诱地引导学生自己去寻找答案。这种生动亲切，同时来自我平时注重打下的教学功底，贴切的比喻能启发学生的联想和想象，精当的设问与反问能造成悬念，启发学生深究底里，气势流畅的排比能激起学生感情的波澜，适时的反复、强调能加深学生的印象。正是借助这些手段，我的语言拨动了学生的心弦，使学生以主人翁的姿态去主动求取。

我还努力使教学语言的生动亲切不仅表现在语气上，也表现在体态上。教师的体态语言指表情、神态、与学生的目光交流、与学生的空间距离等。我一直告诫自己，走进课堂时一定要有良好的心态，这是我的职业所决定的，也是我的使命所要求的。因此，无论在什么情况下，只要走进课堂，我脸上总是带着亲切温和的微笑，目光中饱含鼓励和期望。教态总是和颜悦色、富有吸引力。我总是站在学生中间，因为师生的空间距离往往也是心理相融度的反映。我从不把目光仅仅停留在最机灵的学生身上，而是面向全体学生，捕捉他们瞬间的变化，并及时用眼神与学生交谈。我用自己的体态语言向学生传递着强有力的师爱信息，这样的体态语言同亲切自然的语气互相呼应，相得益彰，显示出无穷的生命力。

2. 追求词采丰美

我教学语言的追求之二是词采丰美。汉语是世界上词汇最丰富的语言之一，它反映客观事物、表现思想感情的精密程度和近义词之间的细微差别在世界各语言中是罕见的。几十年孜孜不倦地学习和积累，给了我一定的文化素养、较为丰富的词汇量以及一定的古文底子。储存丰富，底蕴足，教课时就能根据需要信手拈来，脱口而出。因而，在课堂上，我能够运用同义词近义词转换，运用专业词汇、成语、俗语，能够运用古典文学的精华和书面语言的精华等，避免语言的贫乏干枯，增加语言的风采。

上《茶花赋》一课时，我作了这样的煞尾："祖国如此伟大，人民精神如此优美，一朵茶花能容得下吗？能给人以启发吗？能。为什么能？那是由于作者运用丰富的想象，运用巧妙的艺术构思，不断开阔读者的视野。由情入手，而景，而人，而理，水乳交融。意境不断深化，从茶花的美姿和饱蕴的春色，我们看到祖国的青春健美，欣欣向荣；从茶花栽培者的身上，我们感到创业之艰难，任重而道远；从茶花的含露乍开，形似新生一代鲜红的脸，我们对未来充满着无限希望。意境步步深化，而3幅构图又十分传神，像拨亮一盏灯，使满堂顿时生辉；又似金线串起散落的珠子，完成了一件艺术珍品，促人深思，引人遐想。"这段话中有成语"水乳交融""欣欣向荣""满室生辉""引人遐想""任重道远"；有书面语"美姿""饱蕴""乍开""传神"等。至于我在教学中所引古人之语更是平常事："诗以一字为工""夫缀文者情动而辞发，观文者披文以入情"……正是由于我对古典文论较为喜爱，才能这般运用。

我还注意从戏剧、电影、绘画、音乐等各种艺术中吸取语言养料。"脸谱""光感""线条""中镜头"等术语在我分析课文的过程中随处可见。这些词语的运用不仅使教学语言词采丰美，而且形成了课堂教学浓郁的文化氛围。

3. 追求鲜明和谐的语言节奏

我教学语言的追求之三是鲜明和谐的语言节奏。《人民英雄永垂不朽》一课的导语："每个同学的图画书里，都有这样一幅画——人民英雄纪念碑。当你们看到这幅画的时候，曾经想到过什么呢？我在一个阳光洒满天安门广场的上午，瞻仰过人民英雄纪念碑。啊！巍峨啊，它有10层楼那么高，看到它，先烈们的高大形象如在眼前；坚硬啊，花岗石，汉白玉，那样庄严，那样雄伟，象征着革命先烈意志如钢。站在纪念碑前，忆中国革命所经历的艰苦岁月，看现在获得解放的幸福生活，崇敬之情油然而生。我决心一定要继承先烈的遗志，在新长征中勇往直前。现在让我们随着作者的活动顺序和碑的方位顺序，认识和瞻仰人民英雄纪念碑，接受革命传统的教育。"这段话，从句型看，有陈述句、感叹句、疑问句、祈使句；从句式看，有单句、复句；从长短看，短则两三字，长则近20字。句式的变化、句法的参差有致产生了抑扬顿挫、高低起伏的和谐的节奏，加上调控得当的音量，柔和自然的音质，时而舒缓徐慢，时而高亢激奋，时而停顿间歇，时而一泻千里的语调语速，综合成一种动人的音乐，入耳入心给学生以美的享受。如果教师的语言单调呆板，始终只在一个面上移动，而且等速度地流淌，学生只能昏昏欲睡，再好的教学内容也无法教到心里。

面批作文，交流思想

4. 追求纯净严谨、富有逻辑性

我教学语言的追求之四是纯净严谨、富有逻辑性。教学语言一定要纯净，没有杂质，简洁精炼。语言严谨包括：揭示要旨的关键性词语准确凝练；诠释概念的语句通俗易懂；剖析课文的语句富有逻辑性。语言的严谨、富有逻辑性，很大程度上取决于思路的清晰。思路井然有序，讲解才可能条分缕析。心明，言才明，这是不言而喻的。语言芜杂，拖泥带水，犹如莠莠并生，把该表达的思想感情淹没在莠草之中，大大降低了表达效果。教师语言最忌啰唆重复，忌"这个""那个""对吗""呃"等口头禅，它们是纯净严谨的大敌。我的课堂语言努力消除这些"杂质"，才能做到纯净严谨、富有逻辑性，才能提高教学效率。

我非常欣赏这样一句话："语言不是蜜，但是可以粘东西。"我充分利用了语言的这一功能，认真上一堂又一堂"粘"住学生、使人入迷的语文课。我希望用教学实践告诉大家：教师必须锤炼教学用语，研究语言艺术，用语言弹奏出美妙动人的乐曲，这样才能在知音——学生头脑里回响激荡，收到良好的教学效果。

我的教学实践

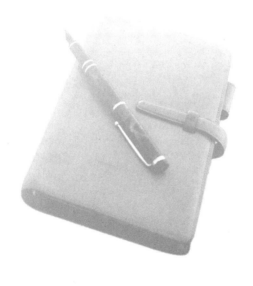

　　能有机会对学生进行汉语教育，应该说是一种幸福。我从事语文教育半个多世纪，语文，就是我的精神家园。我与它朝夕为伴，交往，对话，倾听，诉说，从中享受自然，体验人生，经历苦难曲折，步入思想高地，领略无限风光。那种欢乐，那种情怀，那种在母语家园里边遨游边吮吸雨露甘醇的自由自在难以言表。

　　语文教学是一种执着的追求。我曾经说过，我生平最崇拜的是鲁迅先生，因为鲁迅先生洞察一切，看透一切，而激情犹存。我虽没有鲁迅般的慧眼，但我从不放弃自己对语文教学的追求；我没有鲁迅般伟大的成就，但我不认为我从事的事业逊色于鲁迅的人生选择。他毕生为唤醒愚昧的灵魂而呐喊，我则在为民族的未来塑造美丽的心灵。我们都追求着需要用整个生命去拥抱的事业，"路漫漫其修远兮，吾将上下而求索"，这是中华文化给我的熏陶，也是鲁迅先生榜样的力量。正是这种执着的追求，使我从不重复自我，永远进步与发展。

　　语文教学是一种不懈的创造。中华民族是个有着强大创造力的民族，时代的进步需要我们拥有更为旺盛的创造精神。我有幸，在我的中年——人生最成熟、创造力最旺盛的时期，恰逢中华民族从"文化大革命"的苦难中解脱出来，思想界、学术界出现了百花齐放、百家争鸣的局面，人们在对历史的反思中，还教育以振兴民族、富国强邦的崇高社会地位。这是一个创造力受到激励、得以施展的时代，是出"英雄"、出大家的时代。我在孜孜矻矻执着追求的同时，更注重于创造与革新，也正是这种不懈的创造精神，使我语文教学的生命之树常青。

　　下面选入的虽然只是为数不多的几个案例，却是我执着追求与不懈创造的结晶。它们不是语文教学的黄钟大吕，而且也许会因为年代的久远而缺失了那种新鲜与润泽，甚至有的课文可能已不再出现在今天或明天的教材中，但我自认为，这里面体现的基本理念与基本精神，依然是鲜活的，充满水汽的，仍然渗透着一种强烈的现代意识。我把它们呈现在广大语文界同行面前，只是想展现一名老语文工作者曾经的追求与创造，为中华语文教育的未来尽一点铺路之责。

一、拒绝重复自我：《春》的教学实践

【教材解读】

　　朱自清先生的《春》是一篇优美的写景抒情散文，它用多彩的笔调生动形象地描写了江南春回大地生机勃勃的景象，热情赞颂了春的活力带给人们以希望和力量。文章从期盼春天开头，以赞美春天收尾，构成了完整的篇章，表露了春天来临的喜悦之情，作品充满了一种明朗的色彩。

整篇文章充满诗情画意，抓住春天景物的特征，工笔细绘。语言绚丽，色彩斑斓，文笔流畅，读来朗朗上口。文中所写景物均为江南春日郊野常见，作者信手拈来，挥洒而出，给读者以亲近感和亲切感。

文章采用横式结构来组织材料，春草、春花、春风、春雨，加上春景中人的活动，一个个画面次第更换，构成春天的美景。作品中春的景色、春的气息、春的声响之所以写得如此动人，一是用词生动形象，如"小草偷偷地从土里钻出来"的"钻"与"偷偷"用得极为传神，对花、草、风、雨等景物形态、色彩、气息的描绘莫不如此；二是修辞手法的大量运用，特别是比喻手法的运用俯拾皆是，增添了形象性，而无丝毫累赘之感。

文章浅显，却境界美妙，语言富有表现力和感染力。

【学情分析】

因培养青年骨干教师的需要，我从高中调到初中教七年级起始班。该班以数学成绩为依据组成，语文基础与基本能力相对而言差一些。学生字迹潦草，错别字多，朗读能力不强，写作比较困难。作文内容空洞，写不具体，叙事粗粗拉拉，三四百字就算了结。我接教的是七年级下学期的班，当然与高中有明显差距。因此，首先我要适应新的教育对象，从他们的身心实际情况出发，教得细致一点，具体一点，让他们观察事物的能力得到锻炼与培养。当时《春》还没收进教材，我通过自选的这篇散文，作为补充教材，希望能促进学生的作文写得具体些，看周围事物精细一点。其次，教学语言要大大降低难度。长期教高中，容易形成一种语言定式：一是语速快；二是教学用语中书面语言分量重，词汇量大；三是概括性的语言多。第一次插班教初中，要十分注意，力求做到与学生交流无语言上的障碍。

【教学目标】

领会文中描写景物的委婉细致，用词的准确生动，比喻的形象鲜明，学习抓住特征描写景物的方法；

朗读与背诵全文。

【教学流程】

第一课时

【上课】

师：今天我们学习朱自清先生的《春》，同学们把讲义拿出来。

我们一提到春啊，你们想一想看，会不会眼前就仿佛展现出阳光明媚、东风浩荡、绿满天下的美丽景色？一提到春，我们就会感到有无限的生机，有无穷的力量！所以古往今来，很多诗人就曾经用彩笔来描绘春天美丽的景色。我们曾经学过一些绝句，现在我问一问大家，杜甫的绝句当中是怎样描绘春天的？［稍停］有同学知道吗？——杜甫的绝句，大家想想看。［学生举手］某某某。

生（1）：［背诵杜甫：《绝句四首》之三］"两个（gè 读成 guò）黄鹂鸣翠柳，一行白鹭上青天。窗含西岭千秋雪，门泊东吴万里船。"

师：对吧？［生（部分）：对的。］——对的？"两"——什么"黄鹂鸣翠柳"？这里怎么读啊？

生（1）：两"gè"，不是"guò"。

师：对啊！两个（gè）。他是从两个黄鹂在青绿色的柳条上鸣唱，来描绘春天的美好啊！

再想想看，王安石也有一首诗是描绘春天的，这首诗背得出来吧？谁来背背看。有一个名句，想想看。他是怎样描绘春天的？想起来没有？背背看。"京口瓜洲……"预备——起。

生（集体）：［齐背王安石《泊船瓜洲》］"京口瓜洲一水间，钟山只隔数重山。春风又绿江南岸，明月何时照我还？"

师：哪一个句子是写春的？

生（集体）："春风又绿江南岸。"

师：哪一个字用得特别好？

生（集体）："绿"。

师："又绿江南岸"，这是从什么角度来写的啊？——从春风的角度。春风一吹，江南岸边就怎么样？

生（集体）：绿。

师：绿——绿满天下！上星期六，某某同学写我们校园内树的时候，用了一个
很好的句子啊！……"绿满天下"！他就从这儿学来的，很好。但是，绝
句，它只有 4 句，往往只是从一个角度，或者是从两个角度来写的，也就
是选取了春天的一个或者两三个景来写春。

（以上 3 分钟）

今天我们学习朱自清的这篇散文，其中写春的内容可多啦！我们星期六发
了讲义，请同学们看。这里头写了：草、花、风、雨、山、水、树、蜜蜂、
蝴蝶等。我们读的时候要想一想，朱自清在这篇文章当中，是怎样写这些
春天的景物的？他写的春天景物——姿态啊，气息啊，声音啊……我们想
到没有？看到没有？春天就在我们身边！

我们现在正欢乐地生活在阳春三月里。你说对吧？正好是阳春三月！对文
章中的这些景物，你是怎么观察的？看一看朱自清是怎么写的？

现在，请同学们读一读，——读一读以后有什么问题，可以提出来。读的
时候，请同学们考虑：这篇文章是怎么样写春的呢？

首先，朱自清先生他是以怎么样的心情去迎接春天的？〔边讲边板书：迎
春〕接着呢？朱自清先生用他的彩笔给我们描绘了春天的美丽景色。〔边讲
边板书：绘春〕最后，他又怎样满怀喜悦，歌颂了春天。〔边讲边板书：颂
春〕

同学们读了以后，分分看，哪几节写迎春？哪几节写绘春？哪几节写颂春？
〔边讲边指板书"迎春""绘春""颂春"〕我们请一个同学来读一读，看看
谁来读？〔学生举手〕某某。

生（2）：〔朗读《春》全文〕"《春》朱自清。盼望着，盼望着……鸟儿将——鸟
儿将——"

师："巢（cháo）"。

生（2）：〔继续朗读〕"鸟儿将巢安在繁花绿叶当中……披着——披着——"

师："披着蓑（suō）"。

生（2）：〔继续朗读〕"披着蓑戴着笠……领着我们上前去。"

师：从读的情况看来是读过的。有什么地方读得不妥当的吗？〔学生举手〕好，

某某某。

生（3）：第五节中的"跟轻风流水应和（hè）着"；他读成"跟轻风流水应和（hé）着"。

师："应和（hé）着"。这个"和（hé）"读得不对。应该读第几声啊？

生（集体）：第四声。

师：［板书 hè］还有吗？

生（4）：第三节是"园（yuán）子里"，他读"院（yuàn）子里"；还有一个是"迷藏（cáng）"，他读"迷藏（zàng）"；还有一个是"酝酿（niàng）"，他读"酝酿（ràng）"。

师：好。那么，先把这个解决了："嫩嫩的，绿绿的……"下面应该是怎么读啊？

生（集体）：园（yuán）子里。［有的学生仍读"院（yuàn）子里"］

师：［板书：园］这个字怎么读？

生（集体）：园（yuán）。

师：园（yuán），公园（yuán），园（yuán）子里。耳朵旁的那个呢？

生（集体）：院（yuàn）。

师：院（yuàn）。好，下面读得对。"酝酿（niàng）"不是"酝酿（ràng）"。这个字拼音怎么样？

生（集体）：n—iàng— "niàng"。

师：niàng。很好。某某，［指学生（2）］自己马上注上拼音。不认识的，不清楚的，自己赶紧把注音记下来。"酝酿（niàng）"。接下去，还有哪儿？［学生举手］某某某。

生（5）：第四节："桃树、杏树、梨树，你不让我，我不让你，都开满了花赶趟儿。"他读成了"都开满了花——赶趟儿。"

师：语气没有读出来，对。还有吗？抓紧时间，还有吗？［学生举手］某某。

生（6）：第五节第三行："鸟儿将巢安在繁花嫩叶当中"；他读成了："鸟儿将巢安在繁花绿叶当中。"

师：对，是嫩叶，不是绿叶。还有吗？［学生举手］某某某。

生（7）：第六段："一点点黄晕（yùn）的光。"这个"黄晕（yùn）"，不读"黄晕（yūn）"。

师：这个字究竟怎么读？快点查字典。[几个学生举手]好，某某某。

生（8）：应该读："黄晕（yùn）。"

师：你查过字典了？[生（8）：查过了。]好。她很有把握的，应该读"黄晕（yùn）"。为什么那么有把握呢？因为她查过字典了。[板书：yùn]y—ùn，第四声。读错了的就应该把它打个"×"；掌握不准的，就应该注音。还有吧？

生（9）："山朗润起来了"，读成"山润朗起来了"。

师：喔，对吧？后来呢，他自己怎么样——感觉读得不对了，自己改正了。应该是"山朗润起来了"。

同学们听得很仔细，而某某同学[指生（2）]，读得很响亮。因为还没有学，所以读得还有些疙疙瘩瘩，有些字还读得不准。

有一个字，同学们注意一下，就是刚刚给某某[指生（2）]纠正的"和（hè）"——"和（hè）"的前面的这个字怎么读呀？

生（集体）："应和（yīng hè）"。[有的读：yìng hè]

师：[倾听]重读。

生（集体）："应和（yìnghè）"。

师："应（yìng）"，应该是第四声。但是这个讲义上注的第几声啊？

生（集体）：第一声。

生（10）错了。

师：错了。——你[指生（10）]怎么知道错了？

生（10）：我查过字典。

师：这个注音注错了，应该第四声。——"应（yìng）和"。预习的时候，你们需要认真，去查查看。现在，请同学们把讲义上的错改过来。

好，我们刚才读了一遍。请同学们看，还有些什么问题？自己查字典的时候，没有能够解决的，有吗？——有没有？都懂吗？[学生举手]某某某。

生（11）：什么叫"赶趟儿"？——是不是就是"赶集"？

师：什么叫"赶趟儿"？[学生举手]某某某。

生（12）："鸟儿将巢（cháo）安在繁花嫩叶当中"；他[指生（2）]读成："鸟

儿将巢（chǎo）安在繁花嫩叶当中"。

师：〔板书：巢〕这个字怎么读啊？

生（集体）：ch—áo—cháo。

师：巢（cháo），第二声。刚刚那个字读错了，没有纠正过，现在纠正一下。还有吗？除此之外，还有吗？——没有了。

好，现在，我们请同学们考虑一下，刚刚我们读了一下，请你们分一分看，一共是几节？请你们分一分看。

生（集体）：10 节。

师：10 节。那么，用了几节文字写迎春的？〔学生举手〕某某某。

生（13）：迎春用了一节。

师：好，怎么分法？〔个别学生举手。稍停〕就某某一个人知道吗？分分看，分错了，也没有关系。怎么分？〔学生举手〕好，某某，你讲一讲看。

生（14）：用了一节文字写迎接春天的。

师：你整个地讲一讲看。

生（14）：用了一节文字写迎接春天的。

师：喔，用一节文字写迎接春天。

生（14）：第二节到第七节是描绘春天的。

师：喔，第二到第七节是描绘春天的。

生（14）：颂春是第八节到第十节。

师：第八节到第十节是歌颂春天的。有不同的意见吗？有吧？——没有。都是一样的。

好，我说，她这样看是看得准确的，是这样。现在请同学们在第一节、第七节后面画上符号。我们看起来，可眉目清楚。

（以上 11 分钟）

好，现在请同学们先把第一节——一起读一读。第一节只有一句话。那么我们看一看：作者是用了怎样的心情迎接春天的？

师：好，我们现在一起读一读："盼望着，盼望着……"预备——起。

生（集体）：〔朗读第一节〕"盼望着，盼望着，东风来了，春天的脚步近了。"

师：你们看，作者是以什么心情来迎接春天的？

生（集体）："盼望着。"

师：大家都看得出来——"盼望着，盼望着"，大家睁大眼睛盼望。我说用一个"盼望着"可以吧？"盼望着，东风来了……"可以吧？[生（集体）：可以。]那么为什么这里要叠用呢？[学生举手]某某某。

生（15）：用两个，可以加强语气，表达作者向往春天的急切心情。

师：嗯，这样叠用，就更能表达作者十分急切的心情，十分向往的心情。向往春天赶紧到来！——所以用"盼望着，盼望着"。那么，哪一个字，告诉我们了——很准确地告诉我们：春天还没有来到？

生（集体）："近"。

师：对，是"春天的脚步近了"！你看这个"近"，用得多准确啊！这里一个句子，4 个字——用了 4 个词尾，给我们一个非常柔和的感觉。哪 4 个词尾？

生（集体）：两个"着"。

师：两个"着"。还有？

生（集体）：两个"了"。

师：对，好。我们自己读一下，体会体会。[学生轻声朗读]
你们听我读[表情朗读]"盼望着，盼望着，东风来了，春天的脚步近了。"一开始就给我们非常亲切的、非常柔和的感觉。

（以上 3 分钟）

接下来，作者就用了比较多的笔墨，来描绘春天美丽的景色——总写了一个"大地回春"，或者是"大地春回"，或者是"春回大地"的景色，这都可以。[在板书"绘春"之右，板书：总写大地回春]好，现在，请同学们来考虑一下，用了哪一句啊？你们从哪儿知道这是总写的呢？[学生低声议论；举手]好，某某某。

生（16）：[朗读]"一切都像刚睡醒的样子"。

师：说完整了吗？

生（16）：[朗读]"欣欣然张开了眼。"

师：好，你把它完整地读一读。

生（16）：[朗读]"一切都像刚睡醒的样子，欣欣然张开了眼。"[读得不大流畅]

师：［微笑］重读——要读准了。

生（16）：［重读］

师：那么，你从哪个词知道——这是一笔绘出来的呢？

生（16）："一切"。

师："一切都像刚睡醒的样子，欣欣然张开了眼。""一切"，说明了什么？——没有一个例外。这就把大自然的景物都囊括起来了。

　　"一切都像刚睡醒的样子，欣欣然张开了眼。"——"欣欣然"，是什么意思？［学生举手］某某某。

生（17）：高兴的样子。

师：哪个词是表示样子？

生（17）："然"。

师：哪个是高兴？哪个是样子？

生（17）："欣欣"是高兴，"然"是样子。

师：好！我们要理解："然"是词尾，是表示状态的。"欣欣然"是高兴的样子——张开了眼睛。这是总起来写。［指板书"总写"］接着就分写，分别地描述了。［在板书"绘春"之右，"总写"之下书写：分别描述］这节里头，分别描述了什么？［学生举手］某某某。

生（18）：［朗读］"山朗润起来了，水涨起来了，太阳的脸红起来了。"

师：对。这个我们是容易理解的。请同学们回答：在这一节里分别写了什么？先写了什么？然后再写了什么？哪些词用得非常生动？［学生举手］某某某。

生（19）：分别写了山、水、太阳。

师：分别写了山、水、太阳。对吧？［生（集体）：对。］写了太阳什么呢？

生（集体）：太阳的脸。

师：太阳的脸。那么，怎么来写它们的？用了哪些词？［学生举手］某某某。

生（20）：山用"朗润起来了"，水用"涨（zhàng）起来了"，太阳用"脸红起来了"。

师：好，请坐。他刚刚有个字念错了——哪一个？水涨（zhàng）起来了？

生（集体）：涨（zhǎng）。

师：对。刚刚音读错了。不是"肚子胀（zhàng）"的"胀（zhàng）"啊，是涨（zhǎng）起来了，第几声啊？

生（集体）：第三声。

师：把它纠正过来。——"水涨（zhǎng）起来了"。

"山朗润起来了"。这个"朗润"，我们没有碰到过，什么含义？看一下注解："朗润"。某某某［指定学生］讲一下。

生（21）：润泽。"朗润"，解释明朗、润泽。

师："朗润"解释明朗、润泽。为什么？因为春天来了！

这个"明朗"跟"润泽"，到底是怎样一幅情景呢？请同学们看这一张画：［展示月历片上的山景彩色照片］"山朗润起来了"——"朗"，就是阳光照在上面，使它明亮起来，"润"，因为春风吹遍，我们刚刚不是背过"春风又绿江南岸"？春风一吹，山上怎么样啊？山清水秀，景色朗润。我们没有学过这个词。我们看一看，［再展示月历片山景彩色照片］它既有润泽的意思，还有阳光照在上面的明亮的意思。

噢，前天我们外语课发了一套《Look And Say》，这里面第 140 幅那个图画，课后看一看。它是要同学们认清"hill"这个字——山。那个山，就是润泽的样子。我们课后对照起来看，就知道了，第 140 幅。

"水涨起来了"。冬天的水是怎样呢？

生（部分）：结冰。［一些学生的轻笑声］

师：［微笑］结冰。噢，想到结冰。冬天的水是什么样啊？

生（部分）：枯了。［教师板书：枯］

师：春天，水就满了。你想想看。

生（22）：［应声说］涨潮了。

师：喔——对，对，涨潮了。我们不是读过："满川风雨——"

生（23）：［紧接着说］"看潮生"。

师：啊！对了。有个同学已经想出来了："满川风雨看潮生"。冬天的水是枯的，春天的"水涨起来了，太阳的脸红起来了"。这个"红"，用得非常好！为什么？我们可以从比较中理解这个词。用得非常准确！冬天的太阳怎样？［学生低声议论］想想看，为什么说这个"红"字用得很好呢？这个

"红"——就绘出春天啊！冬天的太阳怎么样？想想看。

生（部分）：白的。［有的学生：黄的。］［师、生笑］

师：冬天的太阳是白的，所以春天的太阳是红的？这个"红"，是不是就是写颜色呀？［学生举手］某某某。

生（24）：冬天的太阳没有温暖。不仅写太阳的颜色，也写了太阳的温暖。

师：某某某［指生（24）］讲：冬天的太阳没有温暖——没有温暖？［师、生笑］就是热量怎么样？

生（集体）：比较弱。

师：那么春天的太阳呢？我一开始不是讲了阳光——

生（集体）：明媚。

师：明媚，就红起来了，给人们非常温暖的感觉。所以这"朗润"——"涨"——"红"起来了，非常确切地描绘了春天的山、水、太阳。

我们读一遍，把它背出来。"一切都像刚睡醒的样子……"自己读，读了我们马上背。

［学生各自轻声朗读第二节］

好，我们一起背背看。预备——起。

生（集体）：［齐背第二节］

师：好，这一段背是背出来了，但是有一个字总是读不准——哪一个字呀？"涨（zhǎng）。"

生（集体）："涨（zhǎng）。"

师："涨（zhǎng）。"好，跟我读一读："涨（zhǎng）"。

生（集体）："涨（zhǎng）"。

师："水涨（zhǎng）起来了"。

生（集体）："水涨（zhǎng）起来了"。

师：注意啊，别再读错了！重来一次，再背一遍。"一切……"预备——起。

生（集体）：［再齐背第二节］

师：好，［指板书"总写"］这一节总写了以后，立刻写山、水、太阳。然后呢？一步一步地写得很细，很细。

我们看：接下来第三节是写了小草。这节写得很细。你们要了解怎么细写，请一个同学把小草这一节读一读。谁来读？［学生举手］好，某某某。

生（25）：［朗读第三节］"小草偷偷地从土里钻出来，嫩嫩的，绿绿的……风轻悄悄的，草软绵绵的。"

［有些学生对某些读音低声议论］

师：喔，她读的时候很注意，读的语气很柔和，就是一些字读不准。嗯，"草"不要翘舌的。"小草偷偷地从土里钻（zuān）出来"，不是"钻（zuàn）"。"嫩嫩的"——"嫩（nèn）"。

请同学们看，写小草怎么写的？一开始啊，就写出它的很旺盛的生命力！大家看，用哪一个词表现的？

生（集体）："钻"。

师：好，把它圈出来。一开始就写它的旺盛的——钻出来！很强的生命力，从泥土里头钻出来。这个词用得非常好！春回大地啊，人盼望着春天，草呢？

生（集体）：也盼望着春天。

师：也盼望着春天。我说先是写生命力，接着呢，你们看，就写这个草是"嫩嫩的"。"嫩嫩的"——是写它的什么呢？

生（部分）：形象。

师：形象。对吗？"嫩嫩的"，写它的质地。"绿绿的"是写什么呢？

生（集体）：颜色。

师：颜色。刚刚是写生命力——它的旺盛的生命力。然后呢，再描绘它的质，再描绘它的色。［在板书"分别描述"之后，板书：生命力、质、色］

我们接着看：［朗读］"园子里，田野里，瞧去，一大片一大片满是绿的。"喔，这个"满"字用得很好！满是绿的！这句写什么呢？

生（部分）：很多，很多。

师：呵，是写很多很多，就好像某某作文里的什么？

生（集体）："绿满天下"。

师：这是它的"满"的范围，怎么样？［在板书"生命力、质、色"之后，板书：范围］

生（集体）：很广。

师：这个范围呵，你们看，具体是怎么写的？——怎么叫细呢？是从它的生命力，从它的质，从它的色，从它"满"的范围来写。还不够，人没有辜负春色，没有辜负小草长得这么好，所以怎么呢？你们看——我们一起读："坐着，躺着……捉几回迷藏。"预备——起。

师、生（集体）：［齐读］"坐着，躺着……捉几回迷藏。"

师： 草长得这么好，人怎么样？很欢乐。我们下星期要去春游，去体会体会：在这个柔软的草地上，打两个滚，踢几脚球呵，赛几趟跑呵，捉几回迷藏呵，味道是很美的。

接着我们看，还具体描绘了什么？我们一起读，预备——起。

师、生（集体）：［齐读］"风轻悄悄的，草软绵绵的。"

师： 又写草了，"软绵绵的"。——写它的什么？

生（26）：［接着说］姿态。

师： 喔，写姿态。某某［指生（26）］说得很好，是写它的姿态。［在板书"生命力、质、色、范围"之后，板书：态］它的姿态怎么样？——"软绵绵的"。平时，同学们写作文，有时候感到写不出来，这个草嘛，就是草了，哪儿有那么多东西好写？你们看：作者写春天的小草，写得那么多，而且写得那么细！——写得很传神。

你们有没有这种感觉，每天走进这个校园里，知不知道这杨柳什么时候绿的？知道吧！［生（部分）：不知道。］都好像没有感觉到，没有看到它怎么又绿了，又大起来了。因此这儿用了一个什么词呢？

生（集体）："偷偷地"。

师： "偷偷地"。这"偷偷地"，是不是那个"偷"的意思？［生（集体）：不是。］那么，是什么意思啊！

生（部分）：悄悄地。

师： 悄悄地，不知不觉地。——在人们不知不觉当中，小草钻出来了。

确实就是这么个样子！所以，这里写得非常细。——我说，描绘得很细。这就因为是从各个角度，从多方面来描绘，写它钻出来的旺盛的生命力，写它嫩嫩的质，写它的绿绿的色，写它在园子里，田野里，瞧去，一大片一大片满是的。然后再写人与草的关系。这样，小草长出来后，人们非常高兴，当然孩子们更高兴。有趣的是"打两个滚，踢几脚球，赛几趟跑"，还做什么啦?

生（部分）：捉迷藏。

师：喔，对，"捉几回迷藏"。只有孩子会捉迷藏，大人不会捉迷藏，对吧？然后还写："风轻悄悄的，草软绵绵的。"所以，我说这里写得非常细！好，现在再请一个同学朗读一下。[指定学生] 某某某——她在朗读的时候，其他同学默读，把它背出来。

生（27）：[朗读第三节]"小草偷偷地从土里钻出来，嫩嫩的，绿绿的……风轻悄悄的，草软绵绵的。"

师：好。[学生举手] 某某。

生（28）：应该是"打两个滚"，她说打几个滚。

师：还有吗？[学生举手] 好，某某某。

生（29）："风轻悄悄的，草软绵绵的"，她读成"风悄悄的，草软绵绵的"。

师：喔，应该是"风轻悄悄的，草软绵绵的。"对，还有什么吗？[学生举手] 还有什么读错的？某某某。

生（30）："嫩嫩的"，她说"嫩嫩地"。

师：好。[学生举手] 某某某。

生（31）：应该是"嫩嫩的（de）"，她读成："嫩嫩地（di）"；应该是"绿绿的（de）"，她读成"绿绿地（di）"。

师：那么，你把它归纳一下，好不好？——它们是什么词？

生（31）：结构助词。

师：结构助词。这里她 [指生（27）] 读错了，应该读什么？

生（集体）："的（de）"。

师：我们现在再请一个同学来读读看，某某某。[指定学生]

生（32）：[朗读第三节]"小草偷偷地从土里钻出来，嫩嫩的，绿绿的……风轻悄悄的，草软绵绵的。"

师：基本上读对了。现在我们自己读，读了背出来。

　　　　[学生轻声朗读第三节；教师巡视、指导]

　　　　好，我们一起背背看——"小草……"预备——起。

生（集体）：[学生齐背第三节；教师依学生背诵的内容，分别指板书"生命力"

"质""色""范围"和"态"]

师：[有的学生把"打两个滚"，背成："打几个滚"]为什么这个"打两个滚"
容易错呢？因为后面，都是"几"。你看看——仔细看看："踢几脚球……"

生（部分）：[紧接着说]"赛几趟跑"。

师："赛几趟跑"。

生（部分）："捉几回迷藏"。

师："捉几回迷藏"。所以就以为都是"几"了！实际上，——是"打两个滚"。
它是"两"。记好了！好，再背一遍。"小草……"预备——起。

生（集体）：[再齐背第三节]

师：好。下面我们就学第四节。

小草在春天是如此的美啊！那么下面呢？就是花呀，树呀……也是写得很
细。请你们自己分析分析，为什么说写得很细呢？先写什么？后写什么？
再写什么？自己读，读了分析。

[学生各自低声朗读第四节]

好，刚刚某某同学问了："赶趟儿"是不是就是"赶集"？——刚刚不是有
同学问了这个问题？什么是"赶趟儿"？

[学生低声议论。生（有的）："赶趟儿"是争着凑热闹。]

噢，某某，[指生（33）]

生（33）：我跟别的同学讲的。

师：你跟同学讲的？我还没有听到呢，你说说看。

生（33）：凑热闹。[学生笑声]

师：[笑]凑热闹——噢，凑热闹。"赶趟儿"究竟是什么意思？凑热闹。有道
理，不是完全不搭界的。"赶趟儿"，这是北方话，我们南方没有这种话。
"赶趟儿"——争先恐后地，赶上什么？赶上趟儿。"趟"，就是这一趟。某
某同学[指生（11）]问，是不是就是"赶集"的意思？如果是赶集，为什
么不用"集"呀！

[学生议论]

是不是"赶集"呀？"集"是什么意思呀？

生（集体）：集市。

师：噢，集市。赶集——人赶集，去买东西，或去卖东西，叫赶集。这儿不是
　　赶集。"赶趟儿"呢？就是我们刚刚讲的：争先恐后地，要赶上这一趟
　　儿。——这一趟儿。这里就是赶上什么啊？

生（集体）：春天。

师：喔，对。大家理解得很好。赶春天，赶春光，因此就出现一个百花争春的
　　景色。[板书：百花争春] 百花争春，把这个"春"换一换，还可以用个百
　　花——什么？

生（集体）：百花争妍。

师：讲得好，百花争妍。[板书：妍] 这"赶趟儿"就是都要来凑热闹——百花
　　争春，百花争妍。这个可以理解了吧？下课以后，休息一下。

　　（以上28分钟）

【下课】

第二课时

【上课】

师：现在我们分析第四节。某某某同学，[指定学生] 请你讲讲看，这一节先写
　　什么？后写什么？再写什么？大家听仔细。

生（1）：这一节先描写树，然后描写花，再描写蜜蜂、蝴蝶和野花。

师：怎么具体描写的呢？

生（1）：描写树是："你不让我，我不让你"；描写花是："红的像火，粉的像
　　霞，白的像雪。花里带着甜味儿"；描写蜜蜂、蝴蝶是："成千成百的蜜蜂
　　嗡嗡地闹着，大小蝴蝶飞来飞去"；描写野花则是："野花遍地是：杂样儿，
　　有名字的，没名字的，散在草丛里像眼睛，像星星，还眨呀眨的"。[把
　　"眨（zhǎ）"读成了"zǎn"]

师：还有什么？"zǎn"呀"zǎn"的？[学生低声笑。教师微笑] 眨（zhǎ），
　　"眨（zhǎ）呀眨（zhǎ）的"。注意呀！好，请坐。
　　她刚刚说的，你们看：这个程序对吗？[生（部分）：对。] 先写什么？后写
　　什么？再写什么？很清楚。写树、写花，漏掉了一个——花以后是写
　　什么呢？

生（部分）：果。

师：对了，写果。看到了没有呀？她把果漏掉了。对吧？"闭了眼，树上仿佛已
经满是桃儿、杏儿、梨儿。"——这就是写果。然后呢？就是写花下的蜜
蜂、蝴蝶，遍地的野花。她讲得好，就是漏了一个。

另外具体描绘的时候，她把有关的语句读了。你们分析一下看，写树，满
开着花，写了它的什么？——"你不让我，我不让你"，大家都要怎么样？
"赶趟儿"，而且是开满了花，"赶趟儿"。这就写出了热闹的情景——

生（部分）：繁花似锦。

师：好，很好。繁花似锦。［板书：繁花似锦；并展示繁花似锦的彩色图片］大
家都挤着，大家都要开花，都要开得满树——繁花似锦！开得——你看：
满树都是桃花、梨花，繁花似锦！你数得清吗？多少朵花呀！先写它争春。
接着就写它什么？

生（部分）：色。

师：色。怎么写的？

生（部分）："红的像火，粉的像霞，白的像雪。"

师：是写颜色，大家都很清楚了。像火、像霞、像雪。接着，还写什么？我请
一个同学讲得完整一点。从哪些角度写的？别人补充，好吧？——从哪些
角度来写的？［学生举手］某某，讲讲看。

生（2）：先写树，开满了花，接着写颜色——花的色、味，再写果。

师：先写花的色、味，再写果。［板书：色、味、果］

生（2）：接着写花下的蜜蜂、蝴蝶。［学生举手］

师：好，你说。

生（3）：遍地的野花的姿态。

师：花下的蜜蜂、蝴蝶。［板书：花下……］然后，再写遍地的野花的姿态。
［板书：野花姿态］好，坐下。还有补充的吧？对不对？［生（集体）：对。］
好，基本上我们分析出来了。写树的争春。写开花嘛，繁花似锦嘛，写它
的颜色，这个颜色——色彩怎么？［学生举手］某某某。

生（4）：鲜艳。

师：鲜艳。再换。［学生举手］好，某某某。

生（5）：艳丽。

师：艳丽。［板书：艳丽］再换。［学生举手］某某某讲。

生（6）：绚丽。

师：绚丽。［板书：绚丽］艳丽、绚丽，色彩呀非常鲜，非常美。然后呢，写这个花呢，还有什么？

生（集体）：味。

师：味。这个味道是什么呢？

生（集体）：甜味。

师：甜味——甜味儿。你看：笔笔扣住春天！这个时候，结果了没有？［生（集体）：没有。］所以，用了个什么词语来表达呢？

生（集体）："仿佛"。

师："仿佛"——满树已经是结了果。"仿佛"，很重要，注意！如果说这时候已经结了果，那就不符合实际。所以一定要用"仿佛"。接着就写"花下"。花下的蝴蝶、蜜蜂。我说这里，有个词用得非常好！一个词呀，就把热闹的情景写出来了！是什么呀？

生（集体）："闹"。

师："闹"！这个"闹"字呀，本来在我们诗词里头就有"红杏枝头春意闹"！"闹"，写了个杏树呀，"红杏枝头——"。［板书：红杏枝头春意闹］好，把这个句子记下来。噢，这是写杏树，"枝头春意闹"。杏树它会有声音吗？没有的。这个"闹"字，就把春天的什么——"繁花似锦"的热闹气氛都刻画出来了！

这里是写蜜蜂的"闹"。蜜蜂是怎么样呢，"嗡嗡地"——"嗡嗡地闹着"，就是写这个热闹的情景。蝴蝶怎么样呀？花下大大小小的蝴蝶在穿梭，"飞来飞去"。

我们再看下面讲野花。野花遍地都是。对这个野花是怎样写的？"杂样的，有名字的，没有名字的"——叫不出来的。对吧？

我们校园里头花虽不多，但有不少是叫不出名字来的"杂样儿"。这里面是怎么来写花的姿态的呢？

请同学们注意：刚才有个字读错了，要纠正，不是"散（sàn）"应该读什么？

生（集体）："散（sǎn）"。

师："散（sǎn）"，第三声。注意呀！给它注上音。"散"，"散在草丛里像眼睛，像星星，还眨呀眨呀的。"这个意境有吧，你们想一想看？　［**生**（部分）：有。］

为什么会眨眼睛，像星星？［学生举手］好，某某某，你讲。

生（7）：风吹了，野花就像摇头一样。

师：喔，他说：风吹了，野花就像摇头一样，因此就"眨呀眨的"。对不对呀？［**生**（集体）：对。］好，请坐。理解得对。所以这里有一种写法，是我们又可以学习的，没有明写风，但是写风了没有呀？［**生**（部分）：没有。］"风轻悄悄的"——没有写？有风无风呀？［**生**（集体）：有。］

有风了，风的描写就寓在其中了。——没有明显写风，但是，这个风的味道呀，已经寓在其中了。为什么呢？你们想想看，怎么会眨呀眨呀的？风吹过来吹过去。你们再想一想，这个时候，天上有什么？

生（部分）：太阳。

师：噢，有太阳。阳光照着的时候，这花怎么样？

生（集体）：很亮。

师：噢，很亮，"散在草丛里像眼睛，像星星"，风吹的时候呢，一会儿看见了，一会儿又看不见了，因此，"眨呀眨的"。写风，寓在其中，没有明显写，我们就知道了。没有明显写阳光，但是，阳光写了没有？也写了，也寓在其中了！所以，这个写法很高明。不仅"像星星"，而且这个比喻跟上头的什么是呼应的呀？你们看野花怎么样？

生（部分）："遍地是。"

师："遍地是。"天上的星星怎么呀？

生（部分）：数不清。

师：数不清，对吧。这野花遍地是。所以这个比喻是很确切的，一个写其多，"像星星"，对吧？还有一个写其亮，"像眼睛"。

我们基本上能够分析出来了。我说这样写还有一个特点，它的层次很清楚。你们看这幅景色呀，层次很清楚。你看看是怎样的层次？［学生举手］某某某讲。

生（8）：先写高的地方。写树：桃树、杏树、梨树。再写中间的。

师：喔，再写中间的。——中间的是什么？

生（8）：中间的花、果。

师：再写呢？

生（8）：花下的蜜蜂、蝴蝶。

师：花下的蜜蜂、蝴蝶。

生（8）：地上的野草。

师：地上的野草呀？

生（8）：野花。

师：地上的野花。好，请坐。你们看对吧？她分析得很好。这里写的景很有层次。它先是写整个树的情况，然后写树上的花；然后写花下的蜜蜂、蝴蝶；然后再写遍地的野草——不，讲错了，遍地的野花。

所以，在我们面前描绘出一幅美丽的图景，有声有色！对吧。声音是什么？

生（部分）："蜜蜂嗡嗡地闹着"。

师："嗡嗡地闹着"。有声有色！我们理解了。这写得多细！而且多有层次！就好像画画一样，前头画什么，后头画什么，高的画什么，低的画什么，当中又怎么画？都应该笔笔交代清楚。

现在，自己读，读得把它背出来。

［学生轻声朗读第四节；教师巡视、指导］

我们试试看。梨树、杏树……预备——起。

生（集体）：［齐背第四节："桃树、杏树、梨树……"］

师：噢，我讲错了，重来。"桃树、杏树、梨树……"预备——起。

生（集体）：［齐背第四节］

师：这里有一句，读的时候，背的时候要注意："花里带着甜味儿。"好，我们再背一遍。"桃树、杏树、梨树……"，预备——起。

生（集体）：［再齐背第四节］

师：好，接下去，我们看第五节。第五节是写什么的呢？

生（部分）：风。

师：写风。一开始呢，写风的时候就引用了——

生（部分）：宋朝志南和尚的诗句。

师：噢，志南和尚的《绝句》。我们背背看，志南和尚的《绝句》。预备——起。

生（集体）：［背诵］"古木荫中系短篷，杖藜扶我过桥东。沾衣不湿杏花雨，吹面不寒杨柳风。"

师：好，我们过去在早读课上读了他的《绝句》，讲这里有一句名句："吹面不寒杨柳风"。你看呀，今天碰到了！这里运用进去了！"吹面不寒杨柳风"。这儿写风了。

我们看，这里怎样写风的呢？这里写风呀，是写风的姿态，［板书：态］然后再写风里夹着很多味道。［板书：味］请同学看看，写风的姿态是怎么写的？请同学们找出：写风的姿态的关键的词。［学生举手］某某某。

生（9）："抚摸"。

师："抚摸"是什么意思？

生（9）：抚摸就是吹到脸上。

师："抚摸"就是吹到脸上？［学生轻笑声，教师微笑］他这样说是有道理的，但是，"抚摸"不能直接解释吹到脸上。对吧？想想看，谁帮助他一下。［学生举手］好，某某某，［指生（9）］请坐。某某某你说。

生（10）：［腼腆地］轻轻地摸着。

师：没有什么难为情的；讲错了也没有关系，你看，脸也红了。轻轻地摸着。风吹的时候，你用另外的词讲讲看。［学生轻声议论］

生（10）："清风拂面"。

师："清风拂面"。可以吧？可以的。"拂"，轻轻地擦过。请坐。好，写姿态是"抚摸"，是"清风拂面"。风里带着哪些味道？看清楚，是哪些味道？［学生举手］某某某。

生（11）："风里带来些新翻的泥土的气息，混着青草味儿，还有各种花的香，都在微微湿润的空气里酝酿。"

师：对吗？你能不能讲一讲，这个风里头有怎样的泥土气息呢？

生（集体）：新翻的。

师：新翻的。混着青草味儿，还带着各种花的香味，你们能用一个词，来说明风里是什么味道吧？这大概比较难了！想一想看，各种花的味是很香的，青草味是很香的，新翻的泥土味也是很香的。

生（部分）：芬芳。

师：好，芬芳。能够想得出来吧？芬芳，这香味很浓的，各种花的香，有人能够想得出来吧？［学生低声议论］芬芳——有人讲出来了："芬芳馥郁"。［板书：芬芳馥郁］很香，各种各样的香：那么多花的香，春天青草味儿的香，新翻的泥土的香。——芬芳馥郁！好像风也是香的，充满了芬芳。这个味儿，就是充满着芬芳馥郁的味，"它们都在微微湿润的空气里酝酿"。"酝酿"本来用在什么地方的？

生（部分）：造酒。

师：嗯，造酒，酿酒的过程。这里——什么意思？［学生低声议论］就是各种香混合在一起，飘过来——随着风飘过来；飘过去——随着风飘过去，而空气呢，又是润湿的，不像冬天那么干燥。作者抓住春风的特点来写。而且，写春风特点的时候，把别的景物都带进去了。花呀，草呀，泥土呀，都带进去了！这个写法很高明。

接着，我们看写鸟，在我们眼前又是另外一幅情景。你们看看，"巢"是什么意思？"巢"？

生（部分）：鸟窝。

师：鸟窝。鸟儿把窝"安在繁花嫩叶当中"。我们看：写鸟，着重写什么？

生（部分）：嗓子。

师：对，写它们的嗓子。你看，前面是写颜色。刚刚上节课一开始，某某背的"两个黄鹂鸣翠柳"，写黄鹂的什么？黄颜色。还写了什么？鸣叫——这里主要是它们的什么？

生（部分）：声音。

师：鸣是声音，是叫。写鸟呢？主要是写声音。请同学们看，作者是怎样细致生动地描绘鸟的声音的？［学生低声议论；举手］好，某某某。

生（12）："呼朋引伴地卖弄清脆的喉咙，唱出宛转的曲子，跟轻风流水应和着。"［把"应和（hè）"读成"应 hé"］

师："应和（hè）着"。一起读："应和（hè）着"。

生（集体）："应和（hè）着"。

师："卖弄清脆的喉咙，唱出宛转的曲子"——写清脆的喉咙，宛转的曲子，注意呀，你们看，这里写一只鸟的声音，还是好些只鸟的声音？［生（集体）：好些只鸟的声音。］你怎么知道？

生（部分）："呼朋引伴"。

师：什么叫"呼朋引伴"？［学生低声议论；举手］某某某。讲讲看。

生（13）：叫朋友，引伙伴。

师：叫朋友，引伙伴。对吧？就是叫着，叫了很多鸟一道来，这个叫"呼朋引伴"。

　　这里面写声音，就是写鸟鸣吗？写了多少种声音？［学生低声议论］

　　看看，写了多少种声音？找找看，找正确了。［学生举手］有的已经找到了！好，某某某。［指定学生］

生（14）：写了 3 种声音：鸟的——鸟的歌声，轻风流水声，还有牛背上牧童的短笛声。

师：他说写了 3 种声音。［一个学生举手］你有补充吗？好，某某。

生（15）：写了 4 种声音：鸟的歌声，风的声音，水的声音，还有牛背上牧童短笛的声音。

师：喔，他把轻风、流水的声音分开来，好的。

师：你们看牧童短笛的声音怎样呀？

生（集体）：嘹亮。

师：鸟的歌声和轻风、流水的声音怎样呀？

生（集体）：应和。

师：应和。"应和"是什么意思？［学生举手］某某某。

生（16）：声音和声音相应。

师：声音和声音相应，就是此唱彼和。这里唱，那边和。［学生举手］某某。

生（17）：此起彼落。

师：此起彼落，是可以呀。但是，"应和"的意思呢？——唱与和。某某［指生（17）］讲了，"此起彼落"。某某某［指生（16）］唱了，某某［指生（17）］和了，［学生笑声］此唱彼和，此起彼落。

这里有鸟的声音，有轻风的声音，有流水的声音——叮叮咚咚，对吧？那么还有牧童的短笛所吹的声音——响亮的声音，我说这些声音应和着，应该构成了一首非常动听的——

生（部分）：交响乐。

师：噢，好的。什么交响乐？

生（部分）：自然交响乐。

师：什么交响乐呢，自然交响乐啊？

生（部分）：春天的交响乐。

师：对，春天的交响乐，构成一首春天的交响乐！理解得很好。鸟呀，风呀，水呀，牧童的短笛呀，〔边讲边板书：鸟、风、水、笛〕这些声音非常和谐，此起彼落的，此唱彼和的，就交织成一曲非常动听的春天的交响乐！好，理解得很好。这里写得很细致，很生动，很生动！〔板书：生动〕从风写到味；从味写到鸟；从鸟写到轻风、流水、短笛。

现在请某某把这节朗读一遍。〔指定学生〕

生（18）：〔朗读第五节〕"'吹面不寒杨柳风'……像母亲的手抚摸着你。"〔把"抚摸着你"读成"抚摸着我"。学生笑〕

师：〔微笑〕重来，重来。"'吹面不寒杨柳风'……"

生（18）："'吹面不寒杨柳风'……这时候也成天嘹亮地响着。"

师：好，请坐。有字读错吧？〔学生举手〕好，某某某。

生（19）："呼朋引伴地卖弄清脆的喉咙"，她把"卖弄"读成"买弄"。

师："卖弄"，不是"买弄"。〔微笑〕卖买不分了。"卖弄"是什么意思？〔学生举手〕某某。

生（20）：显示自己。

师：喔，显示自己。对了，某某〔指生（20）〕讲得很好。显示自己——"卖弄清脆的喉咙"。好，我们自己读两遍。

〔学生各自轻声朗读第五节；教师巡视、指导〕

好，我们再看下面第六节："雨是最寻常的……"这儿是写雨了。写雨呢，着重是写形态。你们看看，这雨的形态是什么？〔学生低声议论〕

你能不能找一个词或两个词，把这个雨的形态讲出来。看谁找得准！〔学生举手]某某某。

生（21）："像细丝"。

师："像细丝"。好，请坐。看，"像细丝"，这是写"细"。[学生举手]某某。

生（22）："密密地斜织"。

师："密密地斜织"，这是写"密"。你们看看，这个雨的形态，把两个人[指生（21）、生（22）]讲的综合起来，某某某，你讲。[指定学生]

生（23）：细和密。

师：细和密——写它的细和它的密。对吧？密得、多得像什么？

生（集体）："像牛毛。"

师：细得像什么？

生（集体）："像花针。"

师："像细丝"，"密密地斜织着"，为什么"斜"？

生（部分）：有风。

师："密密地斜织着"，这是写雨的形态。接着就写雨中的房屋，雨中的树，雨中的草，雨中的人——雨中屋，雨中树，雨中草，雨中人。这个是我们容易理解的。

现在我们请一个同学，把这一节朗读一下，你们看，雨中屋子是怎么样的？雨中的人是怎么样的？雨中的树和草是怎么样的？好，谁来读？[学生举手]某某某来读。

生（24）：[朗读第六节]"雨是最寻常的……在雨里静默着。"

师：好。刚刚讲雨的形态的特点，接下来写雨中的屋。屋，首先是屋顶上。刚刚有个同学提出了个问题："全笼着一层薄烟"，是什么意思？——"一层薄烟"，什么意思？

生（部分）：像云雾一样。

师：为什么像云雾一样呢？

[学生低声议论：有的说，雨下得紧；有的说，写雨中屋顶的情况]

对，雨下得紧，是写雨中屋顶的情况。细雨蒙蒙，所以，屋顶上好像有一层薄烟。我们再看，雨中的树叶有什么特点？

生（集体）："绿得发亮"。

师：对。写得好！"绿得——绿得发亮"！树在雨中洗了以后，叶上什么没有了？

生（集体）：灰尘。

师：对。好，我们再来看，草呢？雨中的草呢？

生（集体）："青得逼你的眼"。

师：哪个词用得好？

生（集体）："逼"。

师：对。这个"逼"字说明什么呢？

生（集体）：刺眼。

师：喔，很刺眼，"逼你的眼"。大家理解得很好。大家想一想看，王安石的《书湖阴先生壁》，诗中有一句话，记得吧？

生（部分）："两山排闼送青来"。

师：喔，对，已经想起来了，"两山排闼送青来"。这两座山好像把门逼着推开以后呀，把"青"送来了。清楚了吧？"逼你的眼"，大家理解得很好。
接着看，写雨中还用什么来衬托呀？灯光呢，"黄晕的光"，给人以温暖的感觉，"烘托出一片安静而和平的夜"。雨中还有人。这些人是怎么呢？有的是——

生（部分）："慢慢走着"。

师：慢慢走着。有的呢？还有——

生（集体）：工作。

师：工作。那么，雨中他们的房屋怎么样？

生（集体）："稀稀疏疏的"。

师："稀稀疏疏的，在雨里静默着。"前面是写的"闹"呀，这里是写的——

生（部分）：静。

师：对吧，绘声绘色，还加上绘动绘静。[板书：声、色、动、静；并在前面板书：绘] 我们刚刚讲了很多的，是描绘声音，描绘颜色，写了动态，这里呢，又写了静态，"安静而和平的夜"。但是路上、桥边，还有慢慢走着的行人；地里，还有在劳动的农民。安静和平的夜。雨中的房屋呢？是"稀稀疏疏的，在雨里静默着"。有静有动，笔笔都是紧扣春天来写的。
好，现在我们一齐来朗读一遍。"雨是寻常的……"预备——起。

生（集体）：〔齐读第六节〕

师：这第二节到第六节呢，都是着重写景，当然在写景中也写了人，对吧？可是到了第七节，着重写什么？

生（部分）：写人。

师：人。在春天是百花争春——百花争春，万象更新。〔板书：万象更新〕我们从第二、三、四、五、六节里都看到是万象更新。这前面是写大地回春。回春以后是什么情景，不管是山呀，水呀，草呀，树呀，花呀……大自然的一切情景，都万象更新——万象都披上了新装。

　　在如此细致地描写景物以后，就着重用一节写人，写人在春天的情景。那么我们看看，这里只写了几笔，就天上、地上都写到了。

　　好，请一个同学把这一节读一读。〔学生举手〕某某。

生（25）：〔朗读第七节〕"天上风筝渐渐多了……有的是希望。"

师：好。你们看看，天上，放风筝了，是春天了；地上，人也都是争春的，也是"赶趟儿"的。从哪些角度来写人争春？

生（部分）："一个个都出来了"。

师：一个接着一个出来了。

生（部分）："城里乡下"。

师：对，"城里乡下"。

生（集体）："家家户户，老老少少"。

师：〔朗读〕"城里乡下，家家户户，老老少少，也赶趟儿似的，一个个都出来了。舒活舒活筋骨，抖擞抖擞精神，各做各的一份儿事去。"在这里就点出了一句话——

师、生（集体）：〔同声〕"一年之计在于春"！

师：什么叫作"一年之计在于春"？

生（部分）：一年中最好的是春天。

师：一年中最好的是春天。这个"计"怎么解释？

生（部分）：计划。

师：计划。一年中要做的事情，一年的计划，在春天怎么样？要好好地打算打算。这就告诉我们：干事情要抓紧什么呢？

生（部分）：时间。

师：抓紧时间，抓紧开始。"有的是工夫"，这"工夫"是什么意思？

生（部分）：时间。

师：时间。注意呀，它是没有一个"力"的，看到吧？这个"工夫"是时间。有的是时间，"有的是希望"。这儿只是寥寥几笔，也就描绘出了人们在春天生机勃勃的情景。前面细致地写出了春光无限好，万象更新。这儿几笔呢？写出了人们在春天的神情，有景有人，勾出了一幅春光无限好的美景！这一部分：绘春，［指板书："绘春"］是全文的重点。
你们看，对吧，描绘春天是绘声绘色，绘动绘静，而且呢，细致描绘的时候，还绘了什么啦？

生（部分）：情态。

师：还绘神绘态。所以这个描绘非常细致，而且语言非常生动。譬如说，写草的生命力，用什么？

生（部分）："钻"。

师："钻"。写热闹的气氛？用——

生（部分）："闹"。

师："闹"。写小草的青用什么？

生（部分）："逼"。

师："逼"。这都是用得非常好的，很准确的。细致地描绘来源于什么？

生（部分）：观察。

师：对，细致地观察。如果我们视而不见，写得出这么细吗？［生（集体）：写不出。］还有一个原因，观察细致以后，还要怎么样？

生（部分）：表达出来。

师：还要表达。那么，就要积累什么呢？

生（部分）：词语。

师：词语，积累词语。所以平时要很仔细地读书，积累词语，描绘起来就会生动了。写草的生命力，一个"钻"字就会蹦出来。对吧？在写静景的时候，写房屋，"在雨里静默着"就会出来。用词非常确切、生动，很值得我们学习。

（以上 44 分钟）

在绘春之后，就颂春了。［指板书"颂春"］作者满怀喜悦的心情来颂春，但颂春的话只有 3 句。请一个同学读一读。［学生举手］某某某。

生（25）：［朗读第八、九、十节］"春天像刚落地的娃娃……领着我们上前去。"

师：请坐。作者用的什么手法来写的？

生（有的）：比喻；（有的）：拟人。

师：比喻还是拟人？［生（集体）：拟人。］

请同学们考虑一下。这里，第一句："春天像刚落地的娃娃，从头到脚都是新的，它生长着。"这里是写出春天的什么？——春意盎然，好的。［板书：春意盎然］［生（有的）：生意盎然。］生意盎然，好的。［板书：（生意盎然）］都可以，春意盎然，生意盎然。我们同学的作文就可以用嘛。

【下课铃响】

（以上 1 分钟）

好，还有几句话，我们把它看完。接着写它的花枝招展，写它的什么？

生（26）：写春天的美。

师：是写它的美，千姿百态。我们同学的作文里，不是写"千姿百态"吗？就是这个词语，对吧，千姿百态。［板书：千姿百态］

最后，写春天像青年一样。某某，［指定学生］健壮的青年是怎么样？写它的——

生（27）：青春活力。

师：对，讲得很好！青春活力。［板书：青春活力］因此我说，这 3 个比喻呀，它是各有自己的内容。但是，又是互相联系的。

你们看看，它有区别又有联系。你们看区别和联系在什么地方？一个是写生意盎然，另一个写千姿百态，再一个写青春活力——有区别吧？［生（集体）：有区别。］有区别。但是它们又是有联系的。你看看，它先写春天像什么？

生（部分）：娃娃。

师：娃娃。然后呢？

生（集体）：小姑娘。

师：小姑娘。然后呢？

生（集体）：青年。

师：青年。这个联系很清楚的。对吧？是从不同的角度来写的。另外呢，它是从春天本身的怎么样来写的？

生（部分）：成长。

师：春天本身也在成长。因此，春天从"刚落地的娃娃"，成长为"小姑娘"，再成长为——

师、生（集体）：〔齐声〕"健壮的青年"。

师：这个比喻是非常确切的。这篇文章就是从带着十分向往的心情迎春，到最后，以十分喜悦的心情——

师、生：〔齐声〕颂春。

师：在我们眼前展现的是春光无限好的景色！同学们回去背诵。开头背出来了，后面几小节还没有背出来。要把全文背出来，仔细地体会朱自清先生文章的用词造句的妙处。他写的这篇文章呀，很清新，就好像小河里的水流淌下来一样！这些词句都从他的笔端流淌出来，我们要好好地学习，怎么样抓住景物的特点来写。他是笔笔扣住春天的景物特点来写的。我们学完以后，要写一篇抓住景物特点来描写的文章。今天课后没有书面作业，全文要朗读背诵。

【下课】

【教后体会】

在七年级下学期，第一次教学生写景散文，着力于细，让学生体会用词的准确、生动，培养学生想象的能力，这个目的基本达到。学生十分喜爱这篇补充读物，学习积极性高涨，争相发表自己的看法。两节课下来，学生基本能背诵。同时注意辨别字形、字音，如"买、卖""胀、涨"，引导学生注意识字的基本功。教学过程中兼带教"百花争妍""繁花似锦""芬芳馥郁""大地回春""万象更新""红杏枝头春意闹"等词句，扩大学生词汇量。

板书设计学生欢迎。

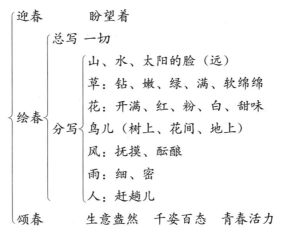

```
        ┌ 迎春      盼望着
        │      ┌ 总写 一切
        │      │      ┌ 山、水、太阳的脸（远）
        │      │      │ 草：钻、嫩、绿、满、软绵绵
        │      │      │ 花：开满、红、粉、白、甜味
        ┤ 绘春 ┤ 分写 ┤ 鸟儿（树上、花间、地上）
        │      │      │ 风：抚摸、酝酿
        │      │      │ 雨：细、密
        │      │      └ 人：赶趟儿
        └ 颂春      生意盎然　千姿百态　青春活力
```

有些地方教得过于细碎，须改进。

【又教后记】

第二次在别的班级教这一课时，《春》已选入教材。吸取了前次教得细碎的教训，重点放在朗读训练上，个别读，集体读，通过反复朗读，使学生体味语言的生动与优美，画面的勃勃生气。内容只作了粗线条的分析，一课时完成。学生读得比较流畅，但在写作上反映出来的效果反不及前次。

第一次抓住细笔细绘的特点引导学生仔细品味，学生在习作上明显地进了一步，写景不再是大而化之，笼笼统统，而是平时注意细致地观察，下笔要比原来具体得多，生动得多。

要注意，教学必须从学生的实际出发，不能想当然。在纠正教学中的缺点时，不能把长处也甩掉。

【再教后记】

第三次教《春》时，整个教学构思又作了较大的更改。一是加强了单元教学，把《春》《海滨仲夏夜》《香山红叶》和《济南的冬天》结合起来考虑，除抓住特点，比较异同外，引入课文也重新作了设计。设计是这样的：法国雕塑家罗丹曾这样说，美是到处都有的，对于我们的眼睛不是缺少美，而是缺少发现。我们生活在大自然之中，大自然的美可以说是无处不在，它不同于巧夺天工的工艺美，也不同于绕梁三日的音乐美，然而，它似乎是各种美的综合。尤其是我们祖国壮丽的山河，真是美得令人陶醉，在春、夏、秋、冬不同的季节，不同的地方，展现出不同的美姿。

现在我们要学习的就是一组描写四季景物特征的情文并茂的散文，通过反复诵读，咀嚼推敲，来领会它们精彩的写法和表现的情境美。二是加强思维与语言的训练。先给学生做样子，就春草的描绘进行分析，明确写了些什么，从哪些角度描绘的，哪个词或哪些词用得特别精当，描绘时主要运用哪些方法。然后帮助同学自读课文，有条理地进行分析。学生把理解、口述、朗读结合起来，学习的效果比较好。

通过教师示范，学生学会了自读，学生成了阅读的主体，有各自的认识及体会，这是好的。然而，教师在指导方面仍有不足。各个画面应聚焦在生命力的旺盛和生命的灿烂这一点上。春，万物复苏，生机勃勃，创造锦绣，创造繁荣。绘春，赞春，实际上是生命的赞歌，希望的赞歌。

有学生对文章结尾有看法，认为有斧凿痕迹，不自然，我虽表扬他敢于发表不同意见，但没有展开。学生的看法不无道理。

二、多元、立体、网络化：《晋祠》教学案例

【教材解读】

《晋祠》是一篇文艺性很强的说明文，作者梁衡依靠精细的观察，熔描写与说明于一炉，展现古迹的美丽画卷，引导读者鉴别欣赏。由于寓艺术魅力于事物的说明之中，一扫常见的说明文给人的枯燥感觉，故而读来引人入胜。

该文的层次结构十分清晰。就全篇而言，先总说后分说，按总分顺序精心安排说明材料。文章起笔先对说明的对象进行总说，指出它的特征是"悠久的历史文物与优美的自然风景浑然融为一体"，接着从自然景物和历史文物两个方面对晋祠作具体解说。分说"优美的自然风光"这个部分，先用"晋祠的美，在山，在树，在水"总领，然后逐一介绍山、树、水的特点，说明顺序也是按照先总后分的结构方式展开的。分说"悠久的历史文物"这个部分，先介绍我国古建筑中的"三绝"，再介绍其他建筑和园中小品。采用的说明顺序是先主后次，先重点后一般，先点后面。晋祠的自然景物丰美，建筑群复杂多姿，作者根据这些事物的内在结构以及各部分的相互关系，巧妙地编织说明层次，条理分明，纹丝不乱。结尾以"真不愧为我国锦绣山河中的一颗璀璨的明珠"这样的赞美词收束全文，为说明的清晰性增添了情趣。

　　为了增强说明的效果，作者把说明的对象描绘得栩栩如生，逼真传神。仅举一两例予以说明。比如，文中说明水的特点，先从观察点的移动铺写水之"多"——深潭、小渠、河、井、溪、石间细流、林中碧波。"脉脉""闪闪"的形容，"为线为缕""为锦为缎"的贴切比喻，活画出水的美姿美态。接着用"叮叮咚咚"的叠词描摹水的悦耳声响，进一步说明水之多，长流不息。写水的清澈，先用"令人叫绝"形容，一个"绝"字，充满了褒赞之情，引人共鸣。然后选取"深水"这个点放在一定的光照下描绘，"游鱼碎石，历历可见"，以游鱼碎石的动静情态衬托水的清澈的程度，使人不期然地联想到柳宗元《小石潭记》中鱼往来翕忽的情境，煞有趣味。写水的静与柔，把河底、岸边、微波、倒影交织在一起描写，以"飘带"为喻，刻画其"穿亭绕榭"的动态，"冉冉不绝"的风采。水的缭绕之姿描绘得惟妙惟肖。行文至此，作者信手拈来李白的诗句，借引用的话赞叹晋祠的水，又托观赏者的心理设疑，启人想象似真似幻的水上美景。如果只说明晋祠水的特征，不细笔细绘，哪来如此的诗情画意！又如，石雕小和尚的神态，"光光的脑门儿，笑眯眯的眼神，双手齐肩，托着一个石碗接水"。三笔两勾，一个活生生的形象就站立在眼前，好不生动！综观全文，说明与描写结合得天衣无缝，在介绍晋祠这座名胜古迹的过程中，打开优美的画卷，让山水树木，殿堂楼阁，亭台桥榭等形象呈现在人们眼前，引导人们步入艺术境界。

　　说明文的语言必须洁净，平实，简而明，详而不枝不蔓，能准确地反映事物的本来面目。文艺性强的说明文，除着眼于说明的准确性和逻辑性外，还使用带色彩的语言，增添生动性，加强表现力。该文运用多种修饰手法铺锦织绣。比如，写树的造型奇特，以"偃如老妪负水""挺如壮士托天"等为喻，形象生动。运用对偶、拟人、引用、排比等多种修辞手法，绘声绘色，绘形绘态，味道极为浓郁。语言注意变化，有的句子简洁干脆，语势短促；有的舒缓委婉；有的长短交错，起伏缓急，错落有致。

　　富于艺术魅力的说明文是说明文中的一朵奇葩。赏析这类文章的风韵，也是饶有情趣的，学生从中是能够获得很多东西的。

　　【学情分析】

　　一般地说，学生不太喜欢说明文，总认为说明文比较干巴，不像文学作品那么吸引人。还认为说明文主要是掌握一些常见的说明方法，只要对说明对象有所了解，写起来困难不大。学生的看法有一定的道理。说明文的阅读也好，写作也好，最为关键的是对说明对象的深入了解，透彻掌握。然而，说明文有多种多样形式，文艺性的说明文学生接触得不多。把说明和描写结合得天衣无缝，使说明的对象清晰可见，对读者有吸引力，感染力，对学生来说也有一定的新鲜感，因而这种寓艺术魅力于说明对象之中的文艺性说明文，是教学的一个重点。

文章介绍的是古迹，是人文景观，文化积淀丰厚，又与自然风景融为一体，文字生动优美，对学生是极好的语感教育、语文能力教育和民族自豪感的教育。为此，课的起始可请每位同学讲述自己熟知的一处名胜古迹，导入新课的学习，既培养他们的口头表达能力，又激发他们热爱祖国山川的感情，激发他们的民族自尊心和民族自豪感。学生阅读说明文有一定的能力，通篇说明的内容与顺序由学生自主梳理，再找准关键词语，学生学习积极性可持续高涨。园中小品是逗人发笑的杰作，请一位十分调皮捣蛋的小同学（其他班级难以招架，调到这个班级的）表演一下，既满足了他的表现欲，又给课堂增添了欢乐气氛。

本课设想力求发挥多功能的作用，抓住说明的语言、内容与顺序，熔知识传授、能力培养、智力发展和思想情操的陶冶于一炉，使学生语文素养获得全面培养。课堂教学结构力求网络化，教师指导面向全体学生，学生再及时反馈给教师，学生与学生之间互相启发互相帮助，让每位学生活跃于浓郁的课堂学习气氛之中，能者为师，享受求知的欢乐。

【学习目标】

了解寓艺术魅力于说明对象之中的文艺性说明文的特点，感受说明与描写巧妙结合的功力与妙处；

锻炼学生自主阅读的能力，促使他们自主感受中华文化的优秀与深厚，激发他们的民族自豪感。

【教学流程】

第一课时

【上课】

师：我们伟大祖国历史悠久，山川锦绣，名胜古迹星罗棋布，在世界上可以说是——

生（部分）：首屈一指。

师：首屈一指［竖起拇指］。现在请每位同学就你所知道的名胜古迹说一处，要求：一说清楚，二速度。我不一个一个叫名字了，请挨着次序讲下去。你先说［示意第一排一位学生］。

生（1）：青岛八大关。

生（2）：北京故宫。

生（3）：从化温泉。

生（4）：山西云冈石窟。

生（5）：西安大雁塔。

生（6）：杭州西湖。

生（7）：长城。

生（8）：甘肃的酒泉。

生（9）：善卷洞。

师：在什么地方？

生（9）：宜兴。

生（10）：福建厦门的鼓浪屿。

生（11）：南翔古猗园。

生（12）：北京颐和园。

生（13）：普陀山的寺庙。

生（14）：西藏的布达拉宫。

师：好，讲得很响亮。

生（15）：河北省的赵州桥。

师：河北省的赵州桥我们什么地方碰到过？

生（部分）：课文《中国石拱桥》。

师：对。

生（16）：太湖。

生（17）：西安的大雁塔。

师：重复了。

生（18）：陕西的兵马俑。

生（19）：安徽滁县的醉翁亭。

师：醉翁亭，我们这学期要学《醉翁亭记》。

生（20）：承德的避暑山庄。

生（21）：湖南省岳阳市的岳阳楼。

师：岳阳，我们这学期还要学《岳阳楼记》。

生（22）：山水甲天下的桂林山水。

生（23）：庐山的大天池。

生（24）：洛阳的白马寺。

生（25）：雁荡山。

师：在什么省？

生（25）：浙江省。

生（26）：广西容县古经略台真武阁。

生（27）：河北省保定市的古莲池。

生（28）：广东肇庆星湖。

生（29）：广西阳朔。

生（30）：长白山天池。

生（31）：济南的大明湖。

生（32）：扬州的瘦西湖。

生（33）：北京的天坛。

生（34）：甘肃的敦煌。

生（35）：上海名胜豫园。

生（36）：西藏的拉萨哲蚌寺。

生（37）：绍兴的东湖。

生（38）：北京的卢沟晓月。

师："卢沟晓月"我们也在课文中碰到过。

生（39）：西双版纳。

生（40）：四川的乐山大佛。

生（41）：宜兴的张公洞。

生（42）：庐山的花径。

生（43）：中岳嵩山。

师：中岳嵩山，你还能够说出其他的几个"岳"吗？

生（43）：能。西岳华山、东岳泰山、北岳恒山、南岳衡山。

师：对不对？

生（部分）：对！

师：记得很熟，好。

生（44）：浙江的瑶琳仙境。

师：刚才我们花了不到两分钟的时间，把自己熟悉的名胜古迹初步检阅了一下，已经巍巍乎壮哉！我们祖国无处没有名胜古迹，真是美不胜收。我们祖国究竟有多少名胜古迹呢？我给你们介绍一本书，［出示书］大家看：《中国名胜词典》。这本书里介绍的是我国名胜古迹，我们今天要学的《晋祠》，这里也有介绍。"晋祠"，你们学过地理，"晋"是指什么地方？

生（部分）：山西省。

师：因此我们查这本词典的时候，在山西省部分可以查到。"晋祠"在这本词典的第 127 页［翻到第 127 页］，山西省太原市下第一个条目就是"晋祠"［出示给学生看］。我们听写一下。为了节约时间，把"晋祠"修建的时间以及后来重建的时间略去。现在请同学们把笔记本拿出来听写。

［听写］

晋祠在山西太原市西南 25 公里悬瓮山下（"悬瓮山"请你们翻到教科书的第 137 页，"悬"是悬挂的"悬"，"瓮"是酒瓮的"瓮"）晋水发源处。北宋天圣年间［重复一遍］，（请翻到书的第 140 页，"天圣"圣人的"圣"），追封唐叔虞（唐尧虞舜的"唐"，追封唐叔虞——［板书：唐叔虞］唐是地名，"叔虞"是人名，追封唐叔虞）为汾东王（"汾水"的"汾"），并为大母邑姜［板书：邑姜］修建了规模宏大的圣母殿［重复一遍］（"圣人"的"圣"），殿内有 43 尊宋代彩塑［重复一遍］（"尊"在这里是量词，"尊敬"的"尊"），殿前鱼沼飞梁（请看第 140 页最后一行，鱼沼飞梁）［重复一遍］，为国内所仅见［重复一遍］（"仅"不仅而且的"仅"）。殿两侧为难老（"难老泉"的"难老"）、善利（"善恶"的"善"，"利益"的"利"）二泉，晋水主要源头由此流出［重复一遍］，常年不息。（哪个"常"？）

生（部分）："长短"的"长"。

师："长短"的"长"吗？

生（多数）："常常"的"常"。

师：（对，"常常"的"常"。常年不息）水温17℃（水温17℃怎么写法？）［边做手势边讲］，清澈见底［重复一遍］。祠内贞观宝翰亭中——（"贞观之治"的"贞观"，知道吗？）

生（集体）：知道。

师：（"宝翰亭"，"宝贝"的"宝"，"翰林"的"翰"。有些同学看着我，大概不会写这个字）［板书：翰］（注意，"人"下面没有一横）宝翰亭中有唐太宗撰写的御碑——［重复一遍］（"撰写"的"撰"，什么偏旁？）

生（集体）："扌"旁。

师：撰写的御碑，哪个"御"？

生（部分）："防御"的"御"。

师："晋祠之铭并序"（加引号。"陋室铭"的"铭"，知道吗？"晋祠之铭并序"）。祠内还有著名的周柏、隋槐（"柏树"的"柏"，"槐树"的"槐"。周柏、隋槐），周柏位于圣母殿左侧［重复一遍］，隋槐在关帝庙内［重复一遍］。（关帝庙是祭谁的？）

生：［议论］关公。

师：老枝纵横［重复一遍］，至今生机勃勃，郁郁苍苍，与长流不息的难老泉［重复一遍］——（这个"长"是哪个"长"？）

生：［议论］"长短"的"长"。

师：（对。与长流不息的难老泉）和精美的宋塑侍女像［重复一遍］被誉为——（哪个"誉"？）

生：［议论］"荣誉"的"誉"。

师：被誉为（被称誉为）"晋祠三绝"。

现在请同学们校对。我读一遍，不仅校对字，而且要校对标点符号，看看怎样点才正确。

［师朗读，生校对］都对了吗？一字不错的有没有？举手。1、2、3、4［边数边扳手指］。错1到4个的有多少？［稍停，学生陆续举手］看来是绝

大部分。校对好了以后，请同学们做一件工作：这里一共听写了 5 句，请你把每一句用阿拉伯数字标出来。

　　［生标号］

师：标好以后请你们用很快的速度把课文浏览一遍，把条目里介绍的有关内容和文章上的有关段落对应起来。［手势：两掌相对合拢］比如说，第一句"晋祠在山西太原市西南 25 公里悬瓮山下晋水发源处"，这是"1"，请你看看，与文章的第几自然段对应？

生（集体）：第 1 自然段。

师：对，与第 1 自然段对应起来。在有关的语句旁边写个"1"。好，现在很快地把这 5 句对一对，看有没有对不起来的地方。看谁对得准，对得快，要有速度。［学生专心而迅速地标号，老师巡视］有的已经对出来了，我们稍微等一等，可能有的内容找不到，仔细找一找就能找到。［某某学生小声议论］某某，你说。

生（45）："祠内有唐太宗撰写的御碑"找不到。

师：祠内有唐太宗撰写的御碑"晋祠之铭并序"，这一句对不着。［指问其他同学］你们呢？

生（部分）：没有。

师：也没有找到。哪个对出来的，请讲一讲，对得最快的是某某。某某，请你说说看。

生（46）：第 1 句话是对第 1 自然段。

师：第 1 自然段，这没有问题。

生（46）：第 2 句话对第 7 自然段。

师：第 2 句话对第 7 自然段。对不对？

生（部分）：对。

师：对的。

生（46）：第 3 句话对第 5 自然段。

师：对吗？

生（部分）：对。

师：好。

生（46）：第 4 句话——

师：第 4 句话找不着，第 5 句话呢？

生（46）：第 5 句话对第 4 自然段。

师：第 4 自然段对第 5 句话。第 4 句话呢？这"御碑"对不着，有没有找到的？〔学生举手〕某某某。

生（47）：对第 11 自然段。

师：第 11 自然段。

生（47）：第 11 自然段中"历代文人墨客都喜爱晋祠这好地方，山径旁的石壁和殿廊的石碑上，留着不少名人的题咏"。

师：他考虑得对不对？"留着不少名人的题咏"是总的，而词典条目里只提出题咏中的一个，"唐太宗撰写的御碑"。要对应就对这个地方。某某某〔指生（47）〕的理解是对的。

　　某某〔指生（46）〕，刚才说第 5 句话对第 4 自然段，你们认为怎样？有补充吗？〔学生举手〕某某某。

生（48）：还应该对第 6、第 7、第 8 自然段。

师：第 6、第 7、第 8 自然段？

生（48）：还有第 9 自然段。

师：第 9 自然段。请坐。我们把听写的最后一句话读一读，到底应对哪几个自然段？前几句话是一句对一个自然段，一目了然，而最后这句话涉及好几个自然段的内容。我们一起把最后一句读一读，你们看应该从什么地方开始读啊？

生（部分）：祠内还有——

师：祠内还有，预备，读——

生（齐）：祠内还有著名的周柏、隋槐，周柏位于圣母殿左侧，隋槐在关帝庙内，老枝纵横，至今生机勃勃，郁郁苍苍，与长流不息的难老泉和精美的宋塑侍女像被誉为——"晋祠三绝"。

师：这里有哪几个说明对象？第一个是什么？〔学生举手〕某某某说。

生（49）：主要说了晋祠三绝的 3 个内容。

师：哪 3 个内容？

生（49）：一是周柏、唐槐。

师：周柏、隋槐［校正］，对第几自然段？

生（49）：第 4 自然段。还有宋塑侍女像。

师：对哪一自然段？

生（49）：对第 7 自然段。其中还包括晋祠三绝，就是还包括鱼沼飞梁，对第 9 自然段，以及——［下面学生纷纷议论］

师：某某有不同意见，某某表情上不同意了，看看包括不包括？请坐，某某说。

生（50）：我认为在宋塑侍女像内并不包括鱼沼飞梁、盘龙殿柱，这里说的三绝只是对第 4、第 5 和第 7 自然段。

师：第 4、第 5、第 7 自然段，对不对？

生：（部分）：对。

师：［学生举手］某某某说。

生（51）：还有，我觉得这句话应该对——噢！我看错了。
　　　　［学生哄堂大笑］

师：看错了。某某［指生 50］讲得对，第 4、第 5 自然段，是树；第二是讲什么？难老泉、水；第三是讲什么？圣母殿里面的宋塑侍女像，因此是第 4、第 5 和第 7 自然段。刚才某某某［指生（50）］对得非常快，很好。把词典上介绍晋祠的语句和课文《晋祠》对照起来看，你们会发现哪些问题？这是一。二、两者有哪些不同之处？［食指、中指竖起示意］三、请你们判断一下是文章写得好呢，还是词典上说明得好。［食指、中指、无名指竖起示意］有的已经思考好了。［学生举手］某某，你说。

生（52）：词典上说晋祠是在山西太原市西南 25 公里，书上说是在山西省太原市西行 40 里，数据上有些不对。

师：数据上好像有些不大对？25 公里是多少里啊？

生（集体）：50 里。

师：50 里，怎么一个 50 里，一个 40 里呢？还有什么问题？［学生举手］某某某。

生（53）：词典里介绍的一段话中，"三绝"是指：难老泉，宋塑侍女像和隋槐、周柏，而书上写的"三绝"是：圣母殿、木雕盘龙和鱼沼飞梁。两个"三绝"内容不同。

师：三绝的内容不一样，这又是一个问题。〔学生举手〕某某某。

生（54）：我认为某某同学〔指生（46）〕刚才说的问题遗漏了一点，在词典上的第 2 句中，某某同学〔指生（46）〕只对了第 7 自然段，我认为还可以对第 9 自然段，就是讲鱼沼飞梁。

师：对不对？

生（集体）：对的。

师：好，补充得很好。还发现了什么问题？〔学生举手〕某某某。

生（55）：书上是唐槐，而词典上说的是隋槐。

师：到底哪一个对？是隋槐还是唐槐？

生（55）：〔继续提问〕书上写 42 尊侍女像，而这里写 43 尊。

师：是 43 尊还是 42 尊？〔学生举手〕某某某说。

生（56）：书上写的是唐槐，这里写的是隋槐，隋唐相隔时间不长，隋朝的统治很短，所以这里用隋槐、唐槐都可以。

师：可不可以？

〔学生点头〕

师：隋朝什么时候建立的？

生（集体）：581 年。

师：公元。

生（集体）：公元 581 年。

师：灭亡呢？

生（集体）：618 年。

师：〔笑〕你们历史学得不错，因此我们讲"隋唐""隋唐"，就好像秦始皇统一——

生（集体）：秦汉。

师：对。秦汉，秦朝很短，因此常和汉连起来讲。相隔时间很短〔拇指与食指示意"短"〕，因此问题不大，还有什么问题？〔学生举手〕某某某。

生（57）：我回答某某〔指生（52）〕的问题，从山西省太原市西行 40 里，而词典上是山西省太原市西南 25 公里，一个是西南，一个是西行，它们之间存在着方向的差别——

师： 好，方向上有差别。

生（57）：［继续说］所以，距离也不相等。

师： 距离也不相等，因此两个数据怎么样？

生（57）： 都可以。

师： 都可以的。

生（57）：［继续发表意见］还有关于晋祠三绝，书上写的与词典上的说法不一样，《中学语文课外阅读手册》上说——

师：《中学语文课外阅读手册》上怎么说？［出示此书，学生课桌上都有此书］

生（57）："关于晋祠三绝的说法多种多样，正好证明了晋祠值得人们欣赏的杰作特别多。"

师： 因此，可以说法不一样，对吗？

　　　［生（57）点头］

师： 同学们已经养成了习惯，在读某一篇课文时，总要到《课外阅读手册》中去找一找，看看有没有相应的文章读，这样对理解课文，扩大视野有好处。三绝可以有多种多样的说法——［学生举手］某某某。

生（58）： 我认为对三绝做这样的解释不是最好，应该说，在课文上它是讲古建筑的三绝，在词典上是讲晋祠三绝，当然它们之间有区别。

师： 对。读书要读仔细啊！［学生举手］某某某。

生（59）： 我来回答刚才某某某同学［指生（55）］提出的问题。他说殿堂里面有宋代彩塑43尊，而书上是42尊，好像有差错。其实，书上讲"宋代泥塑圣母像及42个侍女"，这样加起来也是43个。

师： 42加1是多少？

生（集体）： 43。

师： 43。

生（59）：［继续讲］所以，并没有出入。

师： 对，请坐。［学生举手］某某。

生（60）： 刚才我们听写下来的一段话中有这样一句话，"殿两侧为难老、善利二泉，晋水主要源头由此流出"，而第139页第5自然段中讲"这里的水，多、清、柔。这些水主要是来自难老泉",说法有出入,这些水到底是来自难老泉,还是来之于难老、善利二泉呢?

师: 请坐。[学生举手]某某。

生(61): 词典和课本上还有一个不同之处,就是在写晋祠三绝的时候,写作方法是不同的,课文上是先总述,然后再分述,字典是先分述,然后再总述。

师: 好,你看出了不同之处,仔细阅读,不同之处还多。我们刚才发现了许多问题,有些问题解决了,如25公里和40里是不是数据上有出入,刚才某某[指生(57)]解答了。一个是西南,一个是什么啊?

师、生: 西行。

师: 这没有矛盾。42、43,42加1——

生(多数): 43。

师: 这也没有出入。至于三绝的讲法,词典上是晋祠三绝,书上呢?

生(部分): 古建筑三绝。

师: 因此也并不矛盾。而某某[指生(60)]提出的问题是值得研究的,到底发源于难老泉、善利泉,还是只是难老泉呢?请阅读思考[出示《中国名胜词典》]这里是一段话,这儿是一篇文章[出示教科书]有哪些不同的地方?某某想好了,其他同学呢?[学生举手]某某某。

生(62): 课文里是描写说明结合起来写的,而词典上只是简单的说明。

师: 只是简单说明,你看到了这一点。[学生举手]好,某某你说。

生(63): 课文中与词典里这两段话顺序不同。

师: 顺序不同,怎么不同?

生(63): 词典上这段话先写圣母殿,然后再写难老、善利二泉,最后写周柏、隋槐,而书上先写隋槐、周柏,接下来写的是难老泉,最后写的是圣母殿。

师: 次序前后不同,请坐。还有吗?[学生举手]某某某。

生(64): 词典上着重描述的是晋祠三绝,而书上写的方面比较多,除了写晋祠三绝以外,还写了另外的许多。

师: 许多什么?

生(64): 许多美景和古迹。

师: 美景和古迹,讲得好,一个比较简单,一个比较丰富。[学生举手,师示意讲]

生（65）：我认为书上说的这些水都是来自难（nàn）老泉。

师：不是（nàn）老。难（nán），nán，青春常在，难老，难于老啊。

生（65）：这些水都是来自难老泉，这些水是晋祠里面的水，而词典上说难老和善利二泉，主要是晋［说不下去了］——

师：［提醒］晋水发源处，对不对？读书要十分仔细。［学生举手］好，某某。

生（66）：书上既写了晋祠的优美自然风景，又写了晋祠的悠久的历史文物，而词典上只讲了晋祠悠久的历史。

生：［议论］一样的。

师：噢，一样的。［学生举手］某某。

生（67）：我认为词典上也写了优美风景。

师：也写了优美风景？

生（67）：噢，［改口说］写了这个就是——

师：难老泉？

生（67）：不是。建筑。

师：建筑？

生（67）：不是光写自然风景，在第三方面"殿内有 43 尊宋代彩塑"，这也不是写自然风景的。

师：没有说清楚。［学生举手］某某。

生（68）：刚才某某讲词典上是先分后总，书本上是先总后分，我不同意这个意见。因为词典上一开头也是写："晋祠在山西太原市西南 25 公里悬瓮山下。"这里也是先总说，只是具体说明时次序和书本上不一样。

师：在具体说明的时候不一样，请坐。刚才同学们看到的不同地方，综合起来是否可以从这几个方面来理解：词典上介绍的这段文字跟我们今天要学的这篇课文，就内容来讲，一个比较全，某某某［指生（64）］刚才不是讲吗，介绍了风景和很多建筑；词典上呢，比较简洁，一个比较全面，一个重点介绍。就说明方法来讲，刚才有同学讲了，词典上主要是——

生：说明。

师：说明。文章呢？

生：说明、描写。

师：说明还有描写，这是从表达方法来讲，文字上也不一样，这篇文章能给我们以美的享受。词典上那段话比较平实，我们学的这篇文章则比较优美、生动。待会儿，我们进一步阅读就能体会了。从说明顺序来讲也不完全一样，词典上说明顺序是一件一件的，采取什么结构方式？

生（部分）：横式结构。

师：对！横式结构，是并列式的；而这篇课文刚才某某［指生（61）］说，先是总的然后分的。因此，词典介绍晋祠跟我们今天要读的这篇课文，不管就内容，就表达方法，就说明顺序，就说明语言来讲，都有不同之处。大家看看，是这段话写得好呢，还是这篇文章写得好？［学生议论纷纷］［指定学生］你说。

生（69）：就作为词典要给读者以说明以简练的概括来说。

师：［笑］这句话你们听得懂吗？［学生笑了］话没有说通啊，重来。

生（69）：作为词典来说，那段文字是和它的作用相符合的，而作为文章，进我们的课本要我们阅读，这篇是很适合我们阅读的。［多数学生笑了］

师：大家笑了，可能因为他说得不清楚，你胆子大一点讲。

生（69）：［继续发言］这篇文章把说明和描写结合在一起，在说明中插入描写，以描写来做更加具体的说明，这样就能够使说明更具有形象和生动。

师：更形象，这个"具有"就不要了，更形象、生动。

生（69）：词典上这段话，就其说明性来说，它是很好的，很概括。

师：这句话说清楚了，对吧？［笑］

生（69）：所以说这两者都有可取之处。

师：两者都有可取之处，有没有好与不好的分别呢？［学生举手］你说说看。

生（70）：我觉得词典是向别人解释的，它应该简洁明了。

师：给人家翻检，应该简洁明了，只要介绍精要就行了。

生（70）：如果用过多的比喻，用各种各样的修辞手法，是不合适的。我们所学的《晋祠》这篇文章，说明十分具体，它的写作方法是用了大量的形容与描述。作为文章来说应该像《晋祠》这样写，而作为词典，应该像刚才听写的那段文字，我觉得两者都有可观之处。

师：可观之处？这个"观"什么意思？

生（多数）：取。

师：可取之处。"可取"口气太大了一点，应该说都有值得我们学习的地方。因此，从这里我们就可以懂得，不能简单地说这段话好不好，这篇文章好不好，要根据什么来判断？作者的——

生（多数）：写作意图。

师：对，作者的写作意图。词典是给人家翻检的，介绍的时候要要言不烦；文章呢，具体地说明描述，给人以美的享受，让我们有身临其境的感觉，所以，除了说明之外，还要加以描写。这个问题我们比较清楚了。说明文得在什么上面下功夫啊？

生（集体）：说明。

师："明"，说得一定要"明"。要"明"，就得抓住说明对象的特征。这篇文章里一句话就揭示了晋祠的特征，谁能把这句话准确地找出来？〔学生举手〕某某某。

生（71）：悠久的历史文物同优美的自然环境浑然融为一体。

生（部分）：风景。

生（71）：噢，自然风景。这就是晋祠。

师：这就是著名的晋祠。请坐。〔学生举手〕某某某。

生（72）：我想提一个问题。就是这句话和后面的"然而，最美的还是祖先留给我们的古代文化，这里保存着我国古建筑中的'三绝'"。从这两句话中，可以看出作者着重在描写古建筑的三绝。我提的问题就是，既然作者在开头就揭示我们悠久的历史文物是着重描述的，要是我写的话，就会先写建筑、文物，然后再写自然风景，这样不是就和第一句话"悠久的历史文物同优美的自然风景"相一致吗？作者这样写有什么好处呢？

师：某某某同学坦率地讲了自己的意见，既然"悠久的历史文物同优美的自然风景浑然融为一体"是揭示晋祠的特征，要是我写的话，就先写历史文物，为什么作者先写优美的自然风景呢？大家动脑筋。〔学生举手〕噢，已经"动"出来了。某某某。

生（73）：我知道一点，我先说一说——〔铃响〕

师：下课。

第二课时

【上课】

师：上节课我们懂得了文章的第一段揭示了晋祠的特征，晋祠的特征两个方面浑然融为一体，什么叫"浑然"？

生（部分）：完整的。

师："然"什么意思？

生（集体）：样子。

师：对，浑然融为一体，完整不可分割。[板书：浑然融为一体] 浑然融为一体的是两个方面，第一个方面是优美的自然风景[板书：优美的自然风景]，第二个方面是悠久的历史文物。[板书：悠久的历史文物] 某某[指生（72）]同学的意思是，要是他来写的话，既然悠久的历史文物是重点，那么，就应该先写悠久的历史文物，再写优美的自然风景，刚才某某同学准备发表意见，现在请你发表。

生（1）：我觉得我能回答这个问题。这篇文章主要突出的是悠久历史文物的美，可是它没有先写悠久的历史文物的美，而是先写优美的自然环境，这样可使我们先领略晋祠的环境美。晋祠的美在山，在树，在水，古老苍劲的树，多、清、静、柔的水，还有巍巍的山，在这里作者既作说明又有描述，使我们领会到晋祠的美。在第 140 页第 6 自然段中写道："然而，最美的还是祖先留给我们的古代文化，这里保存着我国古建筑的'三绝'。""最美"，把悠久的历史文物和优美的自然环境作了一个对比，自然环境是美，但是悠久的历史文物更美，所以，先写自然环境的美，再写历史文物的美，能更加突出地表达作者所要表达的主题。

师：这个问题某某同学作了一些分析，但看来一下子讲得不清楚，先放一放好不好？这篇文章先用一句话来揭示说明对象的特征。先是总的说明，然后从两个方面来说[指板书"优美的自然风景，悠久的历史文物"]。刚才某某[指生（61）]不是讲吗，这篇文章的结构是总分式。怎么分的？一个一个说明对象是怎样合起来的？我请一位同学上讲台来写，边看课文边写。

比如说，优美的自然风景[手指板书"优美的自然风景"]，从哪几个方面说明的？它的特征如何？悠久的历史文物[手指板书"悠久的历史文物"]，作者介绍了哪些？它们的特征如何？一位同学上来写，其他同学写在笔记本上，然后我们再细读课文核对。某某，请你上来写。

［生（2）板书］

```
山　巍巍的、长长的
树　古老苍劲
水　多、清、静、柔
         圣母殿巧夺天工、人物形态逼真
三绝  木雕盘龙木质优良、工艺精巧
         鱼沼飞梁形制奇特
名人题咏词工句丽、书法精湛
```

师：按课文的顺序写，字写端正，写好了跟黑板上对一对，看看黑板上写的是不是完全正确。[学生举手]某某某。

生（3）：他漏掉了两点。

师：漏掉了两点？我们看"优美的自然风景"[手指板书"优美的自然风景"]。

生（3）："优美的自然风景"中的树，除了"古老苍劲"，还有"造型奇特"。

师：好，这个内容在第几自然段？

生（集体）：第4自然段。

师：除了古老苍劲之外，还有什么？

生（集体）：造型奇特。

师：[在板书"古老苍劲"后面，用红粉笔写"造型奇特"]请同学们想一想，某某怎么会忽略这一点的呢？什么原因？[学生举手]某某某说。

生（4）：因为"造型奇特见长"在一段的当中。

师：对。晋祠的美在山，在水，在树。山的特征抓得对不对？巍巍的，长长的。树，细读一下，就知既以古老苍劲见长，又以造型奇特见长，这里的表达方式跟前面写法不完全一样，所以粗看时容易漏掉。

生（4）：［继续说］在名人题咏上面，应该还有小品。

师：什么小品？

生（部分）：园中小品。

师：好，还有园中小品，第几自然段？

生（集体）：第 11 自然段。

师：园中小品。［板书：用红粉笔写"园中小品"］还有吗？［学生举手］某某某。

生（5）：还有其他建筑。

师：在什么地方？

生（5）：第 10 自然段。"以圣母殿为主体的建筑群还包括献殿、牌坊、钟鼓楼、金人台、水镜台等。"

师：应该写在什么地方啊？［指"园中小品"处］对不对？

生（集体）：对。

师：因此又要改了。［擦去"园中小品"］应该是其他建筑，［板书：其他建筑］再是园中小品。［板书：园中小品］阅读要仔细，不能遗漏。要把这个怎样？［指"名人题咏"处］全部挪到下面。［板书：将"名人题咏、词工句丽、书法精湛"圈起来，用箭头标到"园中小品"下方］大家校对一下，再看一看，这里列出的说明对象是不是周全了？

生（集体）：周全了。

生（部分）：对的。

师：也是对的。鱼沼飞梁呢［指板书］？

生（集体）：对的。

师：这个"梁"什么意思［指板书："梁"］？

生：［议论］桥梁。

师：对，"梁"就是桥梁，鱼沼上面架着飞梁，一般的桥是怎样的？从南到北，从东到西，鱼沼飞梁怎样呢？四面都通。这里都是抓住特征来写的。同学们刚才读课文，要点抓得很准确。现在请同学们再推敲一下这篇文章写法上的特点。一开始某某同学不是说了吗［指第一课中生（57）］？他说这篇文章的写法和词典上的介绍不一样，它是说明结合——

师、生（集体）：描写。

师：这是说明的骨架［指板书］。先总后分［指板书：浑然融为一体"总"，优美的自然风景和悠久的历史文物"分"］。先总后分［指板书：悠久的历史文物"总"，三绝等"分"］，一目了然，说得非常明白，非常清楚。说明时夹入描写，使我们有身临其境之感。在说明的骨架上面，作者进行了艺术的渲染。有些我们一看就清楚了，如写山，一看就清楚［指板书"山"处］，它春天怎样？

生（集体）：黄花满山。

师：秋天怎样？

生（集体）：草木萧疏。

师：用对偶句进行形象的对照。现在读一读第 4 自然段，作者是怎样对树进行艺术渲染的？［学生举手］某某，你说。

生（6）：作者写树的时候，运用了大量的比喻。

师：哪些比喻？

生（6）：在写水边殿外松柏等的时候，写它们以造型奇特见长，有的偃如老妪负水，有的挺如壮士托天。

师：这是不是比喻？"偃"什么意思？

生（部分）：躺卧。

师：躺卧。

生（6）：还有写圣母殿前的左扭柏，把它比喻成像地下旋起了一股烟，又似天上垂下一根绳。

师：是不是进行艺术渲染？

生（集体）：是的。

师：好，请坐。因此除了说明外，还进行描写。比喻是其中之一。有的偃如老妪负水，"负"什么意思？

生（集体）：背。

师：有的如什么？

师、生（集体）：挺如壮士托天［师：手向上示意］。

师：我说写得最妙的是下面几句，我们一起读。请你们看看这里抓住了一个什么关键词来写的？"圣母殿前的左扭柏"，预备，读。

生（齐）：圣母殿前的左扭柏，拔地而起，直冲云霄，它的树皮上纹理一齐向左边拧去，一圈一圈，纹丝不乱，像地下旋起了一股烟，又似天下垂下了一根绳。

师：抓住什么特征来写的？

生（集体）：扭。

师："扭"，而且是从不同角度，你们看怎么写的？

生：［议论］从下到上，从上到下。

师：第一句是什么［食指竖起示 1］？4 个字——［食、中、无名、小指竖起，示 4］

师、生（集体）：拔地而起。

师：拔地而起［手从下而上示意］。气势怎样？哪个动词用得好？

生（集体）：冲。

师：冲！直冲云霄。它的树皮上纹理一齐向左拧去，一圈一圈——

师、生（集体）：丝纹不乱。

师：像地下旋起了一股烟，又像天上垂下了一根绳。哪两个动词用得好？

生（集体）：旋、垂。

师：从地下到天上［手从下而上示意］，又从天上写到地下［手从上而下示意］，天上地下结合起来，从不同角度描写，因此能够使读者如见其态。［板书：比喻多角度］不仅是说明，而且用比喻进行多角度描写，这样就寓艺术魅力于说明之中。清楚了没有？我们再来看写水，特征抓得对不对［指板书］？多、清、静、柔。请你们说说作者怎样写"多"的。［学生举手］某某说。

生（7）："石间细流脉脉（mài），如线如缕；林中碧波闪闪，如锦如缎"，还有"桥下有河，亭中有井，路边有溪"。

师：除了这些还有吗？［学生举手］某某某。

生（8）：还有"但见这里一泓深潭，那里一条小渠（xī）"。

师、生（集体）：小渠（qú）。［纠正字音］

师：对不对？［学生举手］还有补充，某某某。

生（9）：还有就是："这么多的水长流不息，日日夜夜发出叮叮咚咚的响声。"

师：这是从什么角度来写的呢？

师、生（集体）：听觉。

师：叮叮咚咚悦耳的响声。好，请坐。[学生举手]某某。

生（10）："石间细流脉脉"，应该读"细流脉脉（mò mò）"，不应该读"细流脉脉（mài mài）"。

师：我们学生理卫生的时候，"脉"读 mài。

生（部分）：静脉。

师：对，静脉（mài）。这里读（mò）。多音字。[学生举手]某某。

生（11）：还有最后一句话："当你沿着流水去观赏那亭台楼阁时，也许会这样问：这几百间建筑怕都是在水上漂着的吧！"

师：这句话也看出来了，好。

生（11）：这里通过人的幻觉来写水的"多"。

师：通过人的幻觉来写水的多。这晋祠几百间房子好像都是在水上漂着的，所以水怎样？

生（集体）：多。

师：几位同学讲得对。这里水很多：有的是深潭，有的是小渠，有的是河，有的是井，有的是溪，这是按什么来说明的？

生（部分）：视觉。

师：按类别，对吗？写"石间细流脉脉，如线如缕；林中碧波闪闪，如锦如缎"。连用几个比喻，说水的美姿。总之，从水的声音、美姿，水的类别来具体描写水的"多"。这个"多"字落实了没有？

师、生（集体）：落实了。

师：写"清"，写"静"，写法类似，就不一一说了。现在请你们思考回答，"柔"怎么写的？怎么一句话就把"柔"写出来了。[学生举手]某某某。

生（12）：写"柔"在这里，第 139 页。

生：[议论]"柔"在这里？[哄笑]

师：你说。

生（12）：第 139 页的倒数第 1 行，"织成一条条大飘带，穿亭绕——"[讲不下去了]。

师： 这字怎么读啊？

生（部分）： 榭（xiè）。

师： 穿亭绕榭。"榭"这个字怎么读？［正音：x—iè，xiè；板书：榭（xiè）］

生（部分）： 第三声。

师： 第三声？xiè，第四声［指板书：榭（xiè）］。

生（12）： 穿亭绕榭，冉冉不绝，从这里就可以看出水的柔。

师： 对不对？

生（集体）： 对。

师： 讲对了。这里运用什么手法来写的？

生（部分）： 比喻。

师： 写水像一条条大飘带，飘带风一吹就会怎么样？

生（部分）： 飘。

师： 飘拂不停。写水的"柔"只用了一个比喻，因为用得非常精当，就把"柔"写出来了。穿亭绕榭，有几个动词？

生（集体）： 两个。

师： 两个动词，一个"穿"，一个——

师、生（集体）： "绕"。

师： 冉冉不绝，讲什么东西"冉冉"？

生（部分）： 飘带。

生（部分）： 太阳。

师： ［笑］太阳冉冉？水如飘带，冉冉不绝。清楚了没有？现在讨论"三绝"。刚才有同学讲"绝"应该是指最早，"绝"究竟是什么意思？我问的不是特征。"绝"就是绝无——

师、生（集体）： 仅有。

师： 对了，绝无仅有，哪些句子最能够准确地说明晋祠中有些历史文物是绝无仅有的？找到没有？［学生举手］某某。

生（13）： 第 140 页第 7 自然段里写道："圣母殿是我国古建筑中现存最早的带围廊的宫殿。"这里面的"最早"，还有——

［下面学生纷纷议论］

师：请你说下去，有不同意见待会儿讨论。

生（13）：还有："殿宽七间，深六间，极为宽敞，却无一根柱子。"

师：好，这是一绝。

生（13）：廊柱略向内倾，四角高挑，形成飞檐。还有写宋代泥塑圣母像及42个侍女像时写这些塑像巧夺天工，还有——

师：第二个"绝"。

生（13）：第二个"绝"就是"殿前柱上的木雕盘龙，这是我国现存最早的盘龙殿柱"。第三个"绝"，就是鱼沼飞梁，这里的鱼沼飞梁写出了"桥边的栏杆和望柱形，望柱形［读破句］——"

师：形制奇特。［纠正］

生（13）：形制奇特，人行桥上，可以随意左右。

师：他刚才讲的几点有不同意见吗？［学生举手］某某某。

生（14）：他说的第二个"绝"我不同意。第二个"绝"我认为应该是"距今虽近千年，鳞甲须髯仍然像要飞动"。［髯（rǎn），读错了］应该是这个"绝"。

师：应该是这个绝。［学生举手］某某。

生（15）：我认为某某［指生（13）］刚才说的，宋代泥塑圣母像及42个侍女，他认为巧夺天工是"绝"，我认为不是的。

师：为什么？

生（15）：因为在许多——［讲不下去了］

师：［提示］名胜古迹中——

生（15）：名胜古迹中都有这种形态的。

师：都有这种形态？应该说都有这种特点。［学生举手］某某某。

生（16）：还有一点，就是"这是我国古建筑中现存最早的带围廊的宫殿"，这一句也不是的，这仅写出它的历史悠久。［学生举手］

　　　　［教师示意学生讲］

生（17）：我认为历史悠久也是"绝"的一个方面。

师："绝"的一个方面。［学生继续举手］某某某。

生（18）：某某［指生（13）］把圣母殿的"绝"讲得太多。我觉得只要突出一点，就是"殿宽七间，深六间，极为宽，却无一根柱子"。只突出这一句就可以了。

师： 只要突出这一句就可以了。那么，历史悠久，"最早"，要不要？［学生争论，有的讲要，有的讲不要］

师： 某某讲要的，"最早的，却无一根柱子"。第二也一样，是我国现存最早的盘龙殿柱，从历史的情况看，距今近千年，仍然是鳞甲须什么？刚才字音读错了［指生（14）］，髯（rǎn），读——

生（部分）： 髯（rǎn）。

师： 髯（rán），第二声。须髯，周身风从云生。第三找准了。介绍三绝，其他建筑一笔带过。三绝写得很具体，在说明的同时，描写得很细致，进行了艺术渲染。我曾有机会去晋祠，亲眼观赏过，跟这篇文章里讲的一样，看了不得不令人叹服。比如，木雕盘龙虽然距今近千年，但是怎样啊？

师、生（集体）： 鳞甲须髯，仍然像要飞动。

师： 这是不是描写啊？

　　　　［学生点头］

师： 仍然像要飞动，这不得不惊叹我们祖先巧夺天工的技艺。鱼沼飞梁也介绍得很清楚，其他建筑一笔带过。请同学们看，第11自然段介绍得非常有趣的是什么？

生： ［议论］园中小品。

师： 园中小品写了两个，第一个是什么？

生（集体）： 小和尚。

师： 小和尚，我看这样好吗？请一位同学把作品中描述的样子做一做，好不好，就请你［指第一排调皮的学生］，作者是怎样描绘的？

　　　　［生（19）高兴地站起来，对着老师］

师： ［笑］对着大家。看他描绘得怎么样。

　　　　［生（19）双手托着，肘关节在下方，而且与肋骨靠得很拢］

生： ［哄笑］不完全对。

师： 应该怎么样？我们一起读，让他纠正。"山上一挂细泉垂下"，预备，读。

生（集体）： 山上一挂细泉垂下，就在下面立着一个汉白玉的石雕小和尚，光光的脑门儿，笑眯眯的眼神，双手齐肩，托着一个石碗接水。

师：双手齐肩，对吗？手还要高一些［将生（19）手向上抬一些］，稍微开一点［将生（19）肘关节部拉开一些］。很好。

你们看，这里写得出神入化。水注在碗中，又溅到脚下的潭里，总不能盛满碗，什么道理啊？［学生纷纷议论］一挂细泉［手势］，哪个词用得很好？

生（集体）：挂。

师：对一挂细泉，向下面滴水，滴到小和尚托的碗里去，水就溅到深潭，碗始终盛不满，什么道理？

生（部分）：物理性能，力学原理。

师：噢，物理的力学原理，今天就不讨论了，下节课再问你们，一定要解答得正确。这里写得十分有趣，描述得栩栩如生。［板书：形容、描述］下面还写了什么？

生（部分）：石雕大虎。

师：呀！我看这里又矛盾了，"小品"怎么又是"石雕大老虎"呢？谁能解答这个问题？既然是小品，怎么又是大老虎呢？［学生举手］某某某。

生（20）：这个"大"是相对而言的。

师：相对而言的，对不对？

生（部分）：对的。

师：小和大怎样？

师、生（集体）：相对而言。

师：在这里是大的，可是在整个建筑群里面是——

师、生：小的。

师：跟整个圣母殿好比吗？

生（部分）：不好比。

师：不好比。这里描写得很有趣，增添了这篇文章的情趣。

现在我们再回过头来解答课开始时某某同学提的问题。为什么不先写悠久的历史文物［指板书］，再写优美的自然风景呢？刚才某某［指生（1）］作了分析，没有完全说清楚，它们本来就是并列的，两者浑然融为一体，那么为什么要先写自然风景？［学生举手］某某。

生（21）：因为这篇文章第 6 自然段写了"然而，最美的还是祖先留给我们的古代文化"，从这"最美"就可以看出，悠久的历史文物和优美的自然风景相比较，悠久的历史文物比优美的自然风景还美，先写优美的自然风景就能更衬托出悠久的历史文物美。

师：对不对？

生（集体）：对。

师：对，我们把前后内容联系起来看就清楚了，最美的还是祖先留给我们的古代文化，风景美，文物美——［学生举手］你还有意见吗？［示意学生讲］

生（22）：我认为还有一点。因为作者是按照他参观的顺序写的。所以就先写自然风景，然后走到里面，看到悠久的历史文物。

师：同不同意？

生（部分）：同意。

师：这是记叙文？游记？［笑］

生（部分）：不同意。

师：噢，这是什么啊？

师、生（集体）：说明文。

师：是说明文，两者都美，风景美，文物美，但是作者在这里更要突出什么啊？

生（集体）：文物美。

师：先写自然风景美比较容易，如果一开始就写"最美的"是什么，那么跟谁比啊？那就显得很突然了。风景美，文物美，确实使我们真切地感受到晋祠美不——

生（集体）：胜收。

师：有人说："看景不如听景。"因为你看景是看自然的原形，同学们游览过一些地方，看的是自然的风景。而听景，就是听人家介绍，读人家描写的，这个时候你还可以享受到艺术加工的佳妙。我们现在读《晋祠》这篇文章，除了认识所介绍的优美的自然风景和悠久的历史文物这些对象之外［手指板书］，还领略到作者进行的艺术加工，进行的艺术渲染，领略到艺术美，这就美上加美了。所以，文章的最后一句话：晋祠，真不愧为我国锦绣河山中一颗——

生（集体）：璀璨的明珠。

师："璀璨的明珠"。什么叫"璀璨"？

生（部分）：形容——

师：形容什么？都是什么偏旁？

生（集体）："王"字偏旁。

师：什么意思？［手势画"王"］查字典。［学生举手］某某查出来了，你说。

生（23）："璀璨"是形容玉石的光泽。

师：形容玉石的光泽。在这里什么意思？

生（部分）：形容晋祠的美。

师：［学生举手］某某某你说。

生（24）：形容晋祠像明珠一样发出亮光。

师：像明珠一样发出亮光，闪闪发光，对。所以最后一句话是由衷的赞叹。介绍了自然风景，晋祠的美，在山，在树，在水；介绍了悠久的历史文物，三绝，其他建筑、园中小品，以及名人题咏等［指板书］，最后赞叹"晋祠，真不愧为我国锦绣河山中一颗璀璨的明珠"。开头我们说了，晋祠只是《中国名胜词典》［出示书］中山西省太原市的一个条目，而这本词典有一千几百页，晋祠只是一个小小条目。由此可推知，我们祖国的名胜古迹星罗棋布，在世界上罕见，是首屈——［师、生集体］一指的。

我们祖国历史悠久，中华民族数千年深厚的文化平铺在［手势：平铺］我们960万平方公里的土地上，你无论走到哪儿，都可以看到名胜，都可以看到古迹。刚才你们讲到的故宫、颐和园、秀美的西子湖等，讲到的遥远的西藏、新疆，无不有我们祖先的文化遗迹，这些历史文化哺育着我们世世代代的中华儿女，我们世世代代中华儿女从祖国深厚的文化中吸取了大量的精神养料。今天，我们同样要从中吸取精神养料，不能愧对［食指向上］——［师生同声］我们的祖先。

今天学了《晋祠》，领略了它的风景美、历史文物美，长大以后，不仅要读万卷书，还要力求——

生（集体）：行万里路。

师：对，行万里路，有机会到祖国各地考察，放眼观看我们的壮丽山川，从中吸取丰富的养料，滋养自己，成为精神丰富的人。

今天这堂课就学到这里。下课。

三、探究力培养：《变色龙》教学实践

【教材解读】

俄国作家安东·巴甫洛维奇·契诃夫是具有世界声誉的短篇小说大师。他20岁开始创作，一生写了700多篇短篇小说。《万卡》《小公务员之死》《套中人》《变色龙》等均脍炙人口。这些作品多取材于俄国中等阶层的"小人物"。

契诃夫创作的小说主题挖掘得很深，而这深刻的主题思想是通过人物形象的塑造来表现的。主人公的典型性格特征作为整篇作品的焦点，以此为核心，安排场景、情节、细节和配置必不可少的其他人物，形成了生动的形象体系。用他自己的话来说，"人在写小说的时候总是不由自主地先忙着搭好它的架子：从一群人物和半人物里只取一个人物——妻子或者丈夫，把这人物放在背景上，专门描写他，使他突出，把其余人物随便撒在那背景上，像小铜币一样，结果就成了一种像是天空的东西：中间是一个大月亮，四周是一群很小的星星。"这话清晰地概括了他短篇小说创作的一大特色。

他的创作技巧十分高超，高尔基赞扬他："只需一个词就创造一个形象，只需一句话就可以创作一个短篇故事，而且是绝妙的短篇故事，它像螺钻般钻入地下一样地深入到生活的深处和实质中去。"

《变色龙》是他的早期作品，发表于1884年。1883年，亚历山大二世被谋杀，亚历山大三世继位。为了保证统治者的安全，沙皇大大加强了警察的权力，建立了恐怖的警察统治。这构成了故事的创作背景。

小说中的"大月亮"奥楚蔑洛夫是个趋炎附势、媚上欺下的警官，他的这种思想性格是通过故事情节、具体场景和细节描写来展现的。这篇短篇小说记叙了警官奥楚蔑洛夫处理狗咬人后不了了之的案件。写的是人玩狗，狗咬人，被咬的要求赔钱。警官处理该案时，调查出是将军哥哥家的狗，也就不了了之。

故事情节不复杂，但回旋跌宕，曲折有致，波浪式前进。作者进行艺术加工时，丢开了前一半人玩狗的情节，专写了后一半处理狗咬人，构成了完整的情节。

小说的关键词是"变"，对狗的称呼因狗主人的不同而褒贬分明，前后变了6次，不能不说是多变、善变。但又万变不离其宗，目的只有一个，就是保住自身的官位和利益。"变"是炫人耳目的外衣，犹如变色龙的多变，实质是不变，奴才性不变，多变善变是为不变服务的。

人物的思想性格塑造有3个方面的支撑：一是对话，主人公公开撒谎，不以为耻，对话场景中个性化的语言把这卑鄙无耻的奴才的内心世界表露得淋漓尽致；二是细节，那件新的军大衣的脱下与穿上，既生动地反映了奥楚蔑洛夫对权势显赫的将军的恐怖，也为语言的变化无常找到解嘲的阶梯，细节描写大大增添了文章的色彩；三是配角"小星星"的烘托，赫留金、叶尔德林、将军家厨师以及"仿佛一下子从地底下钻出来的"人等，各具其态，各得其所，起众星捧月的妙用。

小说的思想意义很明确。"变色龙"俄语也可译为"反复无常的人"或"见风使舵的人"。以此为题，醒目，深刻，揭示了文章要鞭挞的对象。

作者在司空见惯的日常生活中选取素材，经过提炼概括，创作了这篇反映时代面貌的名作。他用极其幽默的笔调描绘了沙皇鹰犬谄媚权贵，欺压百姓的劣迹，深刻揭露了沙皇俄国统治下人不如狗的黑暗现实和沙皇政权的腐朽反动。作品寓隽永深刻的思想内容于平淡无奇的题材之中，是"小题大做"的典范。

【学情分析】

学生已经有一定的阅读小说的经验，对小说中情节、人物、环境等要素有所了解，对人物描写的种种方法也有所知晓。但对作者契诃夫不熟悉，尤其对他的短篇小说的创作特色，创作成果未接触过，知之甚少甚微。因此课的起始阶段宜作简要介绍，以激发学生的学习兴趣，为学好本文作点铺垫。

小说阅读，学生易被故事情节所吸引，不注意推敲语言，不深入思考艺术手法的运用与效果。为了带领学生深入课文，避免浅层次阅读，鼓励他们大胆质疑，从字词的运用到情节的安排，从细节描写到人物的刻画，从主题的挖掘到思想意义的开拓，让学生畅所欲言，形成探讨和研究的浓郁氛围。

人物性格的塑造与揭示，大量靠对话中个性化的语言描写。要加强朗读，让无声的文字变成有声的语言，作用于耳、目，增强学生的感受能力。

主人公多变、善变的现象学生易掌握，并会为此忍俊不禁，而对不变的本质易忽略，教学时要加强，并佐以板书。

【教学目标】

了解沙皇统治下人不如狗的黑暗现实，教育学生鄙视趋炎附势、媚上欺下的丑恶言行；

理解从日常平凡事件中发掘主题，揭示社会本质的写作特点，学习运用细节和人物对话表现思想性格的写作方法。

【教学流程】

第一课时

【上课】

师：今天我们学第20课《变色龙》，作者是契诃夫。契诃夫是著名的短篇小说大师，俄国人。他从20岁开始就进行创作，为什么称他是短篇小说大师呢？我请大家看两本书，［出示书］这是《契诃夫小说》，都是短篇的，上册和下册。这两册书里面选了37篇短篇小说，他一辈子创作了多少小说呢？700多篇，请你们计算一下，像这样的书有多少本？这里是37篇。［出示两本书］

生（部分）：35本左右。

师：700多篇。

生（部分）：20本。

师：20本左右对不对？

生（部分）：20本以上。

师：20本以上，像这样的书20本以上。其中有许多是脍炙人口的名篇，如今天我们学的《变色龙》，将来我们要学的《套中人》。

生：［议论］装在套子里的人。

师：对，装在套子里的人，或者翻译成《套中人》，还有《小公务员之死》《凡卡》，都是脍炙人口的短篇小说。他创作的短篇小说是很有特色的，请同学们先看思考和练习四，［学生翻阅］思考和练习四的第一句话是这么说的："契诃夫的短篇小说，善于选取日常生活的平凡事件揭露社会本质"。这就告诉我们他创作的小说思想挖掘很深，选材呢，都选自于日常生活的平凡事件。著名文学家高尔基曾经说过：他的小说啊就好像是螺钻钻地一样，钻入地下［手势旋转用力向下］，他的小说能够从平凡的日常事件写起，一直深入到生活的深处，这是他创作的很大特色。思考和练习四告诉我们，他能够揭露社会本质，作品有很深刻的主题思想。主题思想靠什么来表现的呢？小说主要写什么啊？

生：［议论］人物形象。

师：对！人物形象，他是靠他笔下所塑造的人物形象来表现的。他塑造的人物形象跟其他小说家又有不同的地方，他在塑造人物形象时，有一个形象体系。［板书：形象体系］什么叫形象体系呢？用他自己的话来说，就是在日常生活当中选取人物，取这一个或者那一个来写，把这个人物放在大背景上，这就好像形成了一个天空的景象，他笔下的主人公就好像是天空中的大月亮，另外的人物呢？

生：［议论］星星。

师：对了，月亮边有什么啊？

生（多数）：小星星。

师：星星。就好像撒一把铜币在天空上。其他的一些人物就好像是小星星一样，这些小星星都陪衬着这么一个大月亮，因此他的小说创作的一个很大特点就是有形象体系，有大月亮还有小星星。我们今天读的《变色龙》也是如此。《变色龙》里面的大月亮是怎样一个人呢？课前我请同学们预习了一下，我估计同学们都看得懂的，但是可能有些问题自己通过思考还不能解答，那么请你们讲讲看，有哪些问题？［学生举手］某某。

生（1）：我有一个问题，第141页的第十二节中赫留金在最后说了一句话："不瞒您说，我的兄弟就在当宪兵……"为什么他要有话没话地插上这一句呢？

师：大家找到了没有？好，做个记号在那里，待会儿谁能回答，"不瞒您说，我的兄弟就在当宪兵……"有话没话地说这句话干什么？这个问题提得很好。

生（1）：还有就是在第138页第一节，他写了一片萧索的景象，既然萧索应该说是有乞丐的，可是他最后说："门口连一个乞丐也没有。"这句话是不是与描写有违背的地方？

师：听明白了没有？听明白了吧？这句话，好，这个问题脑子里记一记。他认

　　为开始写的是气氛比较萧索，萧索就应该有乞丐，这里怎么连一个乞丐也没有呢？是不是有些矛盾？

生（1）：还有一个问题。

师：噢，还有一个问题。

生（1）：奥楚蔑洛夫干什么老是脱下大衣，又穿上大衣呢？是不是有些矛盾？

师：你们读的时候这个细节注意了没有，老是穿大衣、脱大衣干什么？［笑］请坐，很好。［学生举手］

生（2）：我想问一个问题，这篇文章中没有一处提到变色龙，而为什么要用变色龙做题目呢？

师：噢，全篇从头到尾没有一个地方提变色龙，为什么以变色龙为题呢？我倒没有考虑过这个问题，大家一齐帮我考虑。［学生举手］好，某某。

生（3）：这篇文章写了沙俄统治下人不如狗的悲惨状况，但第五节中作者描写了这条狗，写得也非常可怜，既然人不如狗，那么为什么作者要把这狗写得那么可怜？他这样写有什么意图？

师：噢，这篇文章写人不如狗，那么为什么要把狗写得那么可怜呢？我也没考虑过这个问题，好，请坐。还有其他的问题吗？［学生举手］好，某某。

生（4）：这篇文章在下面注释里，对变色龙作了解释，然而在字典里面除了文章的解释之外，还有一种解释，就是比喻在政治上善于伪装的人，我认为在这篇文章里变色龙的意思应该是字典里说的第二种意思。

师：字典你查过了，请你翻翻看哪一页。字典有吧？它怎么说的啊？

生（4）：字典上除了书上说的这种解释以外，还比喻在政治上善于变化和伪装的人。我认为这篇文章里的意思主要是第二种，编者为什么不把这第二种意思写进去？

师：为什么不把这第二种意思写进去？好，注释上是怎么讲的？你说说看。

生（5）：注释只是说变色龙。

师：读读看，这个字会读吗？

生（5）：变色龙，蜥蜴（xī yì）的一种。

师：嗯。

生（5）：皮肤的颜色随着周围物体的颜色而改变。

师：就这一种，那么字典上呢，还指政治上善于变化的人，为什么不注，好，请坐。［学生举手］你说为什么？某某某。

生（6）：我认为有可能这字典上第二种意思就是前面那种意思的引申，从前面一种解释得出后面一种结论。

师：字典上的解释是从第一种意思引申出来的。［学生举手］好，某某。

生（7）：我提个问题，这个警官奥楚蔑洛夫不是在真空中变来变去的，为什么周围的人对此没有反应？

师：他认为这个奥楚蔑洛夫不是在真空中变来变去的，为什么周围的人对此没有反应？有没有反应啊？

生：［议论］有的。

师：有没有反应？你认为要有怎样的反应？

生（7）：我认为应该是或者讽刺，或者厌恶。

师：或者是讽刺，或者是对他表示厌恶，但是周围没有这样，因此你觉得周围没有反应。我看反应还是有的，但是你对这个反应很不满意，所以你觉得好像是没有反应，是不是这个意思啊？［生（7）点头］还有其他的问题吗？［生举手，师示意生讲］

生（8）：从这整篇文章来看，是揭露这个警官奥楚蔑洛夫对他上级阿谀奉承，如今作为范文选入我们的课本，不知道对现在是否有现实意义？如果有的话，是什么呢？

师：他问这个奥楚蔑洛夫对上级阿谀奉承，今日选入教材，有无现实意义？考虑过没有，这个问题，［学生举手］某某。

生（9）：第139页的第六节，这个警官明明知道是谁在大声叫嚷，他为什么还要问："谁在嚷？"

师：他明明知道谁在大声叫嚷，可为什么还要说："谁在嚷？"第六节找到没有啊？

生（9）：本文从人玩狗和狗咬人的事引起后面的文章，为什么作者只写了狗咬人，而人玩狗却一笔带过？

师：你怎么知道人玩狗的？你从哪一节看出来的？

生（9）：从第七节看出来的。

师：从第七节看出来的人玩狗？第几节？

生（部分）：第十一节。

师：第十一节写了，为什么会狗咬人呢？因为人玩狗。赫留金把烟卷怎么样？这个字怎么读？

生（部分）：戳（chuō）。

师：戳（chuō），注意，戳到狗的脸上。为什么对人怎么玩狗不写，这个问题问得很好。请坐，还有吧？［学生举手］，噢，还有问题。［师示意学生讲］

生（10）：我还有一个问题，在第139页第三节最后一句话，他说："仿佛一下子从地底下钻出来的。"这句话为什么要写？它在文章中起什么作用？

师：噢，木柴厂四周很快就聚了一群人，仿佛一下子从地底下钻出来的，为什么要写这么一句话？做个记号。还有别的问题吗？还有没有问题？这篇文章刚才某某某［指生（8）］问了，是写在过去，今日选入教材中有什么意义？写在过去，就是写在什么时候啊？

生（部分）：19世纪。

师：19世纪。好，我们看注释一，契诃夫，俄国著名文学家，他生活的年代是从1860—1904年，他写这篇文章的时候是1884年，［板书：1884］请同学们算一算，他创作这篇文章的时候是多少岁？

生（部分）：24岁。

师：对，只有24岁就写了那么出色的文章，广为流传。1884年，当时是怎样一个情况呢？我们在学的过程中来逐步解决这个问题。刚才同学们提了很多很好的问题，说明预习是比较深入的，我们在学的过程当中逐一加以解决。整篇文章就是奥楚蔑洛夫在表演，他这个表演集中在一个什么字上面呢？

生（多数）：变。

师：变［板书：变］，变来变去。现在请同学们注意，他究竟在我们眼前变了几变？要把变非常准确地找到，就要找他的明显的标志。这个明显标志我给同学们提供一个，他的变是围绕什么变的啊？

生（多数）：狗。

师：对狗的称呼不断变化，好，现在请你们用很快的速度浏览一遍，看他开始称狗是什么？后来怎么又变了？他一共变了几变？请你们把他对狗的称呼画出来。（稍停）［学生举手］就一个同学知道啊？变了几变？就某某某同学知道，都看出来了没有？看出来了吗？好，某某说。

生（11）：对狗的称呼，随着狗的主人地位的变化而变。

师：第一次称狗是什么？

生（11）：是疯狗。

师：第一次是什么狗？

生：［议论纷纷］野狗，疯狗，野畜生。

师：疯狗。第几节，看一看。

生（部分）：第八节。

师：疯狗。好，你说。［板书：（一）疯狗］

生（11）：接下来又说这只狗是那么小。

师：变成了小狗，［板书：（二）小狗］再说。

生（11）：下面又变成下贱胚子。

师：接着，第几节。

生（部分）：第十七节。

师：变成了下贱胚子，［板书：（三）下贱胚子］再怎么变？

生（11）：再变成了名贵的狗。

师：是不是这样？

生（部分）：娇贵的狗。

师：第几节。

生（部分）：第二十节。

师：应该是名贵的狗，［板书：（四）名贵的狗］名贵的狗。

生（11）：再下面变成了一条野狗。

师：再下面。

生（11）：第二十三节。

师：在第二十三节变成了——

生（11）：野狗。

师：野狗。［板书：（五）野狗］

生（11）：在第二十七节变成了，这只狗怪伶俐的。

师：那么变成一只什么狗了？

生（部分）：伶俐的狗。

师：伶俐的狗，［板书：（六）伶俐的狗］因此他是变了几变？

生（部分）：5变。

师：5变，对不对？变了5变。好，请坐。［学生举手，师示意生讲］

生（12）：我认为最后写成伶俐的小狗比较好，因为在第二十七节他是这样说的："这小狗还不赖，怪伶俐的。"

师：写成伶俐的小狗要比这个好，对不对？

生（部分）：对。

师：请坐，我们看开始出现的时候，它是怎样一条狗？是什么狗？

生（部分）：小猎狗。

师：小猎狗，因此伶俐的小狗就比伶俐的狗更确切，某某某［生（12）］的意见很好。［板书改成：小狗］

这个主人公对狗的称呼一直是变来变去的，请同学们看，他是根据什么来变的？

生（部分）：狗的主人。

师：根据狗的主人来变的，我们看，当他称这条狗是疯狗的时候，他知道狗的主人吗？

生（多数）：不知道。

师：从哪儿看出的？在哪儿说明的？第几节？

生：［议论］第八节。

师：［学生举手］好，某某说，请你把狗的主人逐一梳理清楚。

生（13）：第一次他不知道狗的主人是谁，在第八节的最后说：请问，这到底是谁家的狗？

师：［板书：狗主人］他不知道是谁，因此就骂这个狗是什么？

生（13）：疯狗。

师：疯狗，好的。［板书：不知道］

生（13）：第二次是他听到有人说是"席加洛夫将军家的狗"。所以他就说这条狗是一条小狗。

师：因为知道这条狗的主人是席加洛夫将军家的，[板书：狗主人]确定了没有？文章里头怎么说的？

生（13）：在第九节说："这好像是席加洛夫将军家的狗。"

师：好像是席加洛夫将军家的狗，哪个词非常重要？

生（多数）：好像。

师：好像是将军家的狗，吃不准，好像是[板书：好像是将军家的]将军家的，因此就从疯狗一变而为小狗了。

生（13）：第三次是巡警说这不是将军家的狗，所以他就又变了，说它是下贱胚子。

师：前面是小狗，现在就变成什么了？

生（部分）：下贱胚子。

师：下贱胚子，是怎样的语气啊？

生（部分）：骂。

师：骂，对！刚才讲得很好。骂他是下贱胚子，因为他知道——

生（部分）：不是将军家的狗。

师：不是将军家的狗，谁告诉他的？

生（13）：巡警。

师：巡警告诉他的，[板书：不是将军家的]再看。

生（13）：第四次巡警又说："不过也说不定就是将军家的狗。"所以他一会儿称呼又变了。

师：又变了，变成什么？

生（13）：变为名贵的狗和娇贵的动物。

师：娇贵的动物，不仅称它是名贵的狗，而且大发议论，说狗是什么？

生（部分）：娇贵的动物。

师：你们听到过吗？狗是娇贵的动物。

生（一位）：听到过的。

师：听到过的[笑]，一般讲狗不大用什么啊，娇贵的。这里又听巡警说：说不定[板书：说不定是将军家]是将军家的。

生（13）：在第五次里听到说……

师：第几节。

生（13）：第二十一节。

师：第二十一节。

生（13）：将军家的厨师说，他们家没有这样的狗，所以他就说是一条野狗。

师：看看看，将军家没有这样的狗，奥楚蔑洛夫说"那就用不着白费工夫再上那儿去问了"，这是条——

生（13）：野狗。

师：野狗，这个地方应该怎么写啊？

生（13）：不是。

师：不是将军家的。［板书，不是将军家的］既然不是将军家的所以就是野狗。

生（13）：最后厨师又说，这条狗是将军哥哥的狗，所以就又称呼这条狗是一条伶俐的小狗。

师：又改称呼了，不是将军家的，这个时候是否又是说不定了？

生（部分）：不是。

师：是什么？

生（部分）：肯定的。

师：肯定了，是证实了的，［板书：证实是将军哥哥家的狗］是将军哥哥家的狗，好，请坐。某某某讲得清楚吗？找得非常准确，我们从这板书上就可以看到，这个作品的主人公，警官奥楚蔑洛夫确实是个多变的人，善变的人。这故事很简单，刚才某某同学已经讲了，这里写的是人玩狗、狗咬人的事情，但是人玩狗没写，只写了狗咬人。这个警官呢，来处理什么？狗咬人这个案件，他在处理案件的过程当中一变再变，变了 5 次，他为什么变呢？变是现象，变的背后有什么啊？狗的主人，这狗的主人出现了没有？

生（部分）：没有。

师：咳，妙就妙在这里，狗的主人没有登场。这是奥楚蔑洛夫的假想，当他知道狗的主人是将军家的时候，对狗的称呼一律非常好；而当不知道狗是谁家的时候，他就骂它疯狗；当知道不是将军家的就骂它是下贱胚子，是野狗，因此这个人多变善变。我们从这个图表里可以看出这样一个问题，就是变的现象背后，本质变不变？

生（部分）：不变。

师：不变，变的现象背后掩盖着不变的本质。当他知道狗主人地位很显赫的时候，他就要赞颂这条小猎狗，赞颂它，对不对？赞颂到肉麻的地步，"名贵的""怪伶俐的"。当他知道不是将军家的时候，就一律怎么样？骂！所以从这个曲线上面我们就发现一个什么问题呢？[手指着板书上的曲线] 就好像波浪一样，有波峰，有波谷，[板书：波峰、波谷] 当他知道这是将军家的狗的时候，他这个时候啊，要怎么样啊？要通过这条狗来——

生（部分）：巴结。

师：巴结。要讨好，要巴结，刚才有同学讲阿谀——

生（多数）：奉承。

师：奉承，要阿谀奉承，因此就形成了波峰。当他知道不是的时候，就形成了波谷，你们看这样的比喻合不合适？[学生举手] 噢，有同学不同意。[教师示意学生讲]

生（14）：我认为波峰不是处在一个水平面的，应该说他感情的波动是有起伏的，但在板书上对奥楚蔑洛夫感情的变化没有能表现出来，我认为这样不是最恰当。

师：不是最恰当，我把它画成基本上等距离了，是不是？某某某认为是不恰当的。好，你来画，你用红笔改。

生（14）：[上台用红笔改线条，将上面的弯曲线逐步画高了些]

师：不应该在一个水平面上的。[学生纷纷议论] 下面还有不同意见，太高了[学生说生（14）画得太高]，是这样吗？同意吧？噢，好像还有不同意的，[学生举手] 某某你不同意吧？你再来改。

生（15）：[改曲线的下方，逐步拉长]

生：[纷纷议论] 改得好。

师：噢，某某某说改得好，还有不同意见吗？[学生举手] 噢，某某。

生（16）：我认为这张表还没有完全表现出警官的变。

师：还没有完全表现出这警官的变，好，你说。

生（16）：这个警官不仅对狗的称呼改变，而且对狗的主人的称呼也改变了。开始他不知道狗的主人是谁，就说，这狗的主人是混蛋，课文里有这样一段："等到他，那个混蛋，受了罚，拿出钱来，他才会知道放出这种狗来，放出这种野畜生来，会有什么下场。"然后当别人告诉他是席加洛夫将军家的狗后，他就说："席加洛夫将军。哦！……"一副惊恐的样子，再后面人家又说不是将军家的狗，他就说："居然有人养这种狗！这人的脑子上哪儿去啦！"就是说养这种狗的人，就是说——

师： 没脑子的［笑］。

生（16）： 然后人家又说没错，是将军家的，他就又对狗的主人一副恭敬的样子，说："带到将军家里去问问"，后来又说："这条狗是野狗。"野狗也就是没有主人的，文章里也就没说主人。后来将军家的厨师说"是将军哥哥的狗"，他就称呼将军哥哥是"他老人家"。

师： 因此你认为这张表还不能够完全反映，好，请你上来加，他讲得很好啊。第一个骂什么？骂狗主人什么？书上画出来，骂狗的主人是混蛋。

生（16）： ［板书：红笔写"混蛋"］

师： 第二个是什么？

生（16）： ［板书：席加洛夫将军］

师： 对不对？席加洛夫将军，对吧？［对着板书讲］

生（多数）： 对的。

生（16）： ［板书：没脑子、将军］

师： 知道不是将军家的就骂什么？没脑子，野狗有主人吗？

生（16）： ［板书：没主人］

生（多数）： 没主人。

师： 对，没主人。

生（16）： ［板书：老人家］

师： 称席加洛夫将军哥哥叫老人家。从混蛋到老人家这坡度大吧？这个坡度是非常大的。刚才同学们提的问题非常好。在学习的时候自己独立思考，聚精会神地独立思考，理解问题就会非常深刻。刚才某某某、某某以及某某，他们对这个问题的理解比我深刻。为什么呢？因为我教课思考问题经常有一个习惯的轨道，认为这个故事很简单。刚才同学们提问题的时候都讲了，所以我就不重复了，我也没有什么再问你们的了。奥楚蔑洛夫处理狗咬人的事情，故事是很简单，但是起伏曲折。从故事的发展过程当中就可以看出是怎样起伏曲折的，我认为用这样一个表［指着板书］，用波浪形就可以表达了，主要是让同学们看到变的现实的背后有不变的本质，不变的本质也就是刚才同学们所讲的，是什么？阿谀奉承。［板书：阿谀奉承］是不是只是这一点呢？待会儿我们再看，"阿谀"这个字我写得对不对？有同学皱眉头了，查字典，这个词我们要掌握。

生：［查阅后点头］

师：有同学眉头皱起来，因为不完全掌握，查一查有好处。那么为什么会这样变？因为对上要巴结，对下一定会怎么样？

生（部分）：欺压。

师：欺压，对！拍上就怎么样——

师、生：压下。

生（部分）：谄上压下。

师：对！谄上压下，或者叫媚上［板书：媚上欺下］欺下。用这样一个波浪形的线条就可以表达出主人公多变的性格特征。但是正如刚才某某同学讲的，我用的是等距离的波峰波谷，表达得不够完善。同学们思想高度集中的时候，可以冲破习惯性思考问题的轨道，思想上会爆发出火花。刚才 3 位同学理解得都很好。开始主人公来处理这条狗，骂疯狗，后来又称它为小狗，为什么要称小狗呢，因为这条狗是一条小猎狗，所以这称呼并不是距离很大；后来知道不是将军家的就骂，越到后来怎么样啊，波峰就越厉害。不仅表现在对狗的称呼上，对狗主人称呼上也就不一样，我忽略了这一点，某某补充得很好。但是，这 3 位同学反过来又促使我思考问题了，促使我思考什么问题呢？我觉得不仅仅是在一个平面上移动，越到后来他巴结的心情越厉害，对不对？我觉得这个图还可以改一改，怎么改？我本来是画在同一平面上，现在已经改得很好。但是这里波峰波谷基本上是等距离的，你们看看还可以怎样改？越到后来他越怎样？

生、［议论］：距离短。

师：噢，越到后来距离越短。他晓得是将军哥哥家的狗时，他简直不知道怎样去拍马、巴结，所以频率就更快，如果说把它这样画你们看对不对，[板书：用红笔在四、五、六之间把曲线距离画短] 这样是不是更合适一点？

生：（点头）

师：更合适一点。同学们学习理解得非常好。这张表反映了故事发展的情况，怎样达到高潮，不能用等距离来表现，也不能够在一个平面上，越到后面频率就越快，主人公心情怎样？

生（部分）：迫切。

师：迫切，不知道怎样巴结才好，不仅巴结人，还——

生（部分）：巴结狗。

师：巴结狗，你们看作者是怎么巴结狗的？在哪一节？

生（部分）：第二十七节。

师：哪个句子？某某某，请读一读，怎么巴结狗的？

生（17）："这小狗还不赖。"

师：还要读下去吧？读下去"哈哈哈"，读啊！

生（17）：哈哈哈。

师、生：[大笑，课堂气氛活跃]

师：读下去。

生（17）："你干什么发抖呀？呜呜……呜呜……这坏蛋生气了……好一条小狗……"

师："好一条小狗"是不是反语啊？

生（多数）：不是。

师：咳，不是反语，是真讲这狗好，因此，你们看，为了讨好狗主人，都要拍小狗的马屁。[生笑]"呜呜……呜呜……这坏蛋生气了……好一条小狗……"真是刻画得淋漓尽致，入木三分，把这个奥楚蔑洛夫的卑鄙灵魂揭露在光天化日之下。现在请同学修改板书，写在笔记本上。

生：[修改板书]

师：作品中的主人公，大月亮在我们面前已经表演得淋漓尽致了，是不是只是这一点呢？我们看他是怎样出场的？他这出场，已经用含蓄的笔法给我们暗示了这个大月亮是何等人，下一节课再学。下课。

第二课时

【上课】

师：下课以后，有些同学对刚才讲的还有一些补充，现在请同学补充。

生（1）：我觉得奥楚蔑洛夫出场以后他的语气也是有变化的，我认为完整的一个过程就不应该把他的语气漏掉。

师：注意，完整的一个过程，千万不能漏掉语气。

生（1）：一开始，在第140页第八节，他除了说话外还装腔作势地咳嗽一声，到后来越来越快，到最后当他知道这只小狗是将军哥哥家的狗时，他的语气快得简直令人难以理解了，就是非常肉麻了。

师：〔笑〕因此在理解的时候还不能漏掉语气的变化。

生（1）：我觉得这里的语气不必另外加了，只要加在这条线前面就可以了。

师：加在哪里？

生（1）：我觉得这条曲折的线不仅可以表示他对这只小狗的态度由主人的转变而转变，而且还可以通过这频率的变化来表示他语气的变化。

师：线可不一定加了。

生（1）：频率的快慢，同样可以表示他的——

师：语气的变化。请坐，讲得很好。他刚才讲的这个问题，实际上就是变声变色不变——

生（部分）：质。

师：对了，变声变色不变质〔手指着板书讲〕。所以语气的转换当然跟对小狗称呼的变化是一致的，待一会儿我们把书面语言变成口头语言的时候，对语气的起伏、节奏就可以理解了，这一点提出来很好。

我刚才说了，这篇文章故事情节很简单。我们主要抓了它的发展和高潮部分，这里是高潮，对吧〔手指板书：证实是将军家的狗〕？其实人物一出场就是故事的开端。〔板书：开端〕人物一出场就发现了狗咬人的案件，你们看在哪里可以画一画？可以分段？从开头到第几节？发现狗咬人的事件用了几节文字？

生（部分）：第五节。

师：第五节，对不对？

生（部分）：点头。

师：对，第五节。发现了怎样一个案件？我们看这人是怎么出场的？现在请一位同学读一读，读完以后，其他同学发表意见，说说看这个人出场有什么特点？作者在这里描写了一个怎样的环境？哪些词用得特别形象、生动？3个问题，主人公是怎样出场的？这里描写了怎样一种气氛？哪些词用得特别形象、生动？现在请一位同学先来读第一节。某某来读。

生（2）：［朗读］"警官奥楚蔑洛夫穿着新的军大衣……门口连一个乞丐也没有。"

师：他读得很清楚，看看是怎么来描绘的？谁来回答？　［学生举手］某某，说说看。

生（3）：首先创造的气氛是很令人窒息的。

师：好。他认为这里给人们的气氛是很令人窒息的，对不对？

生（部分）：点点头。

师：这句话讲得很好，令人窒息的。再说。

生（3）：文章展现在我们面前的背景是，沙俄封建统治下恐怖而萧条的情境。

师：展现在我们面前的是沙俄统治下萧条、恐怖的情境。请坐。还有吗？其他3个问题可以任选一个回答。［学生举手］某某某。

生（4）：我认为"无精打采"这个词用得很好，"无精打采"应该是形容有生命的东西而不是形容无生命的东西，用无精打采这个词来形容，就表现出气氛十分死气沉沉。

师：这个理解很好，还有别的意见吗？怎么好法？不能理解时我们一起读一遍，再理解理解。
　　"警官奥楚蔑洛夫穿着新的军大衣，"预备——起。

生：［集体朗读］"警官奥楚蔑洛夫……门口连一个乞丐也没有。"

师：请你们就这些词句开展想象，这个警官出场的时候是怎样的？身上穿的是什么？

生（集体）：新的军大衣。

师：新的军大衣，这是什么意思？告诉我们什么啊？

生（部分）：新上任。

师：新上任的，新的军大衣。接着再看警官后面怎么样？

师、生：［齐讲］跟着一个巡警。

师：你看，这个警官穿着新的军大衣，手上是怎么样的？

生（部分）：提着小包。

师：提着小包，巡警呢？是怎样跟着啊？跟在后头手上怎样？哪个动词用得非常好？

生（多数）：端。

师：你们看看这个动作是怎么样的？［做手势］恭恭敬敬地跟在身后，这个词用得非常好，"端"，你们看两只手端着东西［手势］走路方便吧？"端"，脑子里有没有这个画面？

生（部分）：点头。

师：有了。端着个筛子，筛子里面盛满了没收来的醋栗，因此这个人物一上场给人一个什么感觉？

生（个别）：威风凛凛。

师：威风凛凛，好的。［学生举手］好，某某讲。

生（5）：趾高气扬。

师：趾高气扬的近义词？［看见有学生嘴在动］来，［指定学生］某某某。

生（6）：盛气凌人。

师：盛气凌人。［学生举手］你说。

生（7）：威风凛凛。

师：威风凛凛，说过了。［学生举手］好，你说。

生（8）：不可一世，耀武扬威。

师：不可一世，耀武扬威。［学生举手］某某，还有什么？

生（9）：人仗狗势。

师、生：［大笑］他说什么？只有狗仗人势，他倒过来用了，很有意思。威风凛凛、不可一世、盛气凌人、耀武扬威，一开始就把这卑劣小人的嘴脸勾勒了出来。那么当时又是怎样的气氛呢？刚才有同学讲是令人窒息的，从无精打采当中我们就可以看出，是死气沉沉，为什么呢？当时沙皇亚历山大二世被谋杀，亚历山大三世即位，即位以后，为了巩固和加强他的统治，大大加强了警察的权力，建立了恐怖的警察统治。所以社会环境描绘出死气沉沉，我们看这里有两个"没有"，不知道同学们读的时候注意了没有？哪两个"没有"？第一个是什么？

生（集体）：广场上一个人也没有。

师：对，广场上一个人也没有，这是一个没有，第二个呢？

生（集体）：门口连个乞丐也没有。

师：刚才有同学问了，怎么门口连一个乞丐也没有？既然是很萧条，为什么连一个乞丐也没有？请大家说说看。[学生举手]某某讲。

生（10）：说明这个警官奥楚蔑洛夫是非常不通人情的，连乞丐也害怕他。

师：连乞丐也害怕他。

生（10）：因为他们走在街上，就要没收人家的东西。

师：没收人家的东西。他不仅仅耀武扬威，而且怎么样？巧取豪夺，[板书：巧取豪夺]门口连一个乞丐也没有。请坐。实际上这里是渲染气氛的一种写法，你们看对不对？因为小说在塑造典型人物的时候，一定要放在典型环境当中，这里是自然环境描写还是——

生（抢答）：社会环境。

师：对！社会环境描写，这里描写的是一种死寂的气氛，[板书：死寂]死气沉沉，令人窒息。怎么来描写这死寂的气氛呢？第一，就是广场上一个人也没有。第二，是写商店、饭馆门口的情景萧条，恐怖的气氛很浓，这就暗示了这个主人公是何等样人。因为他一出来给我们的印象一是耀武扬威，二是巧取豪夺，因此下面的多变就很自然，因为他是沙皇统治下的产物，他就是沙皇的警犬。我们再来看一看他上场的情况，他一上场就听到声音了，你们看看这是什么写法？"好哇，你咬人"是什么？

生（部分）：先闻其声。

师：对！先闻其声，后见其人。这个受害者先是叫，然后就出现了罪犯。刚才有同学问了，说：这个案子的"罪犯"是怎样的一个人物？原来不是一个人物，而是一条狗。有同学又问了，既然是人不如狗的社会，为什么又把这狗写得这么可怜？谁能够回答？

生（11）：因为狗是无辜的，只是一种畜生，作者揭示的是奥楚蔑洛夫不仅仅要拍狗的马屁，最最主要的是拍狗的主人的马屁，所以他这里写狗的可怜就是揭示他所要说明的不仅仅是狗，而更主要的是奥楚蔑洛夫，其实他也是当时沙俄社会的一条狗。

师：先把前提搞清楚，这里是不是着重写这条狗是很可怜的？好，［指定学生］某某某你把描绘"罪犯"神态、动作的语句读一读。

生（12）：［朗读］"这个案子的'罪犯'呢，……恐怖的神情。"

师：你觉得这里是不是写它很可怜的情态？

生（12）：我认为只有一部分写它可怜的情态。

师：何以见得？

生（12）：从它前腿劈开，浑身发抖和脸上流露的表情可以看出它有一些可怜。但是我认为这条狗又好像并不可怜。

师（笑）：好像并不可怜，你说。

生（12）（继续说）：从它这里，我们好像也能看出奥楚蔑洛夫，看上去很凶，其实他本质也是很"可怜"的。他只知道阿谀奉承，趋炎附势，但是他失去了人本来应有的道德、本质，所以他也是可怜的，像这条狗一样。写这条狗也有一些暗示读者。

师：也有些暗示读者，这是他的理解。我们看这里是不是着重写它可怜？［学生举手］某某某。

生（13）：我觉得这狗不可怜，这狗好像是做给人们看的，它做出一副可怜的样子。

师：做出一副可怜的样子，明明是咬了人的手指头，赫留金的小指头，却做出一副可怜的样子。请坐。它这里含泪的眼睛流露出悲苦和恐怖的神情，因为它咬了人，做了坏事。这里主要是渲染那种气氛，咬了人，在这人群当中它是被审判的对象，所以写它的恐怖、悲苦。

接下来再看，警官发现了这个案件以后怎样处理？刚才有同学问了，他说，第六节有这么一句话："你在这儿干什么？你究竟为什么举着那个手指头？……谁在嚷？"既然知道，为什么要问谁在嚷？谁能回答？［学生举手，师示意学生回答］

生（14）：我认为这是装腔作势。

师：他认为是装腔作势，对不对？

生（部分）：点头。

师：对了，是明知——

生（部分）：故问。

师：对，故问，装腔作势，明知故问，明明知道，因为赫留金把他的手指头，血淋淋的手指头伸给人们看，但奥楚蔑洛夫走进人群里却明知故问。刚才还有同学问"不瞒您说，我的兄弟就在当宪兵……"，我刚才说了"作品中除了大月亮之外还有小星星，像小铜币一样撒在背景上"，你们看这句话起什么作用？为什么赫留金要说这么一句话？有说没说地说："不瞒你说，我的兄弟就在当宪兵……"他为什么要这样讲？不这样讲会影响情节吗？［学生举手］某某某。

生（15）：赫留金讲这句话也是为了炫耀自己，这就说明他们这些人也是爱慕虚荣的。

师：［笑］对！也是爱慕虚荣的，好，这个问题我们再放一放好吗？待会儿跟某某提的问题结合起来回答，说"周围的没有反应"，这个就能够比较完整地理解了。

现在请同学们思考，故事的开端引出了这个案件，然后发展，进入高潮，最后就是故事的结局，请同学们看故事的结局是怎样的？第二十八节、第二十九节谁胜利啊？

生（部分）：狗。

师：对，以狗的胜利为结局，故事收场，故事情节很清楚。作者用哪些方法来表现人物思想性格的呢？说说看，主要用什么方法？［学生举手］说说看。

生（16）：我认为这篇文章主要是通过对话来表现人物的。

师：主要是通过人物对话来表现人物思想性格，为什么对话能表现人物思想性格呢？说说看。

生（部分）：心声。

师：噢，言为——

师、生：心声。

师：这儿用的是个性化的语言描写。个性化的语言描写，能够把人物的内心世界生动形象地表露出来。除了这个方法之外还有什么？［学生举手，师示意学生讲］

生（17）：多处用了细节描写。

师：什么地方？

生（17）：比如说，奥楚蔑洛夫在变化时，经常用穿大衣和脱大衣这个动作，还有他为了装腔作势，摆威风，经常咳嗽和拧起眉头。

师：是不是这样？有表情，拧眉头，咳嗽，一件军大衣，待会儿我们再讨论。那么作品怎么来进行对话描写的？我看一定要把无声的文字变成有声的语言，体会起来就能更为具体、更为深刻了，读的时候请同学们注意，这篇文章用了许多什么标点符号？

生（大部分）：省略号。

师：省略号，读的时候要注意。现在请一位同学来朗读，朗读时注意，第一，叙述性的语言该怎么读。第二，读准人物的语言。人物里有大月亮有小星星，这大月亮在不同的时候语言有不同的特定的内容，因此语气、语调要读准确。第三，小星星是衬托的，插语的时候要抓得紧，所以在读的时候，注意叙述语言要求清楚，思考人物对话主要是表现谁？这个主要的表现人物又是如何多变善变的。另外就是别人插话的时候要衔接得十分适当。现在请一位同学朗读，大家仔细地听，并在书上做好记号，你觉得他是不是把握得非常准确，能不能把灵魂卑劣的小人的内心世界通过语言读出来。读不好没关系，好，［指定学生］某某某读，读全文行吗？

生（18）：［点头］

师：读得大家都能够笑，我看大概就成功了。

生（18）：［朗读］变色龙契诃（kě）夫。

师：怎么读？契什么？

生：（部分）：诃（hē）

师：h—ē—hē 诃，契诃夫。

生（18）："警官奥楚蔑洛夫穿着新的军大衣"……"哎呀，天！是惦记他的兄弟了……"

生（部分）：读错了。

师：重来。

生（18）：［朗读全文］"哎呀，天！他是惦记他的兄弟了……接着穿过市场的广场径自走了。"

师：什么地方读得特别好？［学生举手］某某某。

生（19）：我认为某某某［指生（18）］同学，第二十七节读得很好，特别是"哈哈哈"后面。

师："哈哈哈"后面读得特别好。

生（19）：还有就是开头。

师：开头。［学生举手］好，某某说。请坐［指生（19）］，你说。

生（20）：我认为他读得都很好。

师、生：［笑］

师：都很好？有没有不足的地方？［学生举手］某某。

生（21）：第五节中他读错了 4 处地方。

师：某某听得非常仔细，第五节就读错了 4 个地方，某某某［指生（18）］做记号，你说哪几个地方？

生（21）："他看见那个敞开了坎肩的人举起右手"，他读成了"敞开坎肩的人"；后面"他坐在人群中央"这里的"他"是没有的，他多读了"他"。

师：对，第二。

生（21）：还有"奥楚蔑洛夫认为这人是首饰匠赫留金"，这里是"这人"，他读成"那人"。

师：对，代词读错了。

生（21）：还有"原来是一条白毛的小猎狗"，他读成"原来是一条白色的小猎狗"，在第五节中就出现了这些错读，后面也有。

师：后面也有，他是举例说明，看看还有什么？［学生举手］还有［师示意学生讲］。

生（22）：他读得很好。但是呢，这篇文章里有些省略号他却读得太快了，我觉得省略号的地方一般要停顿一下。

师：请你示范。

生（22）：比如，在第 2 个省略号这里。

师：第 2 个省略号。

生（22）：第六节这里。

师：好，第六节，你说怎么读，你读读看。

生（22）："你在这儿干什么？你究竟为什么举着那个指头？……谁在嚷？"

师：对不对？

生［议论］：太快了。

师：他读得太快了，但是这个气势对不对？

生：对。

师：对，读出了他盛气凌人的气势，读对了，请你稍慢一点，同学们讲你读快了一些，但那气势是读出来了。

生（22）：还有就是第 142 页第二十三节的一句话，这句话就是"那就用不着白费工夫再上那儿去问了"，这句话我觉得应该读得快一些，因为奥楚蔑洛夫经过几番神情的变化，已经觉得不耐烦了，他当这条狗不是将军家的狗，所以就应该读得不耐烦一点。

师：应该读得不耐烦一些。

生（22）：而不是慢慢吞吞的。

师：要读得快一点，怎么读？

生（22）："那就用不着白费工夫再上那儿去问了。"

生：［议论］太快了。

师：［笑］这，太快了。

生：［大笑］

师：这个地方几经周折，认为既然是将军家的厨师说："我们那儿从来没有这样的狗！"他认为是十拿——

师、生：［齐讲］九稳了。

师：所以就这样，对吗？［生（22）点头］请坐。整篇是读得比较好的。［学生举手］某某，有什么意见？

生（23）：读第二十七节席加洛夫将军惦记他的兄弟时，他读得很慢，但我想应该读得比较快，因为这是他献殷勤的时候。

师：献殷勤的时候，心情怎样？很激动，他"哎呀"读得好不好？

生：（多数）好。

师：读得很好，"哎呀，天！他是惦记他的兄弟了……"这个时候脸上应该怎样啊？前面是洋溢着含笑的温情，这个地方应该是笑容——

师、生〔齐讲〕：满面。

师：笑容可掬，对吧？脸上的肉笑得要掉下来了，人家要把他捧起来了〔风趣地说〕。

师、生：笑。

师：不知道怎样巴结、讨好才好。但是我觉得有一点不足，谄上基本上读出来了，什么没读出来？

生（部分）：压下。

师：压下，对吧？声色俱厉的地方还没有读出来，比如说第八节，"我要拿点颜色出来给那些放出狗来到处乱跑的人看看"，"拿点颜色出来"，这是声色俱厉的地方，对不对？省略号没读好，有的停顿太短，有的省略号表达什么？

生（部分）：换语气。

师：换语气的时候掩盖警官内心的矛盾，读的时候要注意。某某同学基本上是读得比较好的。全文朗读后我们可以进一步体会作者除了用人物自己的语言自我揭露之外，还多处用细节描写来刻画。有同学问过这件军大衣用了多次，为什么，发挥什么作用？谁能够回答？〔学生举手〕某某讲。

生（24）：这件军大衣在文中起了4次作用。

师：4次作用，你说说看，第一次起什么作用？

生（24）：第一次就是在第一节，他穿着新军大衣出场，说明他是刚刚上任。

师：刚刚上任。你们看是不是以他的服装交代他的——

生（24）：身份。

师：身份，对！你讲得很好，以他的服装交代他的身份，这是必不可少的。

生（24）：接下来是在第十节。第十节，他叫叶尔德林帮他穿上大衣，脱下大衣。

师：先是穿上的，现在要脱下为什么？

生（24）：这是因为他急得出汗了。

师：急得出汗了。

生（24）：为了掩饰他的窘态。

师：讲得很好，为了掩饰他的窘态，因为他本来说这条狗是什么？

生（部分）：疯狗。

师：疯狗，现在要转换语气了，怎么转换的？拿个道具来派用处，来"掩饰"。好的。

生（24）：第三次是第二十节。

师：第二十节。

生（24）：他叫巡警帮他穿大衣。

师：为什么？

生（24）：这时候他吓得发抖。

师：前头是热得发疯，这儿是吓得发抖了，一热一冷，惟妙惟肖地刻画了这个人卑劣的见风使舵的嘴脸。最后呢？

生（24）：最后是他裹紧大衣，穿过市场的广场径自走了。

师：裹紧大衣，接着穿过市场的广场径自走了。为什么要裹紧大衣啊？有谁能理解，他是穿着大衣耀武扬威地出来的，耀武扬威，盛气凌人，要来判决这个咬人的"罪犯"。可到最后呢？灰溜溜地走了，为什么呢？出尽洋相以后——〔学生举手〕不同意了，说说看。

生（25）：我认为这里的作用只有一个：以物护人。

师：以物护人，讲得很好。

生（25）：体现出奥楚蔑洛夫那种人是卑鄙的、反复无常的。

师：反复无常的人，把军大衣作为什么啊？解嘲的工具，解嘲的阶梯。他害怕将军的权势啊，所以拿这道具来掩饰自己的惶恐、害怕。同学们知道吗？契诃夫除了会写小说外，还会写什么？

生（部分）：剧本。

师：对，剧本。他说：如果是一个剧本，第一场出现一个道具，后面应怎么样？都应该怎么样？如果出现了一支枪，后面就要有枪的影子，就要发挥作用，否则的话就是多余了。〔学生举手，师示意学生说〕

生（26）：我提个问题：第一节里奥楚蔑洛夫出场提着小包，最后他回去的时候

没有提小包。[反应很快]

师：噢，这是什么道理呢？提了个小包后面就没用了。想一想看，警官沙俄警犬的形象，是夹着个什么东西？公事包起作用了没有？起作用了，交代了他的身份。道具有的作用起得多一点，有的呢起得少一点，我们了解了狗的主人主宰着这个人的变化，那么其他的人物，小星星，都起什么作用呢？

生（部分）：陪衬。

师：陪衬。有同学问了，"不瞒你说，我的兄弟就在宪兵队"，这些小星星也就反映了当时俄国社会市民的什么心理活动，他也要怎么样？仗势——

师、生：[齐讲]欺人。

师：仗势欺人。我们看，开始赫留金是张扬声势的呀，"长官，就连法律上也没有那么一条"，但是后来怎么样？那群人对赫留金哈哈大笑，赫留金从张扬声势到忍气吞声，这就是当时沙皇社会市民庸俗、粗鄙的表演，反映了当时社会的面貌。有同学问了，这篇文章是揭露俄国社会的黑暗，今日我们选在教材里有没有现实意义？

生（部分）：有。对阿谀奉承、见风使舵的人要嗤之以鼻。

师：对。有什么现实意义？当时是揭露沙皇社会警察统治的黑暗。我们读外国小说和古典小说有类似的情况，帮助我们了解当时社会，有认识价值。除了认识价值以外，还可以从中受到多种启发。比如，课一开始我就说过，作者是通过人的眼力来看社会的，就好像是螺钻一样，钻入地下，深入到生活的本质。一只小狗咬了人的手指头，事情小不小？

生（部分）：小。

师：太小了，但是作者通过这件小事，揭示了沙皇统治的黑暗，这就启发我们怎么来认识客观世界，锻炼自己的眼力，要我们学会观察生活，能够由表及里地认识生活的深层和本质。最后还有一个问题要回答，有同学说："从头到尾没有一个变色龙字眼，为什么要以变色龙为标题？"为什么？某某还问了："注解里面没有注'见风使舵的小人'，这是为什么？"请某某回答好吗？

生（27）：通过本文学习，我们知道奥楚蔑洛夫实际上也是一条变色龙，从头到尾都在变，一刻不停地在变，所以用变色龙为题就更有意义。

师：为什么注解上不注呢？刚刚某某问的问题。

生（27）：我认为，如果注解上注的话，太显露了，我们读了这篇文章，自己去理解就更有价值。

师：编者的注解也要给我们学生留有余地，留有思考的余地，他是这样理解的。变色龙很显然是一个比喻，对不对？以此来喻奥楚蔑洛夫这个政治上的小人。人们说：一个比喻就好像一根魔棒，用得好能够点石成金，一个好的比喻能够把主题思想加以深刻揭露，因此尽管文章从头到尾没有写一个"变色龙"的字样，但是从头到尾都在写什么？

生（多数）：变，变色龙。

师：生动、具体、启人深思。课就上到这里，课后请同学们阅读课外阅读教材里契诃夫的《凡卡》。要理解两个问题：第一，文章通过日常的平凡小事，是怎样深入到生活的本质的？第二，大月亮是怎样塑造的？小星星捧月又是怎样捧的？是怎样一个形象体系？除了这篇之外，还可以读一读《一个官员之死》或者叫《小公务员之死》。《小公务员之死》更接近《变色龙》的写法。今天我们课就上到这里。下课。

板书：

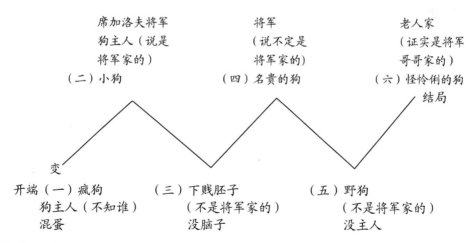

【教学后记】

　　教课前的教学设想是：激发阅读兴趣，培养学生质疑能力；抓住一个"变"字梳理全文，剖析人物内心世界，使课堂上笑声不绝，让学生在笑声中认识作品中主人公卑琐丑恶的灵魂，并产生憎恶之情；引导学生理解从平凡的事件中发掘重大主题以揭示社会本质的写作特点，学习运用细节和人物对话来表现思想性格的写作方法。

学生的质疑能力有所提高，思维活跃，一下子提出了十几个问题，在细致和深入方面有突破。为了不断激发学生质疑的兴趣，在教学进程中结合课文内容逐一请同学思考、分析，加以解答。

请了一些朗读能力一般的同学朗读全文，目的在增强这些同学的信心。实践证明这些同学只要全神贯注，进入角色，也是可以读得比较好的。但对话中省略号的味道基本上没能读出来。其中有理解的问题，也有口头表达的问题。对话中相当数量的省略号，有的表达耀武扬威的气焰，有的表示谄媚的口吻，有的为见风使舵找台阶，表达了多样的思想感情。由于用得十分精确，像第 27 自然段中用了 7 个省略号，不仅不累赘，而且把主人公丑恶的灵魂揭示得淋漓尽致。这些省略号给读者留有充分的想象余地，用得妙极。课上来不及再作具体指导，以后有机会再作一点补充，好在学习从来不是一次完成的。

板书设计主要考虑用两条线来表示多变的现象与不变的本质。多变的现象用波浪形的曲线来表示，不变本质用直线来表示，多变的现象由不变的本质所决定。没想到学生对板书提出异议，认为用等距离的波峰波谷不能确切地反映作品主人公心情的变化。学生敢于当着百余听课老师的面指出教师教得不确切处，我为之而振奋，于是放手让学生发表意见，让学生修改板书，学生七嘴八舌，积极性高涨。通过讨论，理解深入了一步。随着故事情节的发展，主人公在"变"的进程中也在变化，不应该用等距离的波峰波谷表示，应该频率越来越快，距离越来越短，这样才能活画出这个势利小人的卑鄙灵魂。

学生是可爱的。首先提出异议的这位女同学语文水平并不高，第一学期期末考试语文不及格，拼音识字和文言文阅读尤其差。假期我没有给她补课，只重点辅导她怎样查检字典，上课怎样全神贯注。这位学生的胆子特别大，课堂上什么问题都敢问，有时提的问题很幼稚，有时提得荒谬，引得哄堂大笑，我总是保护她的积极性，给予充分的鼓励，并在肯定与鼓励的基础上加以引导或修正。久而久之，她上课注意力涣散的毛病纠正了，这次课上她提的问题可以说是超水平发挥。学生聚精会神，思维进入十分兴奋的状态，思想就会迸发出火花。就文中所讨论的这个问题来说，思维的严密性我不如学生。因而，我在课堂上坦率地对学生说：我思考问题在习惯的轨道上走惯了，只考虑一个方面，而且是静态的。现在多角度地考虑，不仅发现现象与本质的关系，而且现象本身也在变化发展，是动态的，更符合人物的内心世界。学然后知不足，教然后知困，学生学得积极主动，就能弥补教的不足。对此，我理解领悟得较前更为深刻了。再者，对学生补课一定要有针对性，对学习困难的同学并不是一味地灌知识或进行机械操练，有时"补"习惯、"补"态度、"补"方法比"补"知识还重要。

扩展阅读学生很有兴趣，下课以后学生围着我问这问那，特别问道：其他作家的小说有没有大月亮和小星星的形象体系？学生喜欢打破砂锅问到底，求知欲旺盛。

四、观察与思考：《课余》作文讲评实录

【教学说明】

学生的作文是他们情感、意志、道德的反映，是他们自己的生活或周围生活的写照。言为心声，教师可以从中了解学生的心灵。对于比较内向的学生，教师更可以通过习作，搭到他们的脉搏，了解其活思想、活情况。同时，作文也是促进学生全面成长的一个重要途径。因此，作文教学历来作为语文教学的一个重要内容而受到高度重视。但是，我们的作文讲评课却往往被忽视，或无的放矢，或草率了事，鲜有系统完整、富有理性色彩，且能够真正点到学生作文的关键之处，能有效促进学生作文能力的进步与思想修养的提升。

我十分重视作文讲评，我主张教师对作文讲评的内容、情感，甚至语言都要精心设计，我20世纪80年代出版的《作文评讲五十例》就体现了这一点。正像杜诗所云，"随风潜入夜，润物细无声"。一篇篇作文，一节节作文讲评课，都可以渗透高尚的思想感情。天天耕耘，时时滋润，点点滴滴，学生的作文能力、良好的思想道德素质和文化科学水平都能得到培养和提高。

本课是对八年级学生的作文《课余》的讲评，目的是让学生懂得如何观察生活，学会截取生活的横断面，学会抓住细节，学会在场面描写中运用合笔与分笔，制造

波澜，形成跌宕起伏的效果，并让学生思考作文与生活的关系。我事先做了精心的准备，选了魏群同学的作文作为范例，并在课前印发给了大家。课堂上我运用步步设疑的方法，形成师生互动的讨论形式，又利用这本身发生在学生身边的事，来激发全体同学的兴趣与思考激情。整堂课气氛热烈，学生的参与积极性高涨，真正实现了他们的"主人"地位，收到了很好的教学效果。

【教学流程】

【上课】

师：在我们国家，欢乐是生活的主旋律。［稍顿］这次写"课余生活"，同学们的笔底下，涌现出来的都是欢和乐。我在批改的时候，常常被你们文章中跳动着的喜悦、兴奋、快乐所感染。我改着改着，有时忍不住地笑出声来，或者用你们作文里的话来说叫作"捧腹——不——已"。同学们在作文里究竟写了哪些趣事和乐事呢？［稍停］现在请一些同学报一报自己这一次写的课余生活的作文题目，或者用一句话说一说你这一次写的内容。［导语抑扬顿挫］

大家讲的时候声音响亮一些，可以讲作文题目，也可以用一句话简要地说明自己所写的内容。［学生举手、发言积极］

好，刘静先讲。

生（1）：我写的内容是第一次学剪纸的乐趣。

师：周俭。

生（2）：我写的课余生活是剪贴。

师：黎莉。

生（3）：我写的是泥塑。

师：杨蓓珏。

生（4）：我写的是集邮。

师：集邮。魏巍。

生（5）：我写的是烧菜。

师：烧菜，做家务。张涛。

生（6）：我写的是养花。

师：养花。陆恩铭。

生（7）：我写的"课余的欢乐——溜冰"。

师："课余的欢乐——溜冰"。冯宇。

生（8）：我写的是养金鱼。

师：养金鱼。洪鼎良。

生（9）：我写的是喂鸡。

师：喂鸡，这也很有乐趣。

生（10）：我写的是学缝纫。

师：学缝纫。仇海凤。

生（11）：我写的是"课余生活中的欢乐之神——小花"。

师：欢乐之神——小花。范菁。

生（12）：我写的是养花。

师：养花。卢鸣。

生（13）：我写的是钓鱼。

师：钓鱼。王强呢？

生（14）：写的是少林寺弟子。

师：他写的是少林寺弟子，要打引号吧？

生（14）：点头。

生（15）：我写的是朗读给我带来的欢乐。

生（16）：我写的是乐迷。［连续发言］

师：乐迷。大家知道她最喜欢唱歌。她说她对着收音机听歌可以持续半个小时，跟着学，跟着唱。她还学外国歌曲，听不懂就录下来一个字、一个字地记。［另一学生又举手］好，你写的是什么？

生（17）：我写的是球。

师：什么球？

生（17）：乒乓球。

师：好。姚蓉。

生（18）：我写的是学骑车。

师：学骑车。你［另一学生］呢？我们这里最小的一个。

生（19）：我写踢足球。

师：踢足球。你呢？翟兵。

生（20）：赛象棋。

师：赛象棋。王伟。

生（21）：我写的是一场特殊的足球赛。

师：特殊的足球赛。张欣。

生（22）：我写的是四国大战。

师：四国大战。叶路绮。

生（23）：我写的是一场棋战。

师：一场棋战。吴震宇。

生（24）：我写了棋战。

师：棋战。［小结］好！稍微检阅一番，就可以窥见我们课余生活的欢乐，而尤其给我们带来欢乐的是球与棋，棋与球，有十多个同学写四国大战、足球赛、乒乓球赛……正因为如此，我们这一节作文讲评课就先把个人课余生活的乐事放一放，着重评一评球赛和棋赛的内容。

很显然，要写球赛和棋赛，必须描绘场面，而这个场面又是以人物活动为中心的，对不对？［引导思索］要把我们的课余欢乐［在黑板左侧板书"课余乐"3个字］写出来，就必须把人物活动为中心的场面写好。因此这节课就着重讲评场面描写。［在"课余乐"下行板书"场面描写"4个字］

写棋赛和球赛，即使是写个人的课余乐趣，也会涉及一些活动场面的描写。很多同学写了课余活动欢乐的场面，可是要写得生动别致，引人入胜，就大有讲究，大有区别了。

刚才我说了，有的我读了以后可以捧腹不已，可有的我读了以后，好像还没有受到感染。有的取材是一样的，可是呢［促学生深思］下笔写出来就不一样。那么，怎么样才能把场面写得逼真生动而且富有情趣呢？我们先来看一看魏群写的《四国大战》。

讲义已经发给你们了，［学生打开讲义］请一个同学读一读。读完以后评论：魏群这一篇《四国大战》是不是写得生动逼真、引人入胜？好在哪里？你觉得有问题吗？有问题，问题在什么地方？现在请咱们班级音量最大的王伟同学读。

王伟同学读时有两点要注意：第一，不要读破句；第二，如果你认为他能够把课余的欢乐写出来，那么，请你力求读出这个气氛。

生（25）：[读全文][略]

[读得较响，节奏有点快了，个别字音咬不准，几处读破句]

师：有没有读错的？[略停]有吧？[学生略作考虑]

生（26）：他把文章里的平舌音大多数读成了翘舌音。

师：请你举例。

生（26）："……的一次'大战'"中的次（cì）读成（chì）。

师：cì 读成 chì，正确的是"一次（cì）大战"，还有没有？举例说。

[学生稍停]

生（27）：他还把"叶路绮"（qǐ）的"绮"读成（yǐ）。

师：叶路绮（qǐ）还是叶路绮（yǐ）？

生（齐答）：qǐ。

师：我们伙伴[指班上一学生]的名字不知如何读，似乎不应该啊！
王伟读得有进步，声音响亮是他的长处，读破句是他的短处，今天，破句比较少。有一个地方要注意"我再调兵救援，想使个"什么——

生（集体）："围魏救赵"。

师：他读成两个"围（wéi）魏（wéi）"，应该是"围（wéi）魏（wèi）救赵"。
刚才读时，有的地方我们忍不住地笑了，现在请同学们具体评论这篇文章。
陆荣珍——

生（28）：魏群写的《四国大战》这篇文章非常生动形象，把人物写活了。

师：怎么样把人物写活了？

生（28）：比如说，第 4 小节讲他得意扬扬的心情的时候，他从侧面描写了"问史进的物理问题"这一细节。

师：侧面描写，问了史进物理题目。

生（28）：他还运用了一些有趣的词和象声词，如"叭""轰隆"……[学生笑]

师：象声词"叭""轰隆"。

生（28）：另外，"殉难""健在""出山"等词增加了趣味性。

师：用了一些词，准确、生动，增加了趣味性。

生（28）：并且，这篇文章情节有波澜。

师：怎样有波澜呢？

生（28）：前面让人们看起来是要赢的，但是呢，几经回合又失败了。这就是起伏，这就能吸引读者。并且他还注意心理描写，当时他得意扬扬，心里是怎样想的，战争失败的时候又怎样想的，但是，我认为这篇文章里……

师：好，她摆了这篇文章不少优点，但是也觉得有问题，在什么地方？

生（28）：文章的段落大意写得不好。

师：段落大意写得不好。对，写作提纲中的段落要点。

生（28）：太简单了，前面还有一处，就是第 3 节讲到"我方素以稳重、打'防守反击'称著"，而文章里没有突出这个特点。并且在最后的描写中说："大家你争我吵"，究竟为什么而吵，看不出来。

师：为什么你争我吵，没说明原因。[学生继续举手发言] 好，张欣。

生（29）：文章开头开得很好，先用列举方法，把所喜欢的都列举出来。

师：所喜欢的是些什么？

生（29）：所喜欢的三大爱好，后面是突出最喜欢的。居首位，因此，这样就——

师：说话，一定要一句一句讲清楚。

生（29）：突出最喜欢的，下面就是讲主要爱好。还有"我方素以稳重、打'防守反击'著称，而对方则以骁（yáo）勇冲杀、屡出奇兵闻名"，这写了我方和对方势均力敌，后面将是一个激烈的场面，更增添了紧张气氛。

师：增添了紧张气氛，说话要完整，请坐。

[在黑板一角板书"骁"] 这个字怎么读？

生（集体）：骁（xiāo）。

师：正音。

生（集体）：x-iāo

师：第几声？

生（集体）：第一声。

师：x-iāo，骁勇冲杀，屡出奇兵。除了他们讲的以外，还有——

生（30）：这篇文章里，有高人一着之处。

师：有高人一着之处，什么地方高人一着？

生（30）：引用了一个典故"围魏救赵"。这个故事说：赵都被魏国围住了，后来齐国就派大将去救，齐国攻打了魏国国都，迫使魏国放弃攻赵，文章里本来打仗的气氛就很紧张，用了这个典故……

师：［启发］本来打仗气氛很紧张。

生（30）：用在这里，不仅充满了乐趣，更加渲染了当时紧张的气氛。

师：渲染了当时紧张气氛，你认为这里是高人一着的。好，洪鼎良。

生（31）：这篇文章抓住了细节描写。比如，第四节写"叶路绮频频点头，翘着嘴角，嘿，俨然一副'大将风度'"。

师：这是细节描写，好像电影的什么一样？

生（31）：特写镜头。

师：特写镜头一样，这里是写细节。"俨然"，我们在哪儿碰到过？

生（集体）：《向沙漠进军》。

师：第一课，《向沙漠进军》里学过。这个词用得很好，俨然大将风度……好，王强。

生（32）：此文意义是积极的，最后说"胜败虽是兵家常事，但骄兵必败"，说明"课余"这篇文章并不是反映了一般的生活情趣，而且还寓含哲理……

师：大家听清楚了没有？请再说一遍。

生（32）："胜败虽兵家常事……"

师：对！胜败虽兵家常事，但骄兵必败。议论得好。请坐。还有什么意见？

生（33）：在开头讲道"我方素以稳重、打'防守反击'著称"，既然这样，为什么后面说因骄傲失败呢？可见不稳重。［学生哄笑］

师：［稍停］好，既然前面以"稳重"著称，为什么后面反击不稳重？这个问题放一放。还有别的意见吗？

生（34）：魏群的这篇文章写得非常精彩。但还有美中不足。

师：什么地方不足呢？

生（34）：文章开头描写了"我方"和"敌方"的特点，还应写出同学们围观的场景，把情绪渲染出来，更能增加紧张气氛。

师：不足的地方是未写围观者，写围观者，会渲染气氛，更能突出欢乐。同意吧？［学生示意赞同］谢书颖。

生（35）：文中第一回合与第二回合用了不同方法。

师：请你分析。

生（35）：在第一回合，有一个小小波澜，先是叶路绮的司令、军长和一个师长被吃掉了。

师：注意呀，是小小波澜。

生（35）：后面又讲形势急转直下，叶的炸弹炸掉了对方张欣的司令。
第二回合写双方较量以后，"我"的司令被炸掉以后兵败如山倒的局面。

师：她说第一回合跟第二回合是有区别的，同学们注意了没有？第一回合有小小的波澜，先是写了叶路绮的司令、军长、师长怎么样了，都吃掉了。看来是非败不可。可是形势急转直下，因此这里有曲折、有波澜。而第二回合呢，是直接写兵败如山倒，是不是这样？［学生点头］评得很好。还有补充意见吗？有没有？［等待］
没有，我提个问题。我在批改的时候，这个事情弄不明白，就是刚才有同学说这里写得很好，什么地方？［稍停］江穗说。

生（36）：就是得意扬扬地问裁判史进："哎，0.76 米乘 9.8 牛顿每平方米是多少呀？"

师：对啊，在四国大战的时候，怎么出题目呢？0.76 米乘 9.8 牛顿每平方米是多少？刚才陆荣珍说这儿写得好，是不是？刘静说。

生（37）：这个地方很突然。

师：很突然。

生（37）：在前面没提到，没有写到手中的物理书。

师：［重复］

生（37）：前面没提到，这里好像感觉到……嗯……嗯……

师：感觉到什么？前面并没有说手里有物理书，就感觉到——

生（37）：似乎……

师：似乎感觉到什么——还是你开始讲的。

生（37）：很突然。

师：很突然。请坐。有没有不理解的？

生（38）：我是讲，既然有裁判，他怎么知道就剩"一光棍团长"了？应该是不知道的，我认为。［该生讲到另外议题］［学生议论］

师：即使有裁判，剩下什么棋子自己也应该知道。好，再回到细节上讨论。

生（39）：我认为：这个细节反映了同学的真实，因为叶路绮把对方司令吃掉了，魏群要把这喜悦心情压一压。

师：好！压一压。喜悦心情要压一压，这是什么意思？你能把意思说得更明白一些吗？

生（39）：压抑……

师：不叫压抑，换一个词。

生（39）：……

师：对方输了，输了一着，自己心里很高兴，用"压抑"不行，就是不表露出来，对不对呀？

生（39）：［领悟］……掩饰。

师：掩饰，用这个情节来掩饰，是这个意思吗？［生点头］她是这样来理解的。

生（40）：不是掩饰，因为他向裁判问的这个题目并不对，不能算是掩饰，而是他忘乎所以的时候，随口说了出来，这只能是……

师：好，是忘乎所以的时候随口说出来的。

生（41）：这是表现他高兴的心情。

师：你怎么晓得他忘乎所以？

生（42）：文中说"他得意扬扬地问裁判"。

师：［重复］对不对呀？［学生点头］忘乎所以，得意扬扬。

生（43）：［提出不同看法］我认为这里不能与开头呼应。他下棋时怎么手里拿物理书，他既然是一个棋将，又是，也是，他手里，嗯……

师：你别着急，慢慢说，他既然是个棋将——

生（43）：就应该对棋很着迷，一看到下棋，就会放下书来，情不自禁地去下。而他在下棋时，拿着物理书，好像是漫不经心的。

师：你对他这个细节表示怀疑，对吗？有不同意见吗？王绮。

生（44）：我认为这是许可的，这里得意洋洋的描写是真实的。史进在旁边作裁判，看到他们下赢了，话很多，就板着脸说"别啰唆"。这也写出了趣味。

魏群向史进问了3次呢［生笑］，为后面做了铺垫。

师：为后面的情节描写做了铺垫。采取比较法。请坐。好，陈秋子讲。［学生争相发言］

生（45）：如果魏群同学写时在前面有所交代，那么这个细节是很传神的。

师：［大声重复］对不对？把那个得意扬扬，忘乎所以的欢乐都写出来了。根据评论，是不是可以得出这样的要点，这个细节好不好？［学生点头］是好的，好在铺垫？我看，黎莉讲得正确。但是美中确实还有不足，如果说，前面略作铺垫的话，那么，就不会是空——穴——来——风，显得突然了，刘静你说对不对？现在我们呀，请魏群［小作者］自己讲一讲。你觉得这篇文章怎么样？

生（46）：……

师：响一点，你觉得写得好不好，实事求是，好就好，不好就不好，不要怕难为情嘛！

生（46）：我觉得比较生动。

师：比较生动，好的。

生（46）：有起伏。

师：［重复］讲响一点，后面听不见。

生（46）：但是有些地方交代不清楚。

师：［重复］你这些认识怎么来的？是自己作文写完了就知道的呢？还是刚才听同学说的？

生（46）：听来的。

师：刚才听同学们评的，好啊！

生（46）：其次，文章表现手法单调。

师：什么地方单调？

生（46）：只是写了赛棋双方的情景，没有写旁边的人。

师：［重复］你觉得这样单调。

　　　［学生举手］史进。

生（47）：［当时的裁判］因为当时旁边没有人。［学生哄堂大笑，情绪高涨］

师：［笑］因为旁边没有人嘛！……那么，他当时是不是问你题目呀？

生（47）：问了 3 次呢！［学生笑］

师：啊！当时问了 3 次，当时情景是怎样的？

生（47）：他一面下棋一面做作业。［学生继续笑］

师：他一面下棋——一面还想着作业。魏群非常用功，是学习委员，因此，这个细节是生活的真实，是吧？裁判证明。［学生笑］

　　［小结］综上所述，我们对魏群这一篇"四国大战"可以有一个基本的评价。生动逼真，引人入胜做到了没有？做到了。从同学们刚才讲的这些内容看，要把课余集体生活的欢乐写出来，一定要描写好场面。刚才同学们都讲了，我把你们讲的概括一下，拎一拎，看看是否妥当。［稍停顿］下棋从开始到结束整个过程是很长的，文章里讲是鏖战，这盘棋鏖战了多少时候呀？一小时。魏群的这篇文章，是不是把所有的情节都写进去了？没有，即使是问了 3 次物理题目也只写了一次。因此，从这里我们得到一个启发：一定要学会截取——最精彩的——横断面。［在黑板中部上方板书：截取最精彩的横断面］未下棋有个过程，我们不能从头写到底，因此在整个进程当中，要截取下棋最精彩的横断面。魏群主要截取了棋战的几个回合啊？

生（集体）：两个回合。

师：两个回合。有些同学写棋战，从头写到底，这叫什么啊？记——

生（集体）：流水账。

师：那叫记流水账，因此切不能记流水账。［接板书：不记流水账］一记流水账文章就不可能生动，因为你把精彩的跟不精彩的都混在一起，那么精彩的就怎么样？被淹没了，失色了，失掉了光彩。因此，这一点是很重要的。刚才有同学说，是特写。第三节写了交战的双方。如果一开始就没头没脑地写叶路绮怎么样，张欣怎么样，张涛怎么样，行不行啊？不行。魏群的作文首先有一个什么呀？

生：［议论］面上的介绍。

师：对，面上的介绍，要有整个场面的勾勒。你们看一开始就是"课余我有三大爱好：下棋、看小说、踢足球"。从这面上的叙述进入到"3 个"当中，什么居首位呀？

生（齐答）：下棋。

师：下——棋，突出了这一点。然后再来一个面上的勾勒，"那天，与我、叶路绮对弈的是张涛、张欣"，我方怎样，对方怎样，然后再写"点"。从这里悟出一个道理，就是进行场面描写，必须有面的勾勒，[板书：有面的勾勒] 有点的什么？刚才洪鼎良讲的，应该是什么呀？点上要怎么样啊？[等待]

生：[议论] 细……

师：细致的描绘，[接"……勾勒"后板书：有点的细描] 也就是说，要有"特写镜头"。刚才这个同学说有的"特写镜头"写得好，你们看文章："叶路绮频频点头，翘着嘴角，嘿，俨然一副大将风度。"对不对，这就是有点的细描。作为场面描写必须是点面结合的。在我们的习作里，有的下笔就是你怎样，他怎样，她怎样，我怎样，丢掉了什么？

生（集体）：面。

师：面，全局。但更多的是丢掉什么？——细节，更多的是丢了点。有的同学，从头叙述到底，缺乏生动逼真的描写，没有一个"特写镜头"，这样，怎么能生动逼真呢？因此，不能够有面无点。[接"……细描"后板书：不能有面无点] 谢书颖说两个回合的写法有区别，在写第一个回合的时候有波澜，她理解得很好。我说，这几个场面描写是以人物活动为中心的，而且不止一个人，有好多个人，要写好是不容易的。写一个人，我们好像还可以，同时写几个人就比较困难了。我把谢书颖的评议，再深入一步。你要写好场面，要写好几个人物，要写得不乱，层次是个问题，写的时候要层次——显豁，多方着墨，[板书：层次显豁，多方着墨] 不然的话就杂乱了。我批改一篇作文，同样是棋战，怎么有的人"丢了"，先在下棋，后来这个人就不知哪儿去了。有的这样写：先吃"军长""吃车、马、炮"，到底是哪个人，是张涛"走"的，还是叶路绮"走"的，弄不清楚，这说明没交代清楚。我们再来看一看魏群的文章。[师生翻动讲义] 第一回合层次很清楚，对方重点对叶路绮进行轮番攻击，这一句话是什么呀？

生（齐答）：总写。

师：对的，总写。接下来"'叭'，张涛的司令与叶路绮的司令同归于尽"，清楚吧？这是第一个层次。

第二，"又一会儿军长也都报销了"。司令跟人家同归于尽，接下来是军长报销了，马上就写"这时，张欣瞅准个机会，用司令一下吃掉了叶的师长"，层次清楚。先拼掉什么？

生（齐答）：司令。

师：司令——然后？

生（齐答）：军长。

师：军长——然后师长，3个层次，双方清不清楚？［生点头答应］

笔墨要分开写，四国大战呀，四方都要写清楚。我方跟对方是两个方面，每个方面各有几个人？

生（齐答）：两个人。

师：因此写的时候既要有合笔，又要有分笔。有的时候要分，有的时候要合，文思不能乱，一乱，就是糨糊一盆，搞不清楚。他这里先总写，然后张涛是怎么吃掉叶路绮的司令和军长，然后对方的张欣，"二张"嘛，"张欣瞅准个机会，用司令一下吃掉了叶的师长"。分笔分得很清楚，这是第一个大层次，接下来写"我们"了，我方不是先写叶路绮，先写谁呀？

生（齐答）："我"。

师：写"我"，刚才有同学讲，写"我"的心理。我怎么样？傻眼了，心急火燎，向他瞪眼。"他"是谁呀？

生（齐答）：叶路绮。

师：清楚不清楚呀？因为前头交代得清楚，这里就可以用代词。"可别慌，形势急转直下"，怎样急转直下呢？分笔写张欣。叶路绮跟张欣对弈，叶路绮的炸弹把张欣的司令炸掉了，他没有这样写："把张欣的司令炸掉了。"而是怎么写？张欣的司令怎么样？

生（齐答）：殉难。

师：殉难！我们在课文中学过的，是吧。"殉"，是从"以身殉职"中学来的，这个层次也很清楚。"哈，这下可妙啦，我的司令、军长、两个师长都还'健在'呢！"这句话起什么作用？［质疑］起什么作用？

生（议论）：照应。

师：对！照应前头，尽管叶路绮的司令、军长、师长没了，可是我的呢？还

"健在"。一个层次一个层次写得非常清楚，正因为如此，还忙里偷闲，写叶路绮的神情。叶路绮〔指叶〕你当时是不是这样的？大将风度，是吧。

〔学生大笑，情趣盎然〕

师：〔笑〕是这样，大将风度。你来我去，你推我挡，一个层次一个层次清清楚楚。一边写叶路绮，一边写我的心理活动，写别人是绘神态，写我呢，是写心理，写"得意扬扬"，怎样来表现自己的得意呢？于是插入了一个细节，插入了一个问物理题的细节。写到这里，好像第一回合完了，可是如前所讲，文章别开生面，波澜起伏，这里还有一个小的细节大家注意没有？史进怎么样？"史进板着脸对我道，别啰唆。我'哦'了一声，这才看看'二张'。"笔锋怎么样？又从我方转到对方。谢书颖评议说有起伏，对不对呀？这里的分笔、合笔用得很好，先写对方，再写我方，写我方以后又写对方。写我方的时候，先写一人，再写另一人；写对方的时候，也是先写一人，再写另一人。因为是四国大战，除 4 个人还有一个裁判也要点到。所以写时要层——次——显——豁，多——方——着——墨〔一字一顿〕。有的写"四国大战"写成了两人对垒，把另两个人丢掉了，这只能叫"两国大战"。写这个以人物活动为中心的场面笔锋要调好，调得开。什么时候分，什么时候合，要调度好，写的时候确实是要波澜起伏。

刚才谢书颖说：第二回合没有波澜起伏。你们看，有没有？我看这里的心理描写也有一点儿起伏。请同学们仔细看一看。"我"先是很得意，接下来呢？

生（48）：前面写的是他沉浸在胜利之中，稀里糊涂地和张欣拼了一阵。后面呢，他一看自己刚才还占全部优势，现在却损兵折将，心里是懊恼万分……

师：有起伏了。先是得意忘形，沉浸在胜利的喜悦中，这个时候情绪达到了什么？"高潮"，现在又怎么样啦？

生（48）：低。

师："低"了，懊恼万分，前头是心急火燎，这个地方是怎么样？

生（49）：心火直往上涨。

师：心火直往上涨。好，再看——

生（48）：接下去，他自己从险境中摆脱出来，一看他……

师：又起伏了，自己从险境中摆脱出来了——

生（48）：可是一看他自己的助手却是大兵压境，只剩下"光棍团长"，心里又非常急，想使个"围魏救赵"之法。

师：这里是否又有起伏？自己摆脱出来，本来应很轻松了，可一看糟糕，助手不行了啊，叶路绮正大兵压境，好，再看——

生（48）：于是他就想用个"围魏救赵"之法，来帮助叶路绮，可是他还没有走完这个"世界妙着"，叶路绮就"归天"了。〔众笑〕

师：还没走完这个"世界妙着"呀，叶路绮就"归天"了，叶路绮〔指叶〕，你生气吗？

生（叶）笑答：不生气。〔学生哄笑〕

师：不生气，是棋"归天"。这叶路绮归天了，因此作文中写的心理活动，松松紧紧，紧紧松松，波澜起伏。所以第二个回合的波澜起伏不在棋本身，而是在什么？

生（齐）：心理描写。

师：两个回合写法多不一样。开始黎莉讲，她认为这里用了一个"围魏救赵"的典故，是棋高一着，对吧？孙膑跟庞涓到底谁高明呢？孙膑用了围魏救赵之计，使赵国邯郸解了围，确实是棋高一着，用这个典故增添了战斗的紧张气氛。写场面应该层次显豁，多方着墨最忌什么啊？

生（齐）：杂乱。

师：不仅忌杂乱，而且忌笼统——忌笼统杂乱。〔接"……着墨"后板书：不笼统杂乱〕如果笼统、杂乱，文章准写不好。文章起笔写司令、军长，到最后决定全局胜负的竟然是什么？是张欣的——

生（齐）："小毛排"。

师："小毛排"！这是很有味道的，最后定局的是小毛排，这就增添了曲折，增添了趣味。刚才同学们讲这篇文章里面词用得很好，如象声词"叭"，除这之外，同学们刚才讲的什么呀——

师、生："世界妙着"。

师："短命鬼""归天"……

生："殉难鬼""归天"……

生："殉难""健……"

师："殉难""健在"。因此，语言怎样？

生：风趣……

师：风趣，活泼，语言要风趣活泼。[板书：语言风趣、活泼]如果呆呆板板，
干瘪得像个老太婆一样，那怎么行啊，那是不行的。[板书：不干瘪，不枯
燥]所以写此类基调欢乐的文章，语言一定要活泼风趣，色彩明朗。魏群
写"这是一场别开生面、波澜起伏的激战"，这几个字落实了没有？

生：[点头]

师：落实了。对方则骁勇冲杀，屡出奇兵而闻名，这8个字落实了没有？骁—
勇—冲—杀，屡—出—奇—兵？

生：[点头]

师：落实了。我方以打防守反击"称著"，"称著"跟"著称"是否都可用？

生：可以。

师：都可以，我们现在用得比较多的是"著称"，古书上有用"称著"的（《后
汉书》中两者都有）。请同学们思考：我方善于打防守反击，是不是写虚掉
了？有同学提过这个问题，虚掉了没有？

生（50）：我认为没有虚掉。因为第一回合中写道：这下可妙啦，我的司令、军
长、两个师长都还健在……

师：都还健在。对方轮番进攻，他们怎么样？

生（50）：防守。

师：那么刚才有同学说不稳重，后来虚掉了？魏群你讲讲看，是不稳重吗？

生（51）（作者）：……我方棋法是防守，不是进攻……

师：他们的棋法是防守的，不是进攻的，主要讲这么个道理。你写对了，自己
意识到了吗？[生笑]既然是稳重的防守反击，怎么会输掉了呢？什么道
理呀？

　　翟兵讲讲看——

生（52）：输在骄傲上，骄兵必败。

师：骄傲必败。打得还是稳重的，防守反击，但是骄兵——必——败，一骄必

败。因此，这样写并没有虚掉，我方的特点，对方的特点，基本上都写了出来。

上面我们说到的，这些写作上的知识，实际上古人早就说过。比如说，截取最精彩的横断面，《黄生借书说》的作者，谁呀？

生（齐）：袁枚。

师：他就讲过，他说：着意原资妙选材。[接"……流水账"后用红笔板书：着意原资妙选材] 随园主人讲过，你要写好文章啊，一定要用心去选材，这个"资"，就是依靠，提供 [板书]，你不很好地选材，不选这么两个回合，不选这些"妙着"的话，这局棋赛怎么能写生动呢？

又比如，写场景必须要有点的细描，有些同学不注意这点。有位书法家也是画家，叫董其昌 [板书]，听到过没有？

生：[摇头]

师：他就曾经讲过，[板书：要"识得真，勘得破"] 你对你所描写的对象，要识得很真切，勘得破，要看得很透很透，你看不透的话，怎么写得出来呢？如果魏群当时不去注意，叶路绮这个神态写得出来吗？

再说，层次显豁，多方着墨，也是写多个人物的很重要的方面。《红楼梦》的作者是谁呀？

生（齐）：曹雪芹。

师：曹雪芹。他就在《红楼梦》里讲过，安插人物有疏密有高低，[板书：安插人物也要有疏密有高低] 就好像画画一样，不能画得一般齐。我们想一想看，我们学过的周立波的哪篇文章的人物就写得很有疏密。

生（齐）：《分马》。

师：《分马》。老孙头被小儿马摔下来的时候，记不记得那个场面呀？

生：[点头]

师：是怎么样的？说说看。

生（53）：老孙头拿起一根棍子要打小马，可棍子举起来后又放下了。

师：好，又放了下来，那是写细节。老孙头摔下来，马跑了，作者马上分笔写谁了？

生（齐）：郭全海。

师：郭全海怎么样？

生（54）：郭全海马上去追老孙头的马。

师：还有？

生（54）：乡亲们围上来嘲笑老孙头。

师：老孙头怎么样啦？

生（54）：爬不起来。

师：爬不起来。因此，老孙头摔下来以后，分笔写郭全海，有郭全海的活动，又写乡亲们围上来嘲笑老孙头，再写老孙头怎么样，安排人物多方着墨，有疏有密。我们学了以后要消化才行。语言要风趣。这篇作文里有些词来自于课内，有相当的词不来自于课内。如——

生（55）：骁勇……

师：骁勇，屡出奇兵……

生（55）：围魏救赵……

师：多啦，你们看其他几篇也是这样，许多语言来自于什么——

生（齐）：生活。

师：生活。我看不少是听广播听来的。棋赛，球赛，谁解说？

生（齐）：宋世雄。

师：对了，宋世雄的解说。因此这里告诉我们，生活是最伟大的一部活词汇，［接"……不枯燥"后用红笔板书：生活是最伟大的一部活词汇］要向生活学习语言，生活里有语言的丰富宝藏，取之不尽，用之不竭。根据这几点，现在请简略地分析另外两篇。先分析倪军的《课余》。

生（56）：倪军的文章，人物写得好……

师：有不够的吗？

生（57）：写踢球就这样踢来踢去。

师：对！没有点，无层次，失之于笼统。

生（58）：有好几处不切实际。比如，在草地上踢球，养草期间不允许踢球。

师：对。

生（59）：整篇文章没有语言美。

师：这一棍子太重了。

生（60）：材料没有很好地为中心服务……

师：材料一定要为中心服务。

大家评议，基本符合。为什么要印任懿的文章呢？因为文中除了写对垒的双方，还写了观众情况。

同学们，这次作文体现，我们今天的课余生活是欢乐的，但是，还不够丰富，正如卢鸣同学在作文中说："上中学后，课余生活单调、贫乏。"为什么呢？课余生活不能只限于球与棋，限于观赏花草虫鱼，活动的内容还要开拓。面临"第三次浪潮"的即将到来，课余题材要进一步开拓。文体活动固然是课余生活的一个方面，但是面临科学技术迅猛发展的新的挑战，在掀起第 4 次产业革命世界潮流的今天，我们的课余生活就不能仅止于此，一定要开拓新领域。

张欣，你为什么每周三下午课后去少年宫？

生（61）：学电子计算机。

师：为什么不写呢？

生（61）：才学习了几次。

师：某某，你喜爱书法，这也是很有意义的。生活是写作的源泉，希望你们在课余进一步开拓，一年之后，再写一篇《课余》，汇报交流。

［布置作业］根据讲评要点评自己的作文。

下课。

板书：

课余乐（场面描写）

截取精彩的横断面，不记流水账
——"着意原资妙选材"

有面的勾勒，有点的特写镜头，不能有面无点
——"识得真，勘得破"

层次显豁，多方着墨，不笼统杂乱
——"安插人物也要有疏密、有高低"

语言活泼，风趣，不干瘪枯燥
——"生活是最伟大的一部活词汇"

【附】

四国大战

　　课余我有三大爱好：下棋、看小说、踢足球。而下棋（不论象棋、军棋、围棋）居首位。在学校开"四国大战"，是我们一伙"棋将"午间活动的重要内容。

　　就以上星期的一次"大战"来说吧，嘿，那真是一场别开生面、波澜起伏的激战啊！

　　那天，与我、叶路绮对弈的是张涛、张欣。我方素以稳重、打"防守反击"称著，而对方则以骁勇冲杀、屡出奇兵闻名。

　　第一回合，对方重点对叶路绮进行轮番攻击。"叭"，张涛的司令与叶路绮的司令同归于尽，又一会儿军长也都报销了。这时，张欣瞅准个机会，用司令一下吃掉了叶的军长。这下可傻眼了，我心急火燎，向他瞪眼。可别慌，形势急转直下，原来叶的炸弹可不好惹，"轰隆"一下，张欣的司令便"殉难"了，哈，这下可妙啦，我的司令、军长、两个师长都"健在"呢！可对方只剩一个军座了。你瞧，叶路绮频频点头，翘着嘴角，嘿，俨然一副"大将风度"；连我也按捺不住心中激动，挥着手中的物理书，得意扬扬地问"裁判"史进："哎，0.76米乘9.8牛顿每平方米是多少呀？"史进板着脸对我道别啰唆。我"哦"了声，这才看看"二张"，他们都默不作声地思量着对策……

　　第二回合较量开始，对方深思熟虑之后，便催三军，频频出击，用以引诱我司令、军长"出山"。而我还沉浸在胜利之中，竟稀里糊涂地被张欣拼去了军长而后司令又与炸弹相撞，"死"有应得。刚才我还占全局优势，此时却损兵折将，这不禁使我懊恼万分，心火直往上蹿。于是我再和"二张"换师长、旅长，总算稳住阵脚。待我从险境中摆脱出来，糟糕，叶路绮阵中已是大兵压境，就剩"光杆团长"了。我再调兵救援，想使个"围魏救赵"之法，引开对方。哪知这个叶路绮是个"短命鬼"，没等我这"世界妙着"走完，他就"归天"了。

　　完了，全完了。少胳膊少腿的，没个帮手叫我怎能力敌"二张"。"哗"地一下，我全军崩溃，在对方左右夹击之下，一败涂地，不一会，张欣"小毛排"直捣腹地，趁"我"不意，拔走了军旗……

　　整整一小时的鏖战，我方竟败于二张之手，大家你争我吵，喋喋不休，只闹得耳红脖粗，唾星横飞，尽管未争出个分晓，但我从中悟出了一点道理——胜败虽兵家常事，但骄兵则必败！课余生活也能给人以启迪。

杨浦中学八年级（4）班魏群

【教学点评】

本节作文讲评课不是单纯的就文论文，而是既要精心结构，注重效益，切实提高学生对作文的认识，提高他们的写作能力，又要站得高、看得深，立足现代，面向未来，把"评文"与"育人"结合起来，透过看似平凡的课余生活，着力于培养学生的爱国心和时代感。

首先，讲评中精心处理了以下关系：一是重点与一般的关系。"以人物活动为中心的场面描写"是讲评的重点，这一重点不是凭空提出来的，而是从作文的内容与写作目的中提取出来的。弄清作文应该如何从"面"（写作的内容与目的）到"点"，又从"点"到"面"，使学生理解，作文要突出重点，但并非不及其余。处理得好，兼及其他，未必冲淡重点。二是读与写、课内与课外的关系。读与写、课内与课外原是交叉相兼的，提高学生的读写能力往往得力于课外，在讲评讨论中，教师要善于将课外的信息引进课内。"围魏救赵"在八年级尚未涉及，应该来自《上下五千年》及广播、电视等途径。从课内引申扩展到课外。比如，由作文内容联系到学生课外的学习书法、电脑，讲写作知识引述前人言论等，这样大大增加了课的深度广度，容量虽大，学生并不觉艰深繁多。

其次，引导学生全面而透彻地评析例文的优点，使学生了解"该怎样写，不该怎样写"。学生对例文《四国大战》的优点，所见所评有程度深浅之不同，讲评就着力于启发、点拨与辩证，不浅尝辄止，力求深入底蕴。对于明显的优点，如生动而有起伏的棋局第一回合的描写，丰富、风趣的词语，典故的运用、篇末的寓意等，多数同学一看便知。这些，教师只要充分肯定即可。对于有争议的优点，则紧抓不放，展开讨论，因为这些地方，就作文者说常是无意为之的笔墨，就评文者说也往往是辨析不清之处。比如，例文中写"我"于棋局顺利时问物理作业题的"细节"，贬之者以为"很突然""不知所云"，赞之者认为"传神"。我就启发学生深思明辨，并让当时的"裁判"补充说明情况，终至达成一致认识，这一细节"瑜中有瑕"：表现"我""得意而骄"可谓"传神"，但前面缺少交代，显得突兀，应予补救。对于隐而不显、易于忽略的优点，则抉隐辨微，细细品评，因为这些地方往往是学生不自知，或知之不深之处。例如，例文文末写敌方"小毛排（排长）直捣腹地"，为学生评议时所忽略。讲评时特意点出"我军"败于敌方的"小毛排"，显示出"我"并非败于敌军的强大兵力，而是败于"骄"，体现出"全文之旨"：骄兵必败。一经评析，学生顿觉豁然贯通。

最后，立足于时代的高度，培养时代感与爱国心。讲评伊始，导语第一句就是"在我们国家，欢乐是生活中的主旋律"，此语一出，把作文所反映的课余生活，作文中跳动着的学生的喜悦、兴奋与快乐，和伟大社会主义祖国的现实联系起来了。让学生领悟到自己笔下的一局棋、一场球，可以并且也应该显示出社会主义新时代青少年的精神面貌，从一个侧面反映出祖国的风貌和时代的特征。

学生评论例文"第二回合"一节，是始料不及的。但碰到这样的情况，教师未拘泥于原来的设计，置学生的看法于不顾，而是因势利导。这一节的评论辨析，虽属临场发挥，但精彩纷呈，学生从中获益良多。

说不尽的于漪

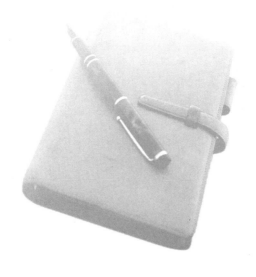

一、一身正气，为人师表：权威评说

在于漪从教 50 周年学术讨论会上的讲话

柳　斌

尊敬的于漪老师、老师们、同学们：

有机会参加今天于漪老师教育思想和从教 50 周年的学术讨论会，感到非常荣幸。于漪老师从教 50 周年了。50 年来，由于于漪老师人格的力量、智慧的力量、忠诚于祖国教育事业的理想的力量，使她在人生道路上获得巨大成功，成就了一番光彩夺目的事业。在这里，让我以一个教育工作者的名义，向于漪老师表示深深的敬意！

于漪老师长期从事语文教育工作，她的语文教育思想和语文教育实践在语文教育界产生重要影响。多年来，由于基础教育中存在"应试"倾向，使语文教学陷入重重困境，费时多、效益低，引起教育工作者和有识之士的广泛关注和忧虑。一个人的语文能力是从哪里来的？是生而有之还是学而有之？事实证明语文能力并非与生俱来，但也不是从语法、修辞、逻辑知识以及文章做法的考试或者讲解中转化而来的。一个人的语文能力只能从听、说、读、写的实践活动中得来，在优秀范文的阅读中感悟、品味、思考、理解，随着所感、所悟、所得的潜移默化所生成并具有自己的认知、自己的情感、自己的品格及具有自己个性的语文能力。因此，大量阅读是提高语文能力的基础，听、说、读、写等实践活动是提高语文能力的必由之路。潜移默化是语文能力生成的基本规律，应试教育的思维及其一整套做法则是与此背道而驰的。正如于漪老师在《标准化试题把语文教学引入死胡同》一文中指出的，这种教育思想倾向，第一，对语文学科的性质认识不清楚。中学语文重在应用，重在培养人，不是搞什么语文的专门学问，讲授过多的知识和精深的理论，把语文教育工具性和人文性机械割裂开来，势必步入误区；第二，烦琐教学在语文教学中泛滥，这种教学将许多文字精美的文章肢解，在教学中把语言与内容严重割裂开，寻章摘句，把原本浑然天成、有血有肉的文章变成鸡零狗碎、毫无生气的东西。于漪老师强调教育就是培养人，她正是从这个角度去建立她的语文教育观念。她强调语文要讲求综合效应，强调语文教师要树立鲜明的语文目标，教文要纳入育人目标。她认为，离开了人的培养去讲文的教学就失去了教师工作的制高点，也就失去了教学真正的价值。因此，语文教学应根据本学科特点，引导学生在素质、能力、智力等方面扎下深根。于漪老师讲过一段意义深刻的话，"学语文就是学做人，伴随语言文字读写听说训练渗透认知教育、情感教育和人格教育，语言文字不是单纯的符号系统，而是一个民族认识世界、阐释世界的意义体系和价值体系，她与深厚的民族文化是联系在一起的"。这里应当指出，于漪老师的上述观念是她几十年教育教学经验的总结，也正是今天语文教学中素质教育新理念的内容。

50年来，于漪老师育人是一代师表，教改是一面旗帜。让我们大家都来学习她这种诲人不倦和永远进取的精神，为我国教育事业的进步做不懈的努力。

祝于漪老师幸福安康，祝大会圆满成功，谢谢。

（根据录音整理，未经本人审阅）

（作者系原国家总督学）

在上海市中小学师资工作会议上的讲话（节选）

谢丽娟

上海市第二师范学校于漪校长作的《两代师表一起抓，创造良好的学校气候》的发言，在区县教育行政部门、师范院校和中小学引起了强烈的反响。第二师范学校以"一身正气，为人师表"作为办学的精神支柱和全校师生的座右铭，以站在时代的制高点、教育战略的制高点和与基础教育先进国家竞争的制高点上的勇气，提出了3个瞄准的具体目标：瞄准21世纪的小学教育，努力把80年代的师范生培养成为21世纪的小学教育骨干；瞄准国外基础教育先进国家的小学教育，从严治校，发奋图强，办出水平；瞄准国内，市内兄弟学校的办学经验，博采众长，力求少走弯路，办出特色。这种决心和信心是值得广大中小学教师和教育工作者学习的。第二师范学校提出的"一身正气，为人师表"，应当成为本市90年代中小学教师的行为准则。他们提出的"三个制高点"，应当成为各级领导发展基础教育、规划师资队伍建设共同的出发点。他们提出的"三个瞄准"，应当成为师范院校、中小学深化改革提高教育质量的共同努力方向。

（作者系原上海市副市长）

她是人民教师的骄傲

谈家桢

于漪同志，60 挂零，在教育战线已辛勤耕耘了 40 个春秋。40 年来，她洒下的汗水、付出的心血、取得的成就、做出的贡献，无不使人敬佩。她堪称人民教师的骄傲。

作为教师，她深知教育的内涵、教师的分量，她酷爱教育，更爱学生。她的格言是"只有不会教的教师，而没有教不好的学生"。她业精于勤，用心育人，最痛恨的是对学生不负责任。她严于律己，做人在先，凡要求学生做到的自己必先做到。

作为校长，她彻悟身为一校之长，尤其是师范学校校长责任之重大。无论走到哪里，也无论社会活动多忙，心中总是挂着学校。她常对人说，一个教师将影响一大群孩子，师范学校培养的是育人之人，出一个废品也是不允许的。于是乎，即使在思想政治工作比较困难的情况下，她也响亮地提出"两代师表一起抓"。这是何等可贵的责任感！就这样，一步一个脚印，一年一个进步，第二师范复校几年就成为经得起查、经得起考的响当当的全国先进学校，所输送出去的新师资也得到了社会的公认。这恐怕就是于校长最感欣慰的了。

作为市人大代表，于漪同志同样不负人民之重托，积极而努力地参政议政，主动并善于利用人民代表大会这个政治舞台为教育事业鼓与呼。从《上海市普及义务教育条例》立法议案的提出到该条例的颁行，以及后来《上海市职业技术教育暂行条例》和《上海市职工教育条例》的制定与通过，都凝聚了于漪同志的心血与智慧。如今，她又为教育思想的转变、师范教育的加强、师资素质的提高而大声疾呼，竭诚建议。她真正做到了有一分热，发一分光，把自己的全部身心献给了教育。但愿在我们的教师队伍中，出现更多的于漪式的优秀园丁。

（作者系原上海市市人大常委会副主任、著名生物学家）

足为楷模

张志公

于漪同志从教 40 年，门墙桃李、私淑弟子，遍及国内外。对于漪老师的学术造诣、教学成效、待人之道，有口皆碑，无不称颂。我有幸识荆，于兹十数春秋，对以上诸端，也颇有所知。

于漪同志学教育出身，而多年从事语文教学，间任校政管理。在基础教育阶段（由幼教至高中），教育学、心理学，包括教学论、学习心理学等理论修养，至关重要。思想境界，语文素养，以及教育理论的掌握和灵活运用，三者不可或缺。于老师教学艺术之高超，教学之所以卓有成效，实得力于三者具备。目前不少年轻教师，由于客观或主观原因，注意一端不及其余者，颇不乏人，深望以于老师为榜样，努力以赴，教育、教学之发展进步，幸甚！

于漪同志乐于并善于培养、扶植后进，是其又一特点。不论学术观点是否相同，凡与之接触或有所请教者，于老师一概热情予以帮助。这种精神异常可贵，亦社会十分需要者，大大值得称道。

值此庆祝于漪同志从教 40 周年之际，可写者尚多，谨书此两大端，借表贺忱。

（作者系全国政协原常委、著名语言学家）

"教书育人"杰出的实践者

石俊升

岁月荏苒，于漪老师从教已经 50 个春秋了，这是一个值得庆贺的日子。回眸她走过的长长的并不平坦的道路，历数她教苑中压满枝头的累累硕果，心头不由涌起强烈的感觉：于漪太丰富了。丰富得我无法一一细览，更难以准确地概括出她教学的精粹和特色。

使我感到宽慰的是，这不是我的任务。要阐明这一点，自有她写的和别人写她的著作在，自有她满天下的桃李在。我与于老师相识已久，当记者时采访过她，任编辑时向她组过稿。我了解、熟悉于漪老师，为她的语文教学的功力，更为她的人格魅力所折服。借此 50 周年之际谈一点印象和感想吧。

中学语文课是很难教好的。远的且不论，从 20 世纪 60 年代至今的四五十年间，"怎样上好语文课"的求索和争鸣，伴随着政治环境和时代的变迁，以及人们认识上的差异，起起伏伏，这样那样，真可谓多元、多样了。至今我以为也不能说已经骊珠在握，穷尽了其中的要义、规律。

实践仍在继续，探索尚在进行。教学艺术是在百家争鸣的过程中不断发展和渐趋成熟的，学术问题不应该也不可能强求一律，认识上的统一也非一蹴而可就，但有一条却应该成为金科玉律，定于一尊，那就是"教书育人"。

于漪在这一点上旗帜鲜明，身体力行，始终不渝，教有所成。她的不凡之处是把"教书育人"作为教学宗旨来定位，作为教学思想来贯彻，作为教学目标来认同，作为教学方法来设计。于漪不是把教书与育人视为若即若离的两码事，或作为表态之用，而是一种交融和化合，并为此而殚精竭虑，执着追求。

古今的名师在为人与为学的关系上，莫不把为人置于首位。教育说到底是一个培养什么样的人的问题。中学语文固然是工具性课程，但这不等于它仅是冷冰冰的说文解字课。语文教学对于处在世界观、人生观和价值观形成时期的青少年而言具有莫大的作用力。于漪是深谙此理的。以这样的认识高度从事教学工作，无疑体现了一个教师对民族发展的责任感和对祖国明天的使命感。

要做到教好书，育好人，既需要有学识的卓越底蕴，更需要有人格的魅力。而这两方面于漪都具备了，因此她才不仅响亮地提出了这个高标准的要求，也扎扎实实地完成了这个崇高的任务。有人对我说，于漪上课很难学得像。其实形式上学一学也不难，难学的是她献身教育事业的精神境界和执着的无私追求。舍本而逐末，岂能学得像？

值得提出的是，当前我国改革开放正向纵深发展，在经济建设和社会发展取得巨大成就的同时，思想和道德方面的教育还有大量的工作有待去做。市场经济下的生活正在转移青少年的兴奋点，在多元诱惑下，真善美的感染力显现出退化状态。在这种情况下，于漪"教书育人"的实践经验更值得认真总结，发扬光大。

刍荛之议，皮相之谈，聊表庆贺之意。

（本文作者系《文汇报》社原社长）

榜样的作用是无穷的

——赞"园丁"于漪老师

罗竹风

我和于漪老师相识，好像是在中学语文教学座谈会上。隐约记得她对"文以载道"和"诗言志"的透辟发言，认为两者是相通的，不可能截然分割。岂有不载道的文，而"诗言志"的"志"，也不能摆脱"道"的范围。语文教学固然要着重思想内容，但必须有语文课的"个性"，即提高学生的语文技能，不能与政治课等同或混淆。

以后在上海的中学语文教学研究会，我们见面的机会多了，相互间有了更深的了解。得知她原来是复旦大学教育系毕业的，在中学教师岗位上，曾教过历史，终于长期从事语文教学工作。"隔行如隔山"，为了工作需要，学教育的不得不改行教历史和语文，这必定付出更多精力。她努力拼搏，终于成为语文教师中的佼佼者，而且获得特级教师的光荣称号。其中甘苦，只有当事人和过来人，才能真正体会。

我们曾经都是上海市人大常委会的成员。当市人大开会时，她一直关心教育工作，并且经常有改革中学教育方面的提案，我也连署，不妨说是"一个战壕里的战友"了。她的中心思想是教师一定要"教书育人"，让青年在比较好的社会大环境里茁壮成长，将来成为真正名副其实的有文化教养的劳动者。对社会大环境与学校小环境不合拍的背离现象也表示忧虑，但精神始终是向上的，认为乌云遮不住太阳，从来也不灰溜溜，更不容说是消极悲观情绪了。

人们喜欢把教师比做园丁，多么确切的一种称呼！一般园丁，对花木关注无微不至，从下种（或插扦、接木）、育苗、修剪以至灌溉、壅土、除草、施肥，莫不及时用心。一个培养人的精神园丁，也有类似情况，不过对付活人，更加复杂、艰难、细致罢了。需要时时处处关心他们的成长，以己饥己溺的崇高情怀，全心全意扑在学生们身上，唯一的希望和安慰是扶植他们走正道，天天向上，走出校门后，成为革命事业的接班人。这种精神园丁，是更值得称赞的，也是更值得尊敬的。于漪老师正是其中出类拔萃的一个代表。

于漪老师热爱教育，热爱学生，她亲自教过的何止千万！每逢春节，到她家里做客的，大半是外地和上海已毕业或在校的学生。大家济济一堂，说长道短，亲如家人，其乐也融融。我想这正是对"园丁"的一种报答吧？

于漪同志除担任繁重的学校行政工作而外，还亲自教授语文课。她曾意味深长地说过：不教书就要落后，一个教育工作者的生命也将枯萎了。身教重于言教，她总是一大早就到学校打扫卫生，凡事兢兢业业，坚持始终，毫不懈怠……像于漪同志的所作所为，真堪称"为人师表"了。

她社会活动又多，可说是大忙人，天天忙得团团转。但她总是从容不迫、应付裕如，年年、月月、日日都毫不松懈地坚持下去，这是多么高尚的品德呀！"俯首甘为孺子牛"，吃的是草，挤出的却是奶汁。

我总是喜欢称呼她"于漪老师"，并非客套，而是衷心敬仰。她不仅是青年学生的老师，而且也是我的良师益友。从她身上，我看到一个精神园丁的高贵品质，看到了中国教育的现在和未来，也看到了一个人活着就应当为革命事业努力拼搏的高大形象，因而使我精神大为振奋！

于漪老师的榜样作用必将万古长青！

（作者系上海社会科学学会联合会原名誉主席、《汉语大词典》主编）

奉献——心中的呼唤

陈钟梁

"奉献——教师的天职"。这是于漪老师发自肺腑的心声。

怎样才不愧对教师这一光荣称号？多少人在神州大地各个不同角落上回答：于漪！这样的教师才算得上真正的教师！教师的心比天空更辽阔，她装得下所有的梦幻与渴望，所有的泪水与笑声。教师的一生，成功与失败并肩，幸福与痛苦共存。没有一块沃土比教师的心更富饶，没有一派景色比教师的心更美丽！教师的天职就是在大地上撒下一颗颗种子，在白纸上绘上一幅幅蓝图。于漪老师40年的奋斗与拼搏，道出了一个教师，特别是一个语文教师奉献的真谛。

我常为自己能有于漪以及与她同一时代生活的心底无私、教学有方的老教师做楷模而感到幸福，感到自豪。无论我在学校里当一名普普通通的教师，还是在教研室做一个东奔西忙的教研员，心里总默默地呼唤着老一辈语文教育家无私的奉献精神。

　　我一直想探求于漪老师的语文教学艺术，但始终找不到准确的语言概括。大凡一种艺术，到了无比娴熟、精深的地步，炉火纯青，融各家之长于一身，原来显露自己特点的种种"造作"与"火爆"便不复存在了。她无意为自己设计"讨彩"的亮相，别人也无须为她的一招一式"喝彩"。因为她已经成为一个完整的形象美、理想美的化身了。如果一定要用语言表述于漪老师教学特色的话，那么，"朴素""自然"便是她的全部。至于各种各样的"法"，在她身上是"入乎其内，出乎其外"。罗曼·罗兰说过："最高的艺术，名副其实的艺术，决不受一朝一夕的规则限制。"现代哲学家赵鑫珊认为，支配着朴素、自然的是幽深与淡远。这不仅是艺术世界的极致，也是哲学和自然科学追求的最高境界，当然也是构成洒脱人生的要素。在幽深、淡远的背后永远伫立着不可言喻的无比崇高和伟大。作为一个语文教师要达到这样的境界，首先在于她对事业的爱，孜孜不倦的追求；其次还在于她有扎实的哲学、文学和语言功底；同时，要有善于继承、勇于改革的精神。这一切，于漪老师确实做到了。广大语文教师爱听她的课，爱看她的录像，爱读她的书。因为这些作品是一代风尚的写照，是于漪老师奉献给我们的一份珍贵的礼物。

　　记得在《语文学习》编辑部举行的三代人恳谈会上我说过，像于漪老师这样的老教师好像是一篇优美的散文，她们形散神凝，简直到达"入化"的境界。青年教师则好像一首诗，诗一般的热情与幻想，本来就是属于青年人的。而像我这样的中年教师任重道远，继往开来，等待着我们的是像小说那样的提炼与构思。为了写好这部小说，要的正是于漪老师无私的奉献精神。

　　（作者系上海市教育局教学研究室原副主任、上海中学语文教学研究会原会长）

于漪的学术境界

胡治华

　　于漪，中国特级教师群体的优秀代表，当代语文教育界具有鲜明学术个性和广泛影响的标志性人物之一。

　　整整半个世纪了，于漪一心着力于学生的发展，把语言教育和思维锻炼、情感熏陶、人格培育化为一体，实践和理论两手都硬朗，一步一步，趟出了一条承前启后、沟通中外的宏富之路，站立在中国语文教育研究的前沿。

根系，在教育热土中伸展不息

于漪有强烈的理论渴求，但她从来不是为研究而研究，而是为解决实践中的问题而研究，是一个始终不曾离开教育教学一线的研究者。

于漪是揣着教育系毕业证书跨出复旦大门的，先教心理学，又教中学历史。站在语文教育起跑线上的于漪是什么模样？

"非科班出身"的于漪一开始就认定语文教学的主要任务，是帮助学生打好理解和运用祖国语言文字的底子。自问虽然从小喜爱阅读与写作，但功夫还不到家。她迅即采取行动，实现"三年磨一剑"的目标。就是说，针对自己的软档，集中 3 年时间，三管齐下，为终身从事语文教育而强化专业地基。一、自学高中语文教育涉及的各种汉语言文学专业知识，大量阅读古今中外经典作品，并以"出口成章、下笔成文"为标杆，迅速提高自己的语言表达能力；二、向实践、向同行和学生学习，用 10 个小时、20 个小时准备一堂课，《论"费厄泼赖"应该缓行》一备 30 多个小时，反复钻研数十篇、上百篇教材，用规范的语言写成教案，把课上要讲的每句话背下来，再脱开教案讲课，课后必写教学后记；三、结合自修语文的深切体验，关注当时语文教育思想的论争，留意教学改革的动向，初步形成自己的想法。

她下的功夫中，苦读苦练、天天"明灯伴我过午夜"的板凳功固然令人钦佩，但她的田野功、特别是反思功更为可贵。同样是从教育田野上闯过来的顾泠沅，常说于漪第一年撇开任何"教参"逐字逐句写教案，第二年搜罗所有"教参"改教案，第三年整合新的体验再度重写教案，改行三年就成为语文骨干教师。这一概述也许偏简，但是由这类个案导出的"实践＋反思＝成功"的教师发展"公式"却很有哲理意味。

重要的在于反思，在实践中不断反思。就于漪而言，这是一个无休止地自觉地向自我挑战的过程，同时也就是一个语文教育的行动研究过程。很快，她的关注重点开始转移到现实情境和她自身教学中存在的某种形式主义的倾向。《把语文课上得实惠一些，朴实一些》是于漪 1964 年发表的教改心得，充满自我剖析、锐意创新的反思精神。

"文化大革命"对于漪的身心摧残严重。但是有足够的材料表明，这段异样的历史从心灵深处推进了于漪对语文与人、教育与人、时代与人的独立思考，增强了她在哲学层面的反思——批判理性。她认为，长期以来，在我们这块土地上，复杂的事物简单化很容易被接受，语录式的、口号式的东西容易流行。但简单化绝对化的断语，概括不了"人""教育""语文学科"等极为复杂的精神文化现象。她进一步跳出自己看自己，跳出语文看语文，跳出教育看教育。这种有着一定广度和深度的反思——批判精神，是后续教育行动的内在动力，又是后续教育研究的人文火种。

于漪的课，堂堂都是师生互动的"公开课"。一位年轻教师从1976年开始，随堂跟踪听了于漪3 000多节语文课。她最深切的感受是，于漪从来不重复自己，即使是同一篇课文教第二、第三遍，也绝对不重复，每节课都是一幕美丽动人的人文景观。真正的理论来自实践，从实践中发现理论需要批判的眼光。伴随着这种高难度、高水平的课堂教学和其他教育实践活动，伴随着"一丝而累，以至于寸；累寸不已，遂成丈匹"的刻苦自学，于漪想而行，行而思，思而说，说而写，提炼成以语文教育理论探索为轴心的各类著述，数量可观。于漪的语文教育理论，浸透了于漪从教与学两方面行动中汲取的智慧。

写于1987年的《语文教学观念的更新》，可以视作80年代于漪语文教育行动研究的一份大纲。在这篇论文中，于漪概括了语文教育研究的5个要点，它们是：了解社会，把语文教学改革建立在对现代社会科学分析的基础之上；研究人，把语文教学改革建立在对教育对象个体和群体深入研究的基础之上；研讨语文教学的任务，使学生具有获取新知识的能力和运用知识于实践的能力，通过语言文字的学习与训练，扩充对生活的认识能力，发展思考力，丰富感受力；课堂教学模式和研究语文知识、技能的"核"与"壳"的问题；下点功夫学现代哲学、现代教育学、语言学、心理学、社会学，关注文学艺术上的讨论和进展，使语文教育理论和实践有更多的参照系，提高理论和文化素养。

正是由于具有这样的学术视野和思路，于漪的教育理论著述，从不就范于国内外各种"本本"所编制的"科研程式"，执意舍弃种种"很专业、很学术"的话语。通常以广大语文教育工作者和研究者为交谈对象，针对特定时期、特定情境中的一个问题、一种倾向，从较小的角度着手，结合丰富的亲身体验，结合有特色的教例，朝垂直方向和水平方向宕开去，阐释富有创意的做法和相关的理念。

比如，探讨语文学科的性质任务。她说，我们可发现它的"家庭成员"众多，是个大家族；还可发现它的"社会关系"非常复杂，有那么多亲戚。如果不坚持辩证法的观点，往往单打一，就局部论局部，缺乏整体观念，弄得不好，把第二位的东西弄成第一位的，流连忘返，影响教学的健康发展。她还说，只在一条线上企求立竿见影，"见影"不"见影"很难说，即使见影，也只是瘦瘦的一条。

关于教与学的关系，于漪说，教师生涯中最大的事就是一个心眼为学生，就是为学生铺路，知心才能教心。学生是学习语文的主人，他们对学习的"内部态度"往往决定学习的质量。"教"不是统治"学"、代替"学"，而是启发学生"学"，引导学生"学"，教师的教是通过学生自身的学习积极性发挥作用的。人生最可悲的是脑子硬化，思想僵化，教学之道在于使学生的脑子"活化"，开学生心窍。

又如，讲教师修养，于漪说，语文教师在学生心中应该是既"师风可学"，又"学风可师"。教师要有丰富的智力生活。要紧的是功底、视野、驾驭力。要有拼命汲取知识营养的素质与本领，犹如树木，把根须伸展到泥土中，吸取氮、磷、钾，以及微量元素。在实践中学习，从书本里学习，都很重要。坚持把零星的宝贵时间有计划地用上，每天坚持半小时、一小时，一日不多，十日许多，天长日久是可观的。

于漪家小房间墙上挂有一个石膏像。有人偶然提及，于漪一时竟想不起来。日日在眼前的石膏像居然熟视无睹且忘怀了，这事如同警钟敲打着于漪。于漪自问：我在教学中是不是由于习以为常而对发生的问题熟视无睹？我会不会觉得教学勉强过得去，一切照"程式"办事而不思改进？我应该怎样探索语文教学中的新问题？她当即想到：眼下就须更多地掌握古今中外语文教学的经验，综合比较古人学语文、外国人学语文、中国人学外文、外国人学中文的情况……

针对语文学科性质的问题，于漪经历了艰苦的实践和反思。可以说，中小学母语教育的性质问题，是于漪语文教育研究的聚焦点。在这个方面，几度自我批判，几度自我超越，由此推进着她关于当代中国语文教育各主要问题的研究。时至今日，于漪仍然投入很多精力，密切关注着国内外关于这个问题研究的进展。她始终处在一种无间歇地自我挑战的状态之中。

立足于人学的平台发现价值

在语文教育领域，于漪内蕴着巨大的优势。她有一定的哲学基础，熟谙教育学和心理学，很快又熟悉了语言学、文艺学以及下位交叉学科文章学等讨论的主要问题，这就使她更多地不是从某一个专门的学科，不是从语文学科本位的立场，而是用多学科视角、从培养人的全局去认识作为基础教育一门课程的语文学科的性质和功能。

教育学并不像高校通用的教科书那样简单。不少学者越来越倾向于认为它是一种"复杂科学"，它的主题可说是研究"学习人"。于漪首先强调中小学是为学生明天做人、学习打底子的，语文学科是基础教育这个被她称为"地基工程"的一个重要"打桩阵地"，其独特的任务就是为学生能够正确理解和运用祖国语言文字打底子。她一贯重视"教育性教学"这个近代教学论研究的重要命题。从育人的高度，从教师的崇高职责，从语文学科的个性特点出发，语文教学应该也必须成为教育性教学，发挥教文育人的综合效应。于漪较早地形成了她的最关紧要的教育理念：教文要纳入育人这个大目标。她强调，离开了人的培养去讲文的教学，就失去了教师工作的制高点，也就失去了教学的真正价值。

为了从学理的层面，也就是从语文和语文学科的性质这个基点上说清楚教文育人这一观念的科学性、合理性，她不停地追问，学习，反思。整个 20 世纪 80 年代，于漪对语文学科性质的理论阐释有 3 次较大的进展。1981 年上海教育出版社出版的《中学语文教学探索》是 70 年代末于漪语文教学实践与思想的首次综合评述。那时，进一步确认语言/语文是工具、语文学科具有工具性的观点，同时强调不能把语文课简单地归结为工具课，而应该注意这门课程的思想性。紧接着，80 年代初期，强调语言/语文不仅是交际工具，而且是认知、思维的工具，全面思考语言和思维的关系，提出语文教学应以语言和思维训练为核心，同时继续强调语文学科的思想性。80 年代中后期，开始思考语言/语文的文化内涵，阐释语文教育中综合培养学生的语言能力、思想素质、道德情操和文化素养的关系。

应该说，以 90 年代中期《弘扬人文　改革弊端》和《语文教学要讲求综合效应》等论文的发表为标志，于漪实现了她学术道路上的一次重要跨越。她所提出的问题和阶段性研究成果，在语文教育界内外产生了广泛影响，推动了语文教育领域关于语言/语文、语文学科性质的新一轮深入的讨论。

于漪一直说，自己总是行色匆匆，对孩子来说，是个没有尽到责任的母亲。但有件事，她感到做得还可以。那是好些年前了，于漪要求孩子搜集有关我国历史的成语典故，指导他按照时代先后有系统地编一本书，使读者以成语典故来了解中国历史，又结合历史加深理解和记忆成语典故。孩子在编《历史·成语典故双读》的过程中，发现了中国成语典故的产生、发展、流传和历史文化条件有着密切关系。于漪联想到，语言教育要重视文化背景。

语文教育的"位"怎么定？于漪认为，首先得给语言定位，给汉语定位。人类用以认识自身的人文社会科学各学科，从不同的领域、层面、角度看语言，给出的定义各不相同。语言学各派发展的不同阶段，对语言的界定也不同。语文教育工作者完全可以结合母语教育的经验和思考，发表自己的意见。

20世纪90年代初、中期，于漪同美国密歇根州立大学教育学院和英国牛津大学教育学院的专家合作进行"师带徒职初培训模式"研究，并赴日访问，考察、掌握外国母语教育的课程标准和教材教法。对中国传统语文教学的脉络，重作一番梳理。经过一段时间酝酿，陆续发表《要重视文化背景》《机械操练何时休》《阅读教学误区辨》等文。《弘扬人文　改革弊端》是一气呵成的。她说，这是"投石问路"，看能不能引起讨论的兴趣。

从语文教育学的角度，怎么看语言？

于漪认为，语言不是人际交往的唯一工具，却是最重要的工具。在人类社会中，文化载体多种多样，但语文是最重要的载体。这种工具、载体，都是只有人类才拥有的符号，在符号的意义上掌握语言的工具属性，比较恰当。符号因意义而存在，离开意义，符号就不成其为符号。这就是说，语言不但有自然代码的性质，而且有文化代码的性质；不但有鲜明的工具属性，而且有鲜明的人文属性。各民族的语言不仅是一个符号体系，它装载着人类创造的精神文明，装载着本民族的优秀文化，是认识世界、阐释世界的意义体系和价值体系。

怎么认识和处理语文教育的工具性与人文性的关系？

于漪说：一个事物有两个或两个以上的本质属性，不能简单地称之为"二元论"或"多元论"。语文学科作为一门实用而多彩的人文学科，一门多功能的育人学科，应该是语言的工具训练与人文教育的综合。我们进行的是母语教学，语言和文化不是两个东西，而是一个整体。没有人文，就没有语言这个工具；舍弃人文，就无法掌握语言这个工具。说语文学科具有人文性，绝不是排斥它的科学精神；说语文学科具有工具性，也绝不是削弱它的人文精神，不存在限制这一个，张扬另一个的问题。语文学科的工具性和人文性是一个统一体的两个侧面，不可割裂，不可偏废。于漪强调，工具性和人文性两者不是一增一减，而应沟通交融，互渗互促。确立了正确的语文学科性质观，就会自觉地把语言教育同思维训练、情感熏陶、人格培育有机结合起来，教文育人，从根本上提高学生的语文素养，提高语文教学的效率。

语文学科不是还有其他一些属性吗？

于漪认为，语文学科有多种属性，多种功能。属性和功能是分层次的，看你是从什么层次、从什么角度去阐述。从我们的语文教育现状出发，经过反思，她以为语文学科的基本属性或者说特质，用工具性和人文性两者的综合进行概括，可能比较准确一点，可能有利于语文课程的改革和发展。语文学科的性质决定了教学中须发挥多功能的作用。

发现问题往往比解决问题更重要。可以说，于漪关于语文学科性质功能的阶段性研究成果，特别是她站立于人学的制高点发现语文教育价值、拓展课程开发空间的创造力，她的教育理想，将产生更为广泛的影响。

一身正气做学问，表里俱澄澈

1986年5月，张志公病中阅读于漪《学海探珠》手稿，曾作文赞叹："于漪教书简直教得着魔了！"

1999年，湖北教育出版社编了一套8本《中学语文素质教育名家丛书》。丛书主编邹贤敏为于漪写的手记中说：在酝酿8篇"手记"的标题时，最先映入我大脑屏幕的就是属于她的4个字：人格魅力。她独特的魅力从其人格中溢出，不浓不淡，不紧不慢，内蕴丰富，绵绵无绝。她的论著帮你解开教学之谜，更提升你的精、气、神。

从学术人品看，这样的口碑由何而来？

首先是不唯书，不唯上，不追风，不媚俗，实事求是，旗帜鲜明，敢于担当。于漪面对的学术文化环境并不理想。她的准则是，坚持从实际出发，独立思考。举个例子，当年"要走世界文字共同的拼音方向"似乎无可抵挡，于漪怎么说呢：方向毕竟是方向。现在我们教的、使用的还是方块字，我们使用的汉字是形、音、义的组合体，是反映我们几千年中华民族深厚文化的文字。不能把我们现在教学生的汉字与外国的拼音文字画等号。这段话今天读来并无独特之处，但是过来人却掂得出个中的分量。

对于来自外国的东西，她始终持有一种寻根究底、以我为主的心态。她以为，学习外国科学的教育理论，借鉴教学方法，目的在于丰富自己。忘了自己语文教育的个性与特色，也就容易失掉自己。更何况由于语言的隔阂与障碍，翻译的文章有的已失去实效，有的已在实践中修改和扬弃，因此，阅读时要注意鉴别，从我国语文教学实际出发，取其精华。众所周知，她出于自己对母语教育的深刻理解，对于移植到国内来的语文高考"标准化"，一开始就持保留态度。待到弊端初显，她公开表示异议，直到接连发表讲话、文章。最后从语文教育性质观上追根溯源，申说照抄照搬外国本已改弦易辙的东西的危害，积极提出对策建议。

　　说到语文教育性质观的反思，对已经功成名就的于漪来说绝不是一件小事。要构建一套有创见、有实践价值的理论话语体系，不但学术难度相当大，而且方方面面非学术的压力也特别大。一旦引发争论，不免卷入旋涡。但是，于漪还是毅然鲜明地亮出自己的旗帜。现在，她虚心倾听各种意见，不断学习思考，力求博采众长，为我所用。于漪1995年4月3日致同事函："（语文教育性质观存在问题，亟待反思）不是主观臆想，而是客观存在。提出问题就会得罪一些人，四面都光滑圆润，对事情确实有百弊而无一利。我这个人由性格所决定，总是选择前者，而且从不反悔。如果错，我百分之一百认输，从不含糊。"又，1996年4月26日致友人函："语文教学质量何时能全面提高？有时深感伤心。倒霉的不是我们这一辈，倒霉的是孩子。"

　　于漪之所以赢得尊敬，还因为她淡泊名利，拒绝名人之累。"中学语文教师"是她认同的唯一终身头衔。她不愿谈自己的业绩、荣誉，远离繁文缛节，始终像一个普通老百姓那样生活，住着老式的公寓房，菜炒得很好吃。但是，她是知识富有者，追求着很高的精神文化生活质量。这20来年，她太忙了。担任那么繁重的社会工作，依然不肯离开讲台。直到今天，除非病倒在床上，她还是不断地跑一线，不断地跟教师学生对话，不断地讲课，为语文教育改革出点子、写文章、编书。重要的是，她带着一颗年轻的心，终日关注和思考着教育特别是语文教育的前沿课题。特别重视学术对话，重视不同的意见，重视报刊上关于教育特别是语文教育的争论，听到有创意的声音她就眼睛发亮。70岁的人，为了支持"园丁工程"，有时竟然接连讲上两三个小时，还是那样笑容可掬，抑扬顿挫，简洁流畅，创见迭出。

　　于漪学术人品的最大魅力，是献身精神。这种精神总根于爱：对事业的热爱，对同志、对学生的挚爱，对语文教育实践和研究的酷爱和迷恋。当年张志公说，于漪教书，简直着魔了！现在应当再加上两句：于漪学习，简直着魔了！于漪思索，简直着魔了！奉献自己有限的生命，获取精神上无限的欢乐，这就是我们可以在她400万字著述中读出的于漪的人生哲学。

1996 年初，隆冬季节，于漪接待《人民教育》记者。记者问：您年事已高，身体不好，工作担子那么重，社会活动那么多，却还能写出那么多著作，靠什么法宝？于漪回答："要说有什么'法宝'的话，那就是一个'快'字。"问题是，这样的"快功"从何而来？于漪曾为她的《语文教学谈艺录》中的一节拟过一个小标题，叫作"跑步前进"。如今，年过 70 的于漪，办事作文仍然是出奇的快。"快"的背后，是生命的"跑步前进"。1997 年以后的 3 年时间，于漪心脏病复发，一度十分严重。她曾经把《追求综合效应》称为"这是我答应编写的最后一本书"。奇迹出现，她又投入了新的劳作。

在本文结束的时候，笔者推荐于漪 1997 年发表的《自强不息，女教师们！》。这是于老师 1996 年 11 月给贵州偏远山区一位中学语文教研员的长篇复信，被认为也是一篇美文。信的结尾有这样一小节："我当了一辈子教师，教了一辈子语文，上了一辈子深感遗憾的课。我深深地体会到'永不满足'是必须遵循的信条。正如《浮士德》诗剧中主人公浮士德所说：'要是有那么一刹那，对我说：停住吧，你是多么美好！那时也就敲响了我的丧钟。'浮士德上天下地求索，经历了爱情的悲剧、事业的悲剧，什么都一场空，但是他没有灰心。最后，他在一块荒芜不毛的海滩上建立起人间的乐园，心里一片光明，情不自禁脱口而出：'停住吧，你是多么美好！'这一刹那，浮士德倒地死去。满足意味着生命的结束。"于老师把她新出的一本教例选集定名为《可以做得更好》，她不满足，她的学术生命将永葆青春。

二、大师、导师、恩师：青年教师谈于漪

看不够学术气象，听不尽思想潮声

——《于漪文集》编后记

陈 军

2000 年金果飘香的秋天，山东教育出版社跟于漪同志约定，拟编辑出版多卷本《于漪文集》。新世纪钟声敲响前夕，出版社委托朱晓晨同志作全权代表飞赴上海，与于漪同志当面商量了文集的出版事宜。出版社要把"文集"作为重点项目隆重推出，这不仅是于漪同志个人的光荣，更是我国基础教育界的一大盛事。于漪同志和

出版社决定把《文集》的编纂工作交给我，我欣喜无比，深深感到，这不是一件普通的文字工作，而是十分难得的学习机会。

我的主观愿望是热切的，但具体的编纂工作向我提出了考验。大家知道，于漪同志是当代教育家，广泛赢得学生、家长、教师的爱戴，多次受到党和政府的表彰，堪称优秀人民教师的楷模。系统整理并总结于漪同志的教育教学理论与实践，是当前深化基础教育阶段教育教学改革的需要，是展示中国共产党执政以来一代优秀教师灵魂，树立21世纪人民教师光辉典范的需要，也是进一步端正语文教学学术思想、学风，使语文教学沿着正确的道路走向现代化的需要。要从这样的高度来认识《文集》的编纂意义，确立《文集》的编纂思路，从而让广大读者认可，自非易事。无论是主管教育的行政领导，还是从事教育科研的专家学者，无论是耕耘在教学第一线的广大教师，还是茁壮成长的广大青少年学生，都崇敬于漪，爱于漪。这种"敬"，这种"爱"，既是对于漪个人的一种亲情，更是对教育事业无比热爱的体现。大家都十分关注这部《文集》。要从这样的角度来认识《文集》的编纂价值，确定《文集》的内容体系，从而使广大读者满意，也并非易事。在出版社的指导下，我确定了这样的编纂思路。

第一，要全面反映于漪同志的学术个性和思想贡献。于漪同志从事基础教育工作50年，历任班主任，教研组组长，年级组组长，教导主任，校长，名誉校长。这一丰富而又漫长的工作经历，使于漪同志的学术工作具有3个特点。一是基础性特点。于漪同志的工作实践与理论概括都是植根于日常工作与教学第一线这一块沃土之上的。她的做法、见识都不是象牙塔内虚拟出来的东西，而是拼着血汗在第一线"做"出来的浓缩了的结晶体。因此，她的理论的立论基础，是基本的事实，是基础教育思想大厦里的重要基石。二是全面性特点。于漪同志长期做班主任工作，"育人"是她一切工作的制高点。她深知"育人"工作的艰难，也深知"育人"工作的意义与乐趣。因此，她以教研组长的身份思考教学业务时，总是站在"育人"的高度来透视教学业务的底里。"教书育人"始终是她实践与研究的命根子。她做校长，能站在学校各项工作的聚合式平台上来审视学科教学意义。于漪认为语文重要，不是一个语文专家的自我偏爱，而是从一个人的生命发展、身心进步的方方面面来确认语文学科在中学各学科中应有的特殊价值。正因为这样，所以她的学术探索不偏不倚，不左不右，总是能够沿着规律性的道路前进，总是能够注重全面育人。三是时代性特点。于漪 50 年工作历程，是新中国成立以来基础教育工作的客观反映。每一时期的教育方针、课程标准、教学研究动态，她能了如指掌。她深知 50 年历史云烟所包含的正确与谬误、先进与落后、崇高与低下等方面的经验与教训。因此，她能用历史的眼光看未来，用未来的眼光看现在，能抓住时代发展的本质来剖析各个阶段的变化特点。既不故步自封，也不追赶时髦，而以时代发展的本质性需要来作为实践探索的指标与理论建树的范式。越有本质性，就越有时代性，也才越有科学性。于漪思想的生命力也就体现在这里。关于这 3 个方面特点的感想，是我广泛阅读于漪论著后形成的基本认识，不一定完全周到，也可能没有达到致力于于漪研究的专家的见识层面。但我认为，整理文稿并编辑成集，应该以此为工作的底线。具体做法是：《文集》中，既收入了于漪关于国家教育法规的研究文章，也收入了她关于学习邓小平理论的文章；既收了于漪关于基础教育的宏观研究文章，也收入了她关于学科教学的微观研究文章；既收入了于漪关于教师的师德师风的专论性文章，也收入了她关于学生品德养成与学法指导的引导性文章；既收入了于漪关于学科教学论的概论性文章，也收入了她关于课堂施教的经验性文章；既收入了于漪林林总总的散论，也收入了她某一方面重点突破的专著。这些文章与专著，分作了 6 卷，按主题分类编纂：第 1 卷，侧重于教育教学专论；第 2 卷、第 3 卷，侧重于阅读教学理论与实践；第 4 卷、第 5 卷，侧重于写作教学理论与实践；第 6 卷，侧重于教师的自我修养与自我发展。我们想通过这样的编排，来反映一个始终能站在时代制高点上的于漪，一个始终把教书与育人融为一体的于漪，一个始终把理论研究与实践探索有机结合起来的于漪，一个始终注重教师人格修炼，注重以国家、民族之心来从事平平凡凡教学工作的于漪，一个始终以学生的健康主动发展为工作主旋律，以教师师德师才师风师能的发展为满足"工作主旋律"需要条件的于漪。

第二，在反映于漪基本学术思想的前提下，突出开放性。用"老骥伏枥，志在千里，烈士暮年，壮心不已"来评价现今的于漪是比较恰当的。因为我们大家都知道，退休后的于漪继续以昂扬的斗志，卓越的才能和强健的生命力在孜孜矻矻、废寝忘食地工作着、学习着。她的极其简朴的书房，空间是有限的，但她的研究学术的思维空间是无限的，她站在国家发展和时代前进的制高点上来关注我国基础教育事业，特别是关注我国中学语文教育事业的炽热胸怀是无限的。她既积极参加我国中学语文教学大纲的审查，又积极参加国家教师培训教材的编写；既以极大的热忱培养、指导青年教师，又以广博的学识和卓越的师风参加国际国内重要学术会议，发表思想；多家媒体专题采访，各方报刊时有宏论问世。如果说，她过去的作品，是在极其辛苦的讲坛边"刻录"下的串串思想足迹和生命年轮的话，那么，现今的于漪，仍在学术之海上开辟新的学术思想航道。因此说，今天出版的这部6卷本《文集》，只能说是对于漪同志的理论与实践所做的初步的阶段性总结。尽管有洋洋300万言，但也只是勾勒了一代楷模的大致轮廓。可以推知，伴随着我国教育改革的进一步深化与发展，于漪必将为我们的语文教育事业做出新的贡献。于漪同志的学术胸襟是开放的，研究之路是开放的，因此，《于漪文集》也必须构成一个既有阶段性又有开放性的系统。

　　我设计的开放系统是怎样体现的呢？从6卷分类上看，是一个大的系统。6卷分4个主题，每个主题都是中学教育、特别是中学语文教育的基本课题。于漪同志对此均有精深的研究，但还没有完结。新写的论著，仍然沿着这条线索，分解到各卷之中。将来再版，可以随时补充。6卷中的每一卷，在体例上也是开放式的，均有两部分，前半部分是文章汇编，后半部分是论著汇编。无论是文章还是论著，目前都只是按主题拎出了线索，新创作品自然都可以作为这线索上的新的珍珠。这些，都是通过编排形式来体现开放性。开放性最重要的体现是内容的处理。常见的学术文集的编纂，在内容选择上，多带有"定论"的意思，往往对观点、材料、语言进行适当的修改，或增或删或改。目的是把一个完善的学术思想和完美的学术形象展示给读者，这当然是正确的做法。不过，就于漪的学术研究情形来看，我们采取的态度是不作改动（个别原著因印刷原因造成的笔误除外）。这也是学术严肃性的体现，为什么呢？一是于漪同志没有什么应景的东西；二是于漪同志的学术思想还在不断深化；三是保持原貌，以便与将来新收入的作品进行联系性思考，便于研究者研究。比如，关于教师修养问题，现在的《文集》中有多篇文章作了定性阐释。性质虽然定下来了，但外延会随着时代的发展而变化。既然预知有新的内容，那么对现今所论的内容就没有必要求取完善。从这个意义上讲，现今编入《文集》的大多数文章以及论著，都有其自身的开放性，观点、材料等，都会有新的拓展。

　　整理、编纂《于漪文集》的过程，对我而言，是一次精神洗礼的过程，也是一个学业长进的过程。洋洋300万言，汇聚成思想大海、情感大海和学术大海。我驾着一叶扁舟，在大海上航行，看不够的是学术气象，听不尽的是思想潮声。于漪同志的人格魅力、学术思想和崇高精神，都深深地感染了我，启迪了我，教育了我。因此，借此机会，我要感谢于漪同志和山东教育出版社给了我这样一次难得的学习机会，给了我充分的道德上的信任、学术上的指导以及工作上的帮助。要说明的是，文集的材料收集、整理工作是黄肃同志在百忙中完成的，我主要是做编目、分类等方面的工作。应该说，黄肃同志为文集的编纂倾注了很多心血。最后，我也热切盼望广大读者对我们的编纂工作提出意见和建议，以便将来把再版、修订工作做得更好些。

先生，您好！

程红兵

从 20 世纪 60 年代到 90 年代，中国的中学语文教师名气最大、影响最大的当属于漪先生，以她的学识，以她的人品。

记得 1991 年我在江西曾给于老师写了一封求教信，写的时候有几分忐忑不安，信发了，人也就释然了。谁曾想，没多久就接到于老师的回信。当时我激动不已，于老师的勉励至今依稀记得，这封信仍收藏身边。这一次算是初次交往，当然是未曾谋面的。

第一次见面是 1994 年夏，在山东泰安，"全国青语会"成立。先生作为老一辈语文教育家的代表到会祝贺，并做报告，先生受青年教师景仰，会前、会后大家将她团团围住，没能走近先生，不无遗憾。

1995 年我调上海，乡下人进入大都市，有些"水土"不服。先生不知怎么知道了，托人捎信给我，请我到她家坐坐。得知这一消息后，我又是高兴，又是担心。平生不善交际，不善言谈，见名人，生怕无话，难免尴尬，心生许多压力。恰逢先生在《语文学习》发表《弘扬人文，改革弊端》一文，于是以此为由准备了许多问题。

先生是个和蔼可亲的老人，精神矍铄。也不记得开始怎么说的，单知道没说几句话，我的拘束就无影无踪了。我就语文教育的人文性向她提出了一些问题，她不紧不慢作了耐心细致的回答，不时插几句："你看呢？你怎么想？"总是把我作为平等的谈话对象。后来先生向我谈起她走过的路，她的感想，她的体会。听她娓娓动情的叙述，我悟出了先生的良苦用心：树立自信，勇敢地走出困境。末了，我提出就语文教育人文性整理一个《于漪答问》，她欣然同意，但标题执意要定为《关于语文教育人文性的对话》。"答问"与"对话"的区别，我当然知道，先生的长者风范令我非常感动。以后浦东新区教育学院和建平中学都聘请先生作为我的导师，从此，我成了先生的关门弟子。这以后，凡是重要的教研活动，她都招呼我，并提供机会，让我登台亮相。

1996 年学校和新区报我特级教师，先生很为我高兴，有人以年纪轻、刚评上高级教师不久、江西老区调来等诸多理由为据，提出异议。先生慷慨陈词，力排异议，颇为动情。我与先生非亲非故，何以如此提携我？于老师深情地告诉我，推你上去，绝不是为你个人，这是事业的需要。我们已经老了，事业应该后继有人，21 世纪需要你们一代人支撑。当时听了心里涌起一股热流：这是怎样的一种境界？怎样的一种胸怀啊？

青年人总受到于老师特别的关爱，陈军、陈爱平、韩军、陈小英等，多少年轻人，不论是弟子也好，不是弟子也罢，她都给予无私的关怀和帮助。

先生文思敏捷，写文章不用打草稿。一次，我编《作文年鉴》碰到难题，想到求助于先生，谁知先生已生病住院，来到病床前和先生随意谈着，哪知先生主动问起书稿的情况，我据实相告："还差一个概述，不知从何下手。"先生看出了我的心思，笑了笑："我来写吧，明天你来取稿。"

事后我深感不安，自责不已。先生最近一直身体不好，多数时间都在住院。为事业，为青年，她付出的实在太多。"一身正气，为人师表"，她当之无愧，她永远是学生和教师的表率。在结束这篇短文之时，我要向先生道一声祝福："先生，您好！愿您一生平安！因为您是好人。"

一张字条

李　熹

那是 1983 年，元旦刚过，新年的钟声仿佛还在耳畔回响。杨浦区教师进修学院要当时正由于漪老师带教的我为全区初一语文教师分析《听潮》这篇教材。正当我在于老师悉心指导下，认真进行准备的时候，于老师突然生病住进了医院。于老师原本体质差。当时，她除了担任市人大常委会教科文卫副主任、全国语言学会理事以及上海市教师学研究会会长等繁重的社会工作外，还任教一个班的语文课，她硬是累倒的呀。就在于老师住院的第二天，我收到了一张由于老师的儿子转交给我的字条和一份《听潮》的材料，她告诉我选入教材的《听潮》已对原文作了删节，主题也与原文不同，她要我按教材内容进行辅导。看完字条，我内心受到强烈的震撼。热度未退，还在吊"药"，但她置自己的病痛于度外，一心想着工作，想着我为全区七年级语文教师辅导的事。这哪里是一张普通的字条，这是于老师的一片心，这是于老师的精神所在。我分明从字条中看到了于老师对青年教师的热情关爱，看到了于老师对工作的强烈责任感。

18年过去了。18年来，这张字条我一直珍藏着。每当看到这张字条，于老师慈祥的笑脸，好像就在我眼前浮现；每当我看到这张字条，于老师亲切的教诲仿佛就在我耳边响起。它时时激励着我努力工作，它是催我奋进的动力。如今我已身在学校行政领导岗位上，但我永远不会忘记于老师对我的栽培，我更感谢于老师给了我这么一笔极其宝贵的精神财富。

永远不会忘记

陈小英

这十几年，要不是在于老师身边，被领着、赶着、逼着、鼓励着，跌跌爬爬地前行，恐怕早已落伍，要站稳三尺讲台也勉为其难了。

有件事永远不会忘记。

记得1991至1993年，我连续参加于老师主持的两个科研课题研究。每次课题组开会，于老师都早已成竹在胸，她拿出一套套的方案让我们讨论，好一派运筹帷幄、决战千里的将帅风度。但我当时根本不懂什么是科研论文。第一次，我拿着自己写的一部分文字给于老师看。于老师说，文字不错，但全是描述性的，课题报告要重理性分析，要有理论依据。接着，她告诉我可以读哪类书，怎么读。我找来书，边读边思考，把理论研究和实践分析结合起来，较好地完成了分担的研究任务。这些年来，自己能够比较注意教育理论的学习，关注思想文化界的动态，并逐步培养起阅读理论书的兴趣，发表过几篇有一定影响的论文。深究起来，读书习惯、研究作风、思想方法均得益于跟随于老师搞课题研究的经历，"要重理性分析，有理论依据"，这句话也从此成为我教研科研的座右铭。

十几年了，师从于漪老师的点点滴滴非笔墨可以穷尽。在于漪从教 50 周年之际，谨以此文表达我衷心的感谢和祝愿。

一次难忘的回忆

陈爱平

我第一次知道于漪老师的名字，是在外省一所师范大学四年级的语文教法课上，那是 20 世纪 80 年代初的事情，时过近 20 年，至今记忆犹新。当时全年级观看了于老师的教学录像片《茶花赋》。从此，我知道上海有位著名的语文特级教师叫于漪，在一所名叫杨浦中学的学校任教。

生命中真是充满了变数，你可以认为它是奇迹，也可以把它叫作缘分，具体到一个个体的生命感受，我把它叫作"幸运"。80 年代末，我到上海第二师范学校求职。于是，便有了我和于老师的第一次见面。当时，她已是这所誉满全国的师范学校的校长，而我不过是个懵头懵脑闯世界、一心要解决工作问题的求职者。见面地点不是在校长室，而是在试教课上。我后来才知道，当时于老师不仅担任学校校长工作，同时还兼任人大等机构的许多社会工作，工作任务繁重，可是，为了教师队伍的建设，她亲自来"把关"了。

现在回想起来，当时上课的内容、心情都还历历在目。内容是郭沫若先生的《石榴》一文。心情特别紧张，我知道那位录像中的特级教师就坐在下面考察我，真正是手足无措！试教结束后，于老师把我叫到她的座位旁，和其他老师一起为我评课。直到今天，这样对待一位求职者也是不多见的。许多时候，试教课结束，试教老师得到的就是一句客气的"请回家等消息"的回答。可是，于老师不仅给我评课，而且很关心地问我一些生活情况，她和我说了很多话。此时的我早已没有了刚试教时的紧张，觉得眼前和我谈心的就是一位熟悉、慈祥的长辈。

求职的结局已经不需要多说，我最终还是踏进了这所学校的大门。

整个求职过程，是我人生一个新里程的序幕。在这个过程中，我看到了一位校长是怎样的恪尽职守，我感受到了一位前辈是怎样的宽厚仁爱。就这样，我认识了于老师，接近了于老师，并在她的影响下工作了 12 年。这 12 年中，和于老师的交往有许多难忘的事情，欣逢于老师从教 50 周年庆典，撷取记忆深处的一点难忘的片断，化成小文一篇，以表达我对于老师的不尽爱戴之情。

一次公开课

谭轶斌

还记得我上完公开课后，对自己的课做出了两个字的评价——"糟糕"，我已全然没有了当初的坚定与自信。当同组的老师都落座后，评课开始了，我心惊胆战地等待着于老师的批评。但素来原则分明的于老师竟丝毫没有责备之意，而且硬是"鸡蛋里挑骨头"，数出一条一条优点来。"青年人，低着头干什么？好好干吧！你是很有希望的！"我低埋的头慢慢地抬起来，心中的阴霾被渐渐扫去。我明白，于老师如果不是用爱来守护事业，如果缺少对青年教师的悉心提携，又怎会有这样的鼓励之语！

新教材的有些课文，于老师并没有教过，但每次讲评起来却总是滔滔不绝又一针见血。组内一些经验丰富的老师听了都心悦诚服，我这个初出茅庐的青年教师，更是愈发地生出对于老师的钦佩之情。我常常想：我什么时候能拥有于老师的一半就好了！当时天真的我又怎会明了，于老师早已把语文教学融化在了自己的血液里，积淀在了自己的心灵中。

我的恩师——于漪

何海鸥

1976 年，我满怀着对未来美好的憧憬，踏上了神圣的三尺讲台。好幸运，整整 22 个春秋，我生命旅途中的黄金时期，得到了于漪老师的恩泽。

我永远难忘与于老师共同度过的朝朝暮暮。清晨天刚蒙蒙亮，我就跟着她干起大扫除的活儿，扫地、擦桌椅、泡开水。忙活一阵子后，我们就一前一后坐在办公桌前看教材、审教案，随后的早自修、语文课，我又尾随着她步入了课堂。于老师用迷人的语言，丰富的感情，在学生心中弹奏起一曲曲优美动听的曲子，令人陶醉、令人神往。它像巨大的磁铁牢牢地把我吸引住了。整整 3 000 多堂语文课，我尽情地欣赏着、享受着，贪婪地吮吸着知识的甘乳，如痴如醉地目睹着她高超的教学艺术风采。

有时我会出神地想，于老师的教学究竟有什么特点？是什么派？因为时常有人询问我。我的答案是："没有固定的模式，变化多姿，是永远流动着的无恒的课堂教学模式。"无论是课前预习、课后练习、提问设计、板书设计，还是扩展信息量、教学反馈评估、课堂教学节奏、旋律等，她从来不曾重复过自己，即使是同一篇课文，教第二、第三遍，也绝对不重复。针对不同的教学对象，根据自身知识、认识水平的不断更新内化，教学设计就不相同，是变化着的"活"的教学。我深深感受到：于老师的教学不是一色的普通石子，而是斑斓的雨花石；不是单片的桃花和梨花，而是重瓣的月季和牡丹；它是清澈见底的小溪，也是辽阔无垠的大海；它是玲珑小巧的盆景，也是巍峨壮观的大山。于老师的每一节课都是一幅美丽动人的人文景观啊！

在这帧画面上，于老师特别讲究声情并茂，熏陶感染，意境深邃，既让学生扎扎实实得到能力的培养，又给人一种艺术美的享受。多年来我一直置身于这种优美的教学环境之中。比如，教《有的人》，于老师是这样拉开序幕的："我们都知道诗是感情浇灌而成的，而富有生活哲理的诗不仅仅包含着浓郁的感情，且具有深邃的思想，能给人以难忘的启迪，今天我们就要学一首这样的诗《有的人》。"这段精巧的导言本身就充满哲理，启迪学生的思维，激发学生强烈的求知欲和感情的浪花。又如，教某一写景单元文章时，于老师是这样说的："继米开朗琪罗之后的法国大雕塑家罗丹曾这样说：'美是到处都有的，对于我们的眼睛不是缺少美，而是缺少发现。'我们人总要和大自然接触，大自然的美可以说是无处不在。它不同于巧夺天工的工艺美，也不同于绕梁三日的音乐美，更不同于充满青春活力的人体的健壮美。然而，它似乎又是各种美的综合。尤其是我们伟大祖国的锦绣山川，真是美得令人陶醉，它在春、夏、秋、冬不同的季节展现不同的美姿。现在我们要学习的这个单元是一组描写四季景物的散文，情文并茂。我们要反复吟诵，分析比较，仔细推敲，理解它们高超的艺术手法和表现的情境美，培养我们用双眼观察美的能力，陶冶我们的情操。"在此于老师引用了有关发现美的名言，描述大自然的美，描述祖国壮丽山川的美，并恰到好处地用极其精练的语言加以点拨引导，指导学法。不仅教会学生学会学习、学会思维的认知策略，优美的教学语言还直接打动了学生的心灵，萦绕于学生的脑海之中，情感、思想得到了熏陶与感染，心灵的共鸣产生了隽永的教学效果。

　　白色粉末常常粘满于老师的手指、衣服，她总是匆匆地拍打一下又忙碌起来。有时要调解学生、家长、教师、职工及校与校之间、校与厂家之间发生的各种错综复杂的矛盾和分歧；有时要走访学生家庭、慰问同事与孤老；有时要处理大量文件、人民来信；有时要奔波着开会、做报告、到全国各地讲学，其足迹踏遍了祖国20多个省市。夜幕四合华灯上，于老师还得批改作业、写教后记，备课，著书立说……灯火摇曳处，万籁俱寂，沙沙的笔声是那么清晰、悦耳，伏案的背影是那么高大动人。于老师在家里，常常累得不愿开口多说一句话，可一走进学校，一踏上讲台，她就神采奕奕、精神焕发。她是在撒播情与爱，是在谱写教育改革的乐章。

　　不会忘怀，每月初于老师总要偷偷地塞给我几十元钱用于替学生购书。年复一年，几十本、几百本，各种杂志书籍堆积成小山啦，天真活泼酷爱读书的学生们一下课就争先恐后地忙着换书、借书、阅读。这是于老师用每个月国家发给她的30元特级教师津贴培养莘莘学子。在她的灼灼爱心、无私奉献面前，学生们无不刻苦学习、积极进取。为了进一步拓宽学生的视野，切实提高学生的写作水平，她又一下子从并不鼓囊的兜里拿出好几百元，嘱咐我利用暑假带学生们到杭州考察，寻觅名胜古迹，饱览祖国大好河山。她的夙愿实现了，学生佳作云集。《于漪作文讲评五十例》《于漪语文教育论集》……出版了，一本本著作蕴藏着丰硕的瑰宝，记载了学生成长的轨迹，也充分展示了于老师的思想风采与高超的教学艺术魅力，成为我国教育界宝贵的财富。

　　岁月悠悠，弹指一挥间。近半个世纪以来，于老师经历了新中国语文教育的风风雨雨、潮起潮落，为了托起明天的太阳，她竭尽全力，呕心沥血。一方黑板、三尺讲台，字字都是爱，句句皆为情。于老师教书育人几十载，桃李芬芳满天下。但眼前的她已过早地倒在了病榻前，医生说这是积劳成疾。于老师已两鬓染霜，但形象依然光彩照人。清癯慈祥的面容，充满智慧的目光，滔滔不绝、激情似火的语言，又一次摄进了录像带，成为我们教师心中光辉的形象。窗外，春雨还在绵绵不断地下着，树梢上又添了蓬蓬勃勃的新绿。病房内，摄像机前，我们如沐春雨，如坐春风，于老师的教诲丝丝缕缕全都渗进我们心田。"语文教师要有真功夫，要做到出口成章，下笔成文，堂堂课都能公开。这就得先'死'后'活'，以'死'求'活'，'死'就是硬功夫，一丝不苟，反复推敲……"朴素而充满哲理的话语、再平凡不过的语言，却深深震撼了我的心灵，"死"与"活"是一对反义词，然而没有"死"，哪来"活"，没有一丝不苟的敬业精神，怎能有活泼泼充满生气的课堂教学？严谨和求精的治学态度，是通向成功的途径。顿悟使人猛醒，顿悟使人振奋，我动情地把自己的体验与感慨倾吐给我的学生们："普天之下没有天才，所谓的天才就是'勤奋加努力'……于漪老师无愧是我们的楷模。"于老师的精神能在学生身上延续，这无疑是值得我们钟情和追求的。

"红烛呀！流罢！你怎能不流呢？请将你的脂膏，不息地流向人间，培出慰藉底花儿，结成快乐的果子。"这是闻一多先生的《红烛·序诗》。于老师最爱这首诗，这也是我的恩师为师一生的真实写照。愿红烛精神在教坛上永远光芒四射。

师恩浩荡
——记于漪老师对我的关爱与培养

王 缨

1980 年秋，一个偶然的机会，我见到了仰慕已久的于漪老师，并有幸拜她为师。此后，我每周去杨浦中学听于老师一次课。几年的从师，我受益匪浅。回忆往事，胸中暖流涌动。

于老师严谨的治学态度，实事求是的教学作风，潜心钻研教材的精神，轻松自若、充满情感的教学风格，因人而异、因材施教的教学方法，深深地教育了我，鞭策着我。她是一位名师，多年的教学实践，对教材了如指掌，完全可以驾轻车走熟路。可是，每每遇到老教材，于老师还是另辟蹊径。对以前处理教材的方法，有的肯定，有的否定，有的扬弃，在不断的自我否定中寻求发展与创新。于老师不仅自己这样做，也要求我这样做。于老师在 1983 年 2 月给我的一封信中，谆谆教导我说："别人的课，只是借鉴，彼时彼地彼人与此时此地时人毕竟不一样，重要的是自己摸索，总结经验教训……"从中我领悟到，于老师希望我不只是模仿她的教学。因为单纯的模仿、重复只能使我的教学走向死胡同。她要我面对教材和自己学生的实际，深刻理解作者意图，挖掘课文的内涵，体会文章的精华，启发学生深思，选择适合自己的教学方法，闯出一条教改的新路，这样才有生命力。

听于老师的课是一种艺术享受，且不说独具匠心的"导入"，发人深思的"设疑"，也不说精当独到的"分析"，回味无穷的"结尾"，只想说，于老师凭借她灵活自若的教学手段，顾及教学过程中众多侧面又能突出重点，丰富而有条理，充实而又精深。每堂课中成语、典故、语文、史料，信手拈来又恰到好处。有多少堂课，我只是呆呆地听着，直到下课铃响才意识到只字未记。至今想来，我做了一件愚不可及的蠢事。

好几次听完课，于老师送我到校门口，走一路，讲一路。于老师说："一篇好的课文，总有一些言简意赅、言简意深、言简意丰的词句。你要把握好，在课堂中重锤敲打。"于老师又说："写诗，功夫在诗外。上课虽然不是写诗，但道理是相通的，功夫在课外……"这些话至今深深地印在我脑海里，鞭策我在教学上去探索，去进取。

于老师有繁忙的教学任务，有繁多的社会活动，然而，她把培养青年教师作为自己义不容辞的责任。她不仅要关心本校、本区的青年教师，还要挤出时间来指点像我这样慕名找上门去的求教者，这几年真是给于老师添了不少麻烦。我永久不会忘记，1985年秋，在上海市中青年教师教学评比活动前夕，我拿了已经备好的教案，匆匆赶到杨浦中学，已是中午12点左右了。走进办公室，于老师正巧拿着碗准备去就餐。因为第二天市里要举行决赛，我就顾不得礼貌，急忙说明来意，递上教案。于老师二话没说，就坐下来审阅教案，指出不足之处，对结尾加以充实，对板书提出修改意见说："在归结课文时，要突出石油是个宝这个'宝'字，你必须用红粉笔把这个'宝'字圈个圈……"不知不觉快13点钟了，于老师当时想到的不是自己，而是我，还关切地问了一句："你吃饭了没有？"

在于老师长期悉心的指导下，我在1985年中青年教师教学评比活动中获南市区一等奖，同年，获上海市中青年教师教学评比活动优秀奖。如果我在教学上还算有一点成绩的话，那么于老师的关心、培养是一个重要因素。于老师独特的教学风格，来源于她崇高的教育思想——对学生、对青年教师、对教育事业的一片真挚的爱，一颗奉献的心。

于老师给人的印象，不仅是教学，更是做人。于老师为我们编写审定了《新时期中学教师修养》以提高我们的师德修养。于老师是这样写的，也是这样做的。

　　于老师公务繁忙，但每次外出，总是事先来函告知。仅有一次，1986年4月我照例又去听课了，到校后才知道于老师因公外出开会去了，我就回来了。小事一桩，我早就忘了。过了几天，于老师郑重其事地来了一封信，"王缨同志：您好，周一上午突然有会，来不及告诉你，累你白跑了一次，十分抱歉，请原谅。"收到此信，我的手微微颤抖。这哪里只是一封信，这分明是一位老前辈的为人师表的精神。于老师是名人，当然是忙人，在千头万绪的事务中尚能细心地顾及这么一件小事，怎能不令人感动之余深思呢？

　　多少次，我听完课，于老师从食堂买来油饼、馒头等点心让我充饥；多少次，我听完课，于老师赠我《语文报》《课外阅读文选》等书刊让我阅读；多少次，路远天雨车挤，我迟到了，于老师轻轻开门，丝毫没有责怪我；多少次，我自作主张携同我校教师一起去听课，于老师表示理解。

　　我庆幸，我能遇到这一位好老师。

　　在我从师的几年中，我从未以任何方式向于老师表示过谢意。今天，趁于老师从教40周年教育、教学思想研讨会召开之际，诚挚地写下这篇文章，深表我对恩师的感激之情。

三、大育有声，大爱无言：学生、家人如是说

往事依依

王厥轩

　　时间真快。离开杨浦中学将近25年了。前前后后读了约20年书，其间遇上了不少好老师。细细体味起来，遇上好老师是很幸福的。而给予我最深刻影响，在我的生活路上一直指引着我的，则是我中学的老师于漪。

　　至今还清晰记得老师给我们上第一节课的情景：教室门口站着一位约三十七八岁的女教师，穿着一件短袖的白衬衫，剪着朴素的短发，手臂夹着书，显得温雅而秀美。老师的眼睛看着一个个同学，微笑时，细眯起来，使人感觉着温暖；而不笑

时，目光又显得诚挚而聪慧。上课了，那是一节序言课。十五六岁的高中生喜欢充老，以为序言课老套头，也不当回事。然而，仅听了几分钟，我们就完全被老师吸引了。老师那娴雅和悦的教态，生动优美的语言，极清晰的思路，仿佛山间清水，淙淙峥峥，潺潺流过，会一下抓住你的心。我们被老师引领到一个美妙而令人神往的世界。什么时候铃声响了，我们也不知觉。下课了，我们奔跑出教室，我们这些彼此还不甚相熟的同学，交头接耳，争相传说老师是一位非常有水平的人，我们脸上都绽着笑，而没有享受到老师授课福分的别班同学，则用一种若有所失的眼光盯着我们。

老师常说：她追求的是当一名"合格的语文教师"，而在我的眼里，她是一位真正的语文教学大师。她教了我们 3 年语文，不论什么文体，她都能根据课文的不同特点，或展现美妙的意境，让学生驰骋想象；或抓取学生稍纵即逝的思想火花，喷氧助燃；或根据文思的起伏和学生情感，推波助澜；或巧设矛盾，向学生思维的湖面投石激浪。每堂课，我们殚精竭虑，口读手写，那种滋味，真是一种美的享受。我初进学校时，对每门课的兴趣，既无所谓好，也无所谓恶。自从于老师教语文后，我在不知不觉中爱上了语文，并在自己的心中，萌发了将来也要当一名语文教师的志愿。令人惊异的是，不知什么时候起，我的举止、谈吐、讲话的用词，甚至写出来的字，都在模仿老师。

老师教书又育人。这点，凡受过她教育的学生，都体会很深。至今我仍记得，老师教《文天祥传》一课，她讲到文天祥在孛罗面前死不下跪，在一"广八尺，深四寻"的土室里"放意文墨"，在临刑时"意气扬扬自若"，老师眼中闪着泪花。她告诉我们：文天祥是历史上有名的豪华宰相，但他临死不惧，"留取丹心照汗青"。老师教育我们要热爱人民，忠诚祖国，献身革命。这些话语，我一直铭刻在心。

老师也注意培养我们的文风。那时，我的作文追求辞藻华美而内容常空泛。老师常在我的作文本上批上"华而不实"。几次下来，我生气了，把笔也扔了。老师知道了，把我领进办公室，耐心地给我讲毛主席、鲁迅的文风，还借了许多书给我看。被老师的真情所动，我在一次作文上写道："华而不实，脆而不坚，是资产阶级文风。它貌似有知，实质无知，外表华丽，腹中空空。"老师看后，批上："作文应如'风行水上，自然成纹（文）'。文如其人，要写好文章，须努力提高思想认识水平。"今天，我也成了一位搞文字的人，细细体味，感到老师的话鞭辟入里。

"文革"中，老师被冠上"修正主义路线的苗子""杨西光的黑爪牙"，被一些不知事理的学生拉来拉去，这些学生打她，把她的头发剃掉，用令人难以置信的手段折磨她。我和我的一些同学曾连夜赶写了1.5万字的文章，抄成40余张的大字报贴在校园里，历数老师培养我们的事实，但一会儿就被人撕了。我们都哭了。一个晚上，我悄悄跑到老师家里去看她，想安慰她。老师的家里被糟蹋得不成样子。老师和她的爱人（复旦历史系的一位教授）默默地坐着。我路上想好的许多安慰的话，都被这眼前的景象给蒙了。此时无声便是最大安慰了，我在老师的身边默然坐下。后来便很少能看到老师，据说是被隔离了。大约过了3个月，突然看见老师在打扫厕所，她的头上戴着一顶绒线织的帽子，人很瘦弱。我看着老师，轻轻说了声："于老师，您好。"她也轻轻地回答了声："好。"那情景，令人心碎。以后我打听到，在这段时间里，老师吃尽了各种各样的苦，但她表现了共产党人崇高的气节，真是言行如一的人。

粉碎"四人帮"后，我到师范大学读中文专业。老师作为上海有名的语文教师，差不多每年都要来我校给师范生做报告。每当看到周围的同学因于老师讲话精彩而情不自禁地拍手，我的胸中会涌起一阵阵难以言表的感情，仿佛在说："你们知道吗？台上的人是教过我的老师。"1981年，我作为一名师范生毕业实习，非常幸运地又来到老师身边。整整6个星期，我天天和她在一起，听她的课，又一次享受做她学生的温暖。我发现：老师上的课，已到了出神入化的程度。而使人惊异的是，老师尽管已经教了30年的书，仍像一名师范生一样，每课必写教案，每课必写"教后记"。她笑着对我说："这叫'一步一陟一回顾'。每教一课，都有新的体会，也有难以弥补的失误。教书和拍电影一样，都属于遗憾的艺术。"

往事依依，一切仿佛如昨天发生的一样，不想老师的教课历史已有40年。今天，看到老师两鬓染上丝丝白发，很自然地想起她教我们时风华正茂的神情。其滋味，是甜，是酸，抑或其他？难以言语。我多想把自己的年岁拿出一些给老师，让她多多地培养一代又一代的青少年。

（作者系于漪20世纪60年代学生）

献给于漪老师的歌

"教师的天职就是爱学生!"在半个世纪的时空里,尽管新中国的教育风风雨雨、潮起潮落,但您一直用生命实践着这个誓言。

从中学到师范再到中学,得到您教诲的学生数以千计。无论哪个年代,无论面对何种类型的学生,您始终和学生的心弦对准音调。

面对学生,您心中必会涌起热潮。因为在您的眼睛里,他们都是一朵朵含苞欲放的美丽花朵;面对学生,您总是充满激情与活力,所以在您的人生中,您总是以年轻的心勤奋地工作。

> 您是充满智慧的,您读懂了教育这首诗。
> 您是自成风格的,您最不愿做墨守成规的教书匠。
> 您是独具慧眼的,您发现了孩子们身上的巨大潜能。
> 您是善于沟通的,您最了解孩子们的世界有着独特的色彩与旋律……

于是,您成为他们的一分子,和他们一起喜怒哀乐,把健全人格的自由发展还给他们;于是,您成为他们前进道路上的加油站,并引领他们走进了充满人文的精神世界。

薪火相传——

是您,用远大的教育理想托起了新世纪的又一轮太阳。

桑胜月 (20 世纪 50 年代学生):

于漪老师开拓了我的视野,影响了我的择业,几十年来我心灵的殿堂里总留有她的位置。我仰慕于漪教师,我呼唤教育界有更多的"于漪老师"让学生仰慕。

王关兴 (20 世纪 50 年代学生):

于漪老师在语文教学、学校管理上名扬神州,她在爱生好学方面,也堪为楷模。作为她 40 多年前的学生,我既得益于她的教学精华,又获得她的博大师爱,真是三生有幸,终生难忘。

钱建中 (20 世纪 60 年代学生):

大凡学生,总以在学习生涯中能有幸遇上一位好老师而感到自豪,视为一生的幸福，受益终生。这样的好事竟让我给遇上了。从高一到高三毕业，于漪老师整整教了我 3 年语文。多少年过去了，每当回忆起我最敬佩的于老师在人生道路上启迪我永远前进，做一个正直的、有理想、有道德的人时，心中就会涌起对于老师的感激之情。

张海森（20 世纪 70 年代学生）：

每当我漫步在外滩，眼望两岸高耸的雄伟建筑时，不禁会对建筑者们大加赞赏。由此使我感慨：建筑者们是在城市的土地上建造起巍峨的高楼，而一位好老师却是在孩子的心灵净土上筑起人生理想的大厦！于漪老师正是这样一位好老师。

王伟（20 世纪 80 年代学生）：

至今还清晰地记得第一次见到于漪老师时的情景。她一下子就叫出了我的名字，脸上带着亲切的微笑，替坐在窗边的我把窗帘放下，好让我不被太阳晒着，她就像一位和蔼的长者。我非常诧异她怎会叫出我的名字，而且我无论如何也无法将眼前这位亲切和蔼的长者和特级教师挂起钩来。这一幕至今已 20 多年了，但仍清晰地印在我的脑海中，那一刻于老师以她的人格魅力征服了我的心灵。

常玮琪（20 世纪 90 年代学生）：

"饮水思源"，毕业后的第一个教师节，我给于老师寄去了教师卡，向她道一声感谢。可是，在两个月后，我竟收到了于老师的回信。回信的第一句话竟然是："对不起，我因为身体不好，住在医院，就一直没有给你回信。"我的眼眶湿润了，作为学生在教师节问候老师是应该做的，我已坚持了十几年。可是，老师的回信，这是第一封啊！于老师在教育领域已自成一家了，平时的工作多么忙碌啊！可她却为延误了给学生的回信时间而道歉，这是怎样的胸襟啊！

陆云昭（21 世纪学生）：

在我的心中，于漪老师是一位和蔼的老教师，坐在我们中间，用平和的口吻向我们讲述做人的道理；双手比画着，双眼则缓缓地扫视过我们的面庞，引领我们走向宽广的世界，教育我们在 21 世纪中，为人类多做贡献。

母亲的那双眼

黄　肃

童年时，每天吃过晚饭，我就站在桌旁看母亲给学生改作文，随着时钟"滴答、滴答"声，桌上待改的作文簿越来越少。夜深了，母亲回过头对我说："快去睡觉，明天早晨你还要上学。"我抬起头望着母亲，一双慈祥的眼正注视着我，那是一双凤眼，眼梢微微地上翘，那是一双会说话的眼。

有一天，我看见母亲的眼眶里充满着泪水，那是一双泪汪汪的眼。10岁那年，我得了败血症，半个月持续40度以上的高烧，那时没有治这种病的特效药。我吃力地张着干裂的嘴问母亲："我会死吗？"

"会好的，孩子，要坚强，妈妈现在去给学生上课，晚上再来陪你。"两颗晶莹的泪珠滚落到她的脸颊。

所幸的是我居然赶走了死神，在出院的那天，母亲疲惫不堪的脸上，那双眼却笑得像朵花似的，那是会心的。

"13"，确实像是一个不吉利的数字。我13岁时，正赶上那史无前例的"文化大革命"，父母都因莫须有的罪名受到了冲击，我也作为"黑崽子"受到围攻与殴打。母亲的双眼里喷着火。作为母亲，在自己的孩子受到欺侮而无法保护时，心中的痛苦、愤怒都通过这窗口表露出来。

那都是多年前的事了。

这天，母亲被评为全国劳动模范从北京受奖回来。我望着母亲，那双眼眼角已布满了皱纹，几十年的风风雨雨都记录在上面，但却依然是那么炯炯有神，那是一双充满智慧、充满热忱，无限慈祥的眼睛。

（作者系于漪之子）

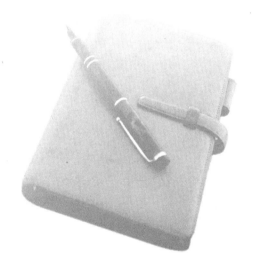

附 录

耕耘·拾穗·探珠——主要成果一览

一、著作目录

1. 《春秋战国的故事》　　　　　　　　江苏人民出版社 1957 年 2 月版
2. 《明清的故事》　　　　　　　　　　江苏人民出版社 1958 年版
3. 《于漪文体教学教案选》　　　　　　陕西人民出版社 1984 年 2 月版
4. 《语文教苑耕耘录》　　　　　　　　福建教育出版社 1984 年 8 月版
5. 《于漪教案选》　　　　　　　　　　上海教育出版社 1984 年 8 月版
6. 《语文园地拾穗集》　　　　　　　　海南人民出版社 1986 年 2 月版
7. 《作文讲评五十例》　　　　　　　　山东教育出版社 1987 年 8 月版
8. 《学海探珠》　　　　　　　　　　　人民教育出版社 1990 年 1 月版
9. 《教你写作文——中学生作文指引》　香港朗文出版（远东）有限公司 1992 年版
10. 《妙笔生辉——于老师教记叙文》　　复旦大学出版社 1994 年 9 月版
11. 《教你学作文》　　　　　　　　　　山东教育出版社 1994 年 3 月版
12. 《于漪语文教育论集》　　　　　　　人民教育出版社 1996 年 3 月版
13. 《语文教学谈艺录》　　　　　　　　上海教育出版社 1997 年 7 月版
14. 《智慧的源泉》（与陈军合著）　　　山东教育出版社 1998 年 10 月版
15. 《追求综合效应》　　　　　　　　　湖北教育出版社 2001 年 3 月版
16. 《中学作文教学导论》　　　　　　　山东教育出版社 2001 年 6 月版
17. 《于漪文集》（6 卷本）　　　　　　　山东教育出版社 2001 年 8 月版
18. 《于漪教育文丛》（4 卷本）
　　（1）《站在大写的人字上》
　　（2）《给语文教学加点钙》
　　（3）《可以做得更好》

二、部分文章目录

7.《随笔三则》（载《特级教师笔记》）　　　　　　辽宁人民出版社 1981 年 7 月

8.《这一锤应该敲在哪里——教育断想》

（共 8 篇）　　　　　　　　　　　　　　《文汇报》1981 年 9 月 17 日—11 月 9 日

9.《在探索语文教学的道路上》

（载《全国特级教师经验选》第一集）　　　人民教育出版社 1981 年 9 月

10.《怎样调动学生学习语文的积极性》　《中学语文教学研究会通讯》1981 年 12 月

11.《怎样做一个中学语文教师》　　　　《中学语文教学研究会通讯》1981 年 12 月

12.《中小学语文要衔接好》　　　　　　　　　　《福建教育》1981 年 12 月

13.《口头训练好处多》　　　　　　　　　　《汉语拼音小报》1982 年 2 月 1 日

14.《为人师表要德才兼备》　　　　　　　　　《教育与进修》1983 年 1 月

15.《破"怕"·攻"难"·激"趣"

——学生习作心理浅探》　　　　　　　　《教学通讯》1983 年 10 月

16.《我深深地爱》（载《我和语文教学》）　　人民教育出版社 1984 年 7 月

17.《响鼓更须重锤敲》（载《教师的修养》）　人民教育出版社 1985 年 7 月

18.《难易适度，改革创新》　　　　　　　　　《语文学习》1985 年 9 月

19.《做学生脑力劳动的指导员》　　　　　　《中学文科教学》1985 年 9 月

20.《教学要讲究艺术》　　　　　　　　　　　《广东教育》1986 年 3 月

21.《序列化和多功能——习作讲评之我见》　《中学语文教学》1986 年 4 月

22.《宣传尊师一定要实事求是》　　　　　　　《云南教育》1986 年 6 月

23.《指导学生探幽发微》

（载《全国特级语文教师教学经验选》）　安徽教育出版社 1986 年 6 月

24.《追求，孜孜不倦地追求》（载《红烛集》）　山西希望出版社 1986 年 6 月

25.《素质·能力·智力——我的语文教学观》　　《语文学习》1989 年 1 月

26.《立体化·多功能——语文课堂教学效率论》　《语文学习》1989 年 1 月

27.《兴趣·情感·求知欲——阅读教学艺术谈》　《语文学习》1989 年 2 月

28.《视野·思路·表现力——写作教学纵横谈》　《语文学习》1989 年 3 月

29.《爱的事业》（载《中学语文教坛风格流派录》）　辽宁教育出版社 1989 年 10 月

30.《艰苦奋斗，创造良好的学校小气候》　　《课程·教材·教法》1989 年 10 月

31.《对学科教育渗透德育的探讨》　　　　　　　《人民教育》1991 年 3 月

32.《提高语文课堂教学效果应注意的问题》　　　　《教改动态》1991 年 5 月

33.《怎样进行德育和美育》

（载《中学语文教师教学基本功讲座》）　　　北京师院出版社 1991 年 7 月

34.《青少年应背诵一些新诗》　　　　　　　　　　《语文学习》1991 年 8 月

35.《教育的生命力在于质量》　　　　　　　　　　《上海人大》1991 年 9 月

36.《熏陶感染塑心灵——学科教学渗透德育初探》

《课程·教材·教法》1991 年 9 月

37.《灿烂阳光下的一次倾心交谈》（于漪、闻达）　《语文学习》1992 年 2 月

38.《眼睛·语言·心》（载《活的语文教育学》）　上海教育出版社 1993 年 8 月

39.《要重视文化背景》　　　　　　　　　　　　　《语文教研》1994 年 1 月

40.《师范教育面临新挑战》　　　　　　　　　　《教育参考》1994 年 4—5 月

41.《洞悉语文的底里》　　　　　　　　　《中学语文教学参考》1994 年 7 月

42.《中学语文教学应以激发兴趣为先导》　《课程·教材·教法》1994 年 9 月

43.《浅谈教师语言的内在素质》　　　　　　　《中学语文教学》1994 年 10 月

44.《教育的核心问题是提高质量》　　　　　　　　《中学教育》1994 年 11 月

45.《爱国主义铸师魂》　　　　　　　　　　　　　《师范教育》1994 年 12 月

46.《机械操练何时休》　　　　　　　　　　《语文教学与研究》1995 年 4 月

47.《阅读教学误区辨》　　　　　　　　　　　　　《教学月刊》1995 年 5 月

48.《弘扬人文，改革弊端

——关于语文教育性质观的反思》　　　　《语文学习》1995 年 6 月

49.《实施〈教育法〉，创造新辉煌》　　　　　　《人民教育》1995 年 7—8 月

50.《中、美、英师带徒职初培训模式的研究》　《上海教育科研》1996 年 2 月

51.《关于语文教育人文性对话》　　　　　　　《文汇报》1996 年 4 月 15 日

52.《培养语文素质的沃土》　　　　　　　　　　　《学科教育》1996 年 6 月

53.《潜力在召唤——我是能学好语文的》　《中学语文教学参考》1996 年 6 月

54.《教师语言要有吸引力》　　　　　　　　　　《演讲与口才》1996 年 7 月

55.《语文教学要讲求综合效应》

（载《中国著名特级教师教学思想录·中学语文卷》）

江苏教育出版社 1886 年 7 月